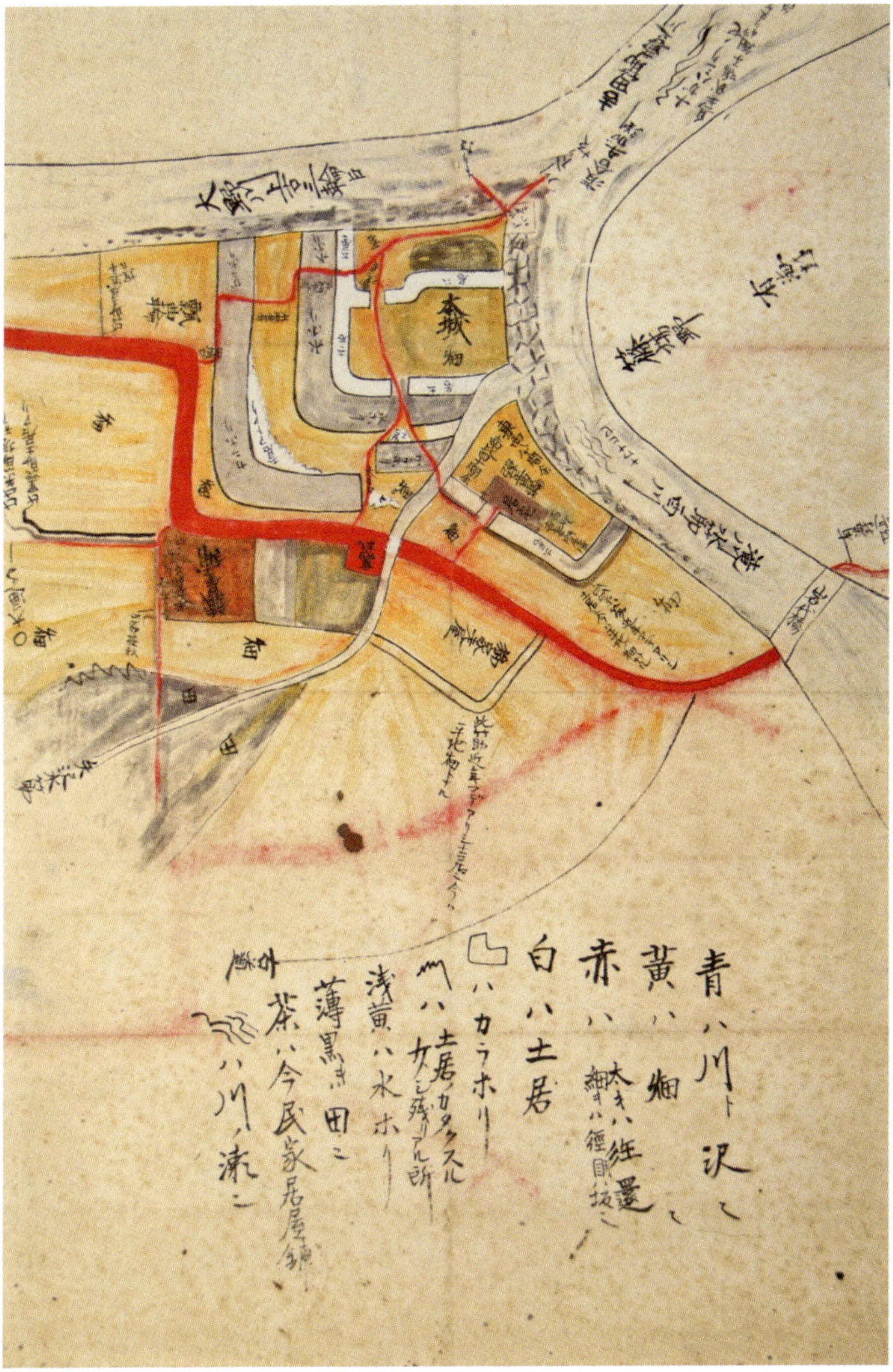

長篠城古絵図

長篠城は奥三河にあり，武田氏・徳川氏が争奪をくり返した．天正３年（1575）当時は徳川方の奥平信昌が守っていた．現在は南は飯田線に分断され，北側は耕地，宅地となり旧観を失っているが，天明２年（1782）に描かれたこの絵図は当時の状況を伝えている．本図の正確さは発掘調査でも確認されている．

大

長篠合戦図屏風

天正３年（1575）武田勝頼は三河に進出し，長篠城を包囲した．織田信長・徳川家康は救援のため設楽原《しだらがはら》（当時は有海原《あるみはら》）に布陣し合戦となった．武田軍は壊滅的な打撃をうけ敗走した．中央の連吾川を挟んで右が武田軍，左が織田・徳川連合軍で馬防柵と鉄炮隊が描かれている．

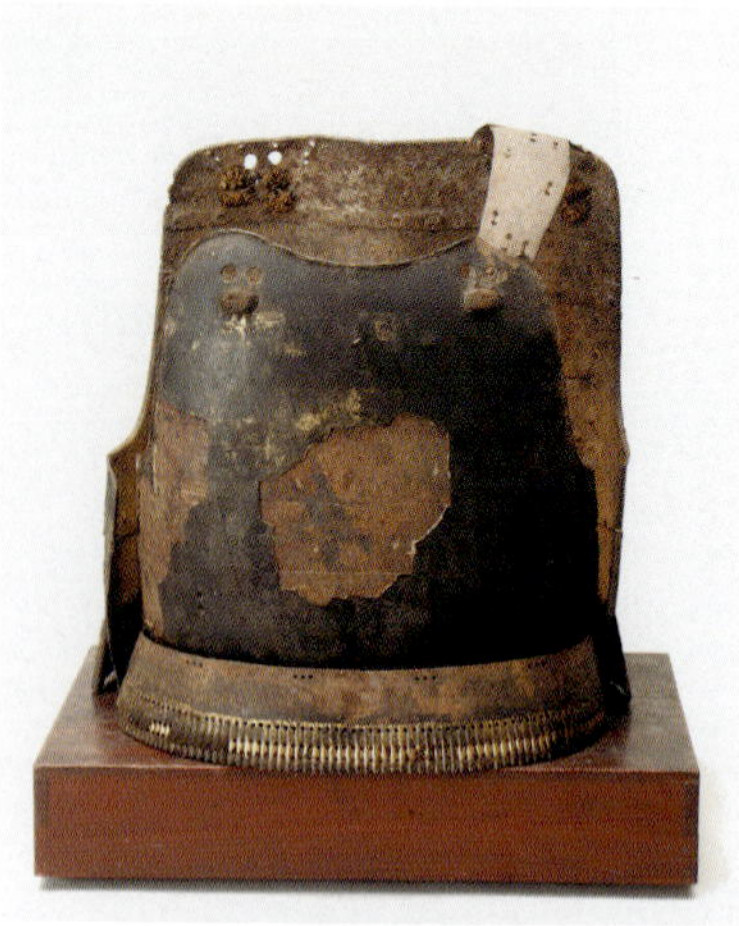

真田信綱《さなだのぶつな》血染めの陣羽織（右）と着用の鎧（左）

真田信綱は豪勇の武将として常に武田軍の先鋒を務めた．長篠合戦では奮戦したが，弟昌輝とともに戦死した．首は家臣がこの陣羽織に包み，鎧に押し込んで信濃に持ち帰ったと伝わる．

山県昌景《やまがたまさかげ》の墓

山県昌景は武田家の重臣で，軍装を赤に統一した「赤備え」の勇猛な軍団として畏怖されていた．長篠では勝頼に撤退を進言したが容れられず，左翼の先頭に立って馬防柵突破を目指したが，果たせず，勝頼を退却させるため踏みとどまり戦死した．

長篠合戦と武田勝頼

敗者の日本史 9

平山 優

吉川弘文館

目次

【凡例】本文中の史料出典略記号は以下の通り
『愛知県史』資料編11織豊1→『愛知』⑪＋文書番号
『静岡県史』資料編八中世四→『静岡』⑧＋文書番号
『上越市史』別編1上杉氏文書集1→『上越』①＋文書番号
『新編岡崎市史』古代中世6→『岡崎』⑥＋頁数
『戦国遺文今川氏編』→『戦今』＋文書番号
『戦国遺文後北条氏編』→『戦北』＋文書番号
『戦国遺文武田氏編』→『戦武』＋文書番号
『戦国遺文武田氏編』補遺（『武田氏研究』四五号）→『戦武補遺』＋文書番号
『戦国遺文六角氏編』→『戦六』＋文書番号
『増訂織田信長文書の研究』→『信長』＋文書番号
『山梨県史』資料編5中世2県外文書→『山梨』⑤＋文書番号
『甲陽軍鑑』→『軍鑑』、『武徳編年集成』→『集成』、『朝野旧聞裒藁』→『朝野』、『寛永諸家系図伝』→『寛永伝』、『寛政重修諸家譜』→『寛政譜』

図版目次

〔口絵〕

〔挿図〕

長篠合戦と武田勝頼をめぐる諸問題　プロローグ

武田勝頼の旗

揺れ動く長篠合戦と武田勝頼のイメージ

本書の主題である長篠合戦は、天正三年（一五七五）五月二十一日、武田勝頼が織田信長・徳川家康連合軍と三河国長篠で激突し大敗を喫した合戦であり、大量の鉄炮を連合軍が投入したことで知られる。このため長篠合戦は、騎馬戦法を得意とする武田軍に対し、三千挺に及ぶ鉄炮を、信長軍が三段撃ちで撃破したとされ、旧戦法（武田勝頼）と新戦法（織田信長）が激突した戦術革命の画期となった合戦といわれてきた。このことは、日本史の教科書や参考書にも明記されている。これほど著名な合戦であるため、長篠合戦を扱った論著は膨大な数に上る。そうした研究経過のなかで、信長軍による鉄炮三千挺の三段撃ちや武田軍の騎馬戦法に疑問が投げかけられ、近年ではそれは否定されつつある。

いっぽうで、長篠合戦で敗北した武田勝頼の評価は相変わらず散々である。彼ほど、論者によって評価が分かれる人物もいないかも知れない。とりわけ、江戸時代を境に、勝頼は家を滅ぼした暗愚の将という評価が定着した（平山「同時代史料よりみた武田勝頼の評価」〈韮崎《にらさき》市教育委員会編『新府城の歴史学』新人物往来社、二〇〇八年所収〉)。それでも、近年は勝頼の施策を当時の状況に即して見直そうという動向も現れているが、必ずしも支持を得られているわけではない。例えば、柴辻俊六氏は「勝頼の施策には一貫性がなく、しかも信玄期の政策の踏襲が基本になっており、独自の新機軸といった面は少ない」と指摘し、「統一期にあった当時の全国的な客観情勢を静視し、時代を先取りするような側面がみられず、父信玄から引き継いだ旧体制の保守のみに終始していたように思われる。そうした意味で戦国武将・大名としてとりわけ傑出した人物とは思われず、典型的な三代目といった印象が強く残った」と酷評している。さらに、勝頼再評価の機運については「贔屓《ひいき》の引き倒し」だと実に手厳しい(柴辻俊六『武田勝頼』新人物往来社、二〇〇三年)。そして、勝頼酷評の契機が本書の主題である長篠合戦での敗戦にあることは言をまたない。

それは長篠の勝者信長との対比において語られがちである。信長が鉄炮導入と新戦術を推進したのに対して、勝頼は鉄炮を軽視したこと、信長が馬防柵と大量の鉄炮を準備して武田軍を待ちかまえていたのに対して、勝頼は全軍に突撃を命じたこと(しかも重臣層たちの反対を退けたうえで)、などが想起されよう。

しかしながら、長篠合戦ほど数多くの謎に包まれ、その謎解きをめぐって百家争鳴、百花斉放といえる状況になっている事件も珍しい。本書で検討しなければならないのは、武田勝頼という人物の生い立ちや政治動向と、長篠合戦の背景を探ること、加えて巷間膾炙される長篠合戦像の正否という実に困難な課題群である。

強過ぎたる大将

ところで、既述のように、勝頼の人物像が酷評されるようになったのは、江戸時代を起点にしているが、さらに暗転したのは実をいうと昭和に入ってからである。念のため調べてみると、『大日本戦史』第三巻の「長篠の戦」（渡邊世祐執筆、一九三八年）において、武田氏の鉄炮軽視説が打ち出されたが、勝頼自身の事績についての研究は、驚くことに上野晴朗『定本武田勝頼』（新人物往来社、一九七八年）しかなく、幾多の勝頼評は信長、家康、信玄についての著作や小文において展開されている場合が圧倒的であり、実のところ真摯な検討を重ねたうえでの論著や研究は一つとしてない。しかもそれらは、勝頼と父信玄との対比や、長篠合戦での敗北を論拠にしただけで、勝頼評を強弁して憚らない。そこで私は、近世に成立し、昭和に入ってからいっそう暗転した、まったく根拠を欠いたステレオタイプの勝頼評には一切拘泥せず、戦国から元和（一六一五〜一六二四）期にかけての諸史料に拠りつつ、武田勝頼の人物像をここで追いかけてみたいと思う。

では、武田勝頼を知る人々は彼をどのように評していたのだろうか。武田氏の重臣春日虎綱の口述をもとに成立し、武田遺臣が数多く存命した時代に流布した『甲陽軍鑑《こうようぐんかん》』（以下『軍鑑』）には、印象深い記述が見られる。『軍鑑』には、国を滅ぼし、家を破る大将のタイプを「馬鹿なる大将（鈍《どん》過ぎたる大将）」「利根《りこん》過ぎたる大将」「臆病なる大将（弱過ぎたる大将）」「強過ぎたる大将」の四つに分類し、その特徴を記している。念のために紹介しておくと、「馬鹿なる大将」は今川氏真《うじざね》、「利根過ぎたる大将」は武田義信（信玄の嫡男、勝頼の異母兄）、「臆病なる大将（弱過ぎたる大将）」は上杉憲政《のりまさ》（関東管領山内上杉氏）をそれぞれの代表的人物に掲げている。そして武田勝頼は、「強過ぎたる大将」の代表的人物として語られている。

『軍鑑』によれば、「強過ぎたる大将」の特徴は、心強く、機転がきき、弁舌明らかで知恵があり、一見して理想的な主君に見えるのだという。だが、心強いがゆえに弱気を嫌うため、慎重な行動を求める家臣を遠ざけがちとなり、逆に主君の意に迎合して強いことばかり言う者が出てくるようになる。そのため、家臣たちも「何か弱気と取られるようなことを言上して、主君の気に障らないか」と思うようになり、次第にしっかりとした意見を言えなくなる。また意見を言っても、知恵ある主君でもあるので、反論されたりして半分も通らなくなっていく。この結果、「強過ぎたる大将」のもとでは、何事も剛強であることが重んじられるので、麾下《きか》の諸侍たちも戦場での駆け引きよりも、ひた押しを選ぶようになり、小競り合いでも戦死してしまうことが増えるようになる。とりわけ、強者ほど戦死もしくは深手を負って戦列から脱落していき、やがて軍勢全体の力が落ちていってしまうという。その果てに、「強過ぎたる大将」は、親を超えようと無理をして国を滅ぼすことになるのだと『軍鑑』は指摘し、「勝頼公つよくはたらかんとし給ひ、つよみを過ごして、おくれを取り給ふ、勝頼公強過ぎて、国を破り給はんこと疑あるまじ」と記している。武田遺臣たちにとって、武田勝頼は「強過ぎたる大将」であり、父信玄を超えようと無理を重ねたと見ていたようであり、その敗北と滅亡は、暗愚の主君ゆえとは考えてはいなかったらしい。

同時代人の勝頼評

勝頼が武勇に優れた武将であったという認識は武田家中にも確かに存在し、信玄もそのように書状に記している。このほかに、織田信長も「勝頼は信玄の掟《おきて》を守り表裏を心得た恐るべき敵である」と評し、上杉謙信も「勝頼は片手間であしらえるような相手ではない。信長は、畿内の戦略を一時中断してでもその鋭鋒を防がなければ、由々しき事態を招くだろう」と信長に忠告したことはよく知られている。また信長は、勝頼滅亡後、その首級と対面した際に「日本にかくれなき弓取なれ共、運がつきさせ給ひて、かくならせ給ふ物かな」と述べたといわれ（『三河物語』）、武勇に優れた武将であったと考えていたことは間違いない。

しかし「勝頼が家督を担った十年間は、讒人を登用し、親族の諫言には耳を貸さなかったため、政治は大いに乱れた」という穴山梅雪《あなやまばいせつ》（信君《のぶただ》、勝頼の従兄弟）の証言もある。これは、勝頼が「強過ぎたる大将」であるがゆえに、家臣は意見を言えず、進言してもその半分も通らないという『軍鑑』の記述に通じる内容といえる。もちろん勝頼から離反した梅雪がその直後に残した証言であるので、自身の行動を正当化するための強弁と解釈する余地もあるが、大きく誤ってはいないだろう。「強過ぎたる大将」という勝頼評は、武田遺臣の間で広く共有されたものであったと推察される。

本書の課題

だとすれば、そうした資質の持ち主であった勝頼を後継者に指名した武田信玄の政治判断にこそ、問題の萌芽があったといえるだろう。しかも勝頼は、そもそも武田氏の家督を相続する立場にはなかった人物であった。ところが紆余曲折を経て、彼が信玄の後継者に指名されることとなったのである。そのことが、勝頼のその後の生涯と、長篠合戦に至るまでの道程に如何なる影響を与えることになったのか。本書の課題の一つはそこにある。

ところで勝頼は、長篠敗戦後も織田・徳川方の攻撃を懸命に凌いだだけでなく、父信玄の時代よりも領国を拡大しており、必ずしも坂道を転げ落ちるように衰亡したわけではない。このことは、見落とされがちである。そのため同時代の人々にとっても、武田氏が天正十年（一五八二）にあっけなく滅亡したことは驚きをもって迎えられた。このこと一つをとっても、現代人の視点からの後知恵で歴史を解釈することが如何に不当であるかが知れよう。

そればかりか長篠合戦は、武田氏の宿将を多数失ったがゆえに、大いなる損失を招いたと認識されていたが、必ずしも武田遺臣にとって滅亡の直接の原因と捉えられていたわけではない。武田遺臣にとって、武田氏滅亡の要因となったのは、上杉景勝との甲越同盟締結による北条氏政との甲相同盟破綻と、北条・織田・徳川同盟の成立にあったとの根強い認識が確かに存在していた（丸島和洋「色中三中旧蔵本『甲乱記』の紹介と史料的検討」『武田氏研究』四八号、二〇一三年）。

このことは、長篠合戦を武田氏滅亡という結果論から読み解くのではなく、武田信玄の後継者問題を軸に考察することの重要性を示唆しているといえよう。勝頼が信玄の家督を相続したことが、彼自身に如何なる影響を与え、その思考や行動を規定したかを追求しなければならないだろう。勝頼には、長篠合戦において、会戦を回避する選択肢も存在した。だが彼はそれを選ばず、あえて決戦を決断した。この判断の背景には、勝頼を取り巻く様々な人間模様と武田氏の政治状況が伏在しているのではないだろうか。このことをていねいに掘り下げる必要があるだろう。

この他に、信長＝新戦術の考案者（革新）、勝頼＝旧戦法の遵守者（保守）という対立軸を設定し、さらに勝頼の攻撃を無謀な突撃と見なす、大方の長篠合戦像に対し、一度立ち帰ってすべてを再検証してみたいと思う。その結果、何が見えてくるのかを慎重に踏まえつつ、長篠合戦とはどのような合戦であったかを位置づけてみたい。これらが、本書のもう一つの課題である。

天正三年五月当時、勝頼の敗北が必ずしも予想されていたわけではない。様々な歴史の経過と連鎖が、勝頼を合戦の敗者に追いやった。だが、勝頼が敗者になったことが、その後の歴史の展開に如何なる影響を与えたかを見通すことも重要である。勝頼が敗者になることにより、結果的に切り開かれることになった歴史の動向は、実は勝頼が当時の戦国地図に与えていた規定力の大きさを逆照射している、と見られるからである。彼の敗北なくして、動きようなかった歴史の方向性が顕在化していく様相をたどってみようと思う。それこそが、長篠合戦と武田勝頼が歴史に与えた重みを示すことになるだろう。

Ⅰ

思いがけぬ運命

1――諏方御料人墓
武田信玄が側室とした諏方頼重の娘．生まれた四男は諏方氏を継がせるため，勝頼と名付けられた．勝頼10歳の時に病死．伊那市高遠町の乾福寺（現・建福寺）に墓所が建てられた．

1　勝頼誕生前夜

諏方氏の系譜

本書の主人公武田勝頼は、甲斐国の戦国大名武田信玄の四男として、天文十五年（一五四六）に誕生した。誕生した月日と場所は定かでないが、甲府で生まれたのではないかと推察される。信玄の息子には、太郎義信《よしのぶ》、次郎信親《のぶちか》（龍宝《りゅうほう》、御聖導《おしょうどう》）、三郎信之《のぶゆき》、四郎勝頼、五郎盛信《もりのぶ》（仁科五郎）、十郎信貞《のぶさだ》（葛山十郎）、信清《のぶきよ》（安田三郎）の七人が確認されているが、勝頼だけその諱《いみな》に武田氏の通字《とおりじ》「信」ではなく、諏方《すわ》氏の通字「頼」が冠せられている。ここに、勝頼の立場が端的に示されている。つまり勝頼は、信玄の息子ではあるが、生まれながらにして諏方氏を継ぐべき人物と見なされていたといえる。

『軍鑑』に、勝頼が武田氏の家督を相続した直後の話として、信玄の寄合衆をつとめた安左衛門なる人物が、諏方大社に百日間籠もり、勝頼の武運長久を祈願していたところ霊夢を見たといい、その中で「諏方明神　たへる（絶）武田の子と生レ　世をつぎて（継）こそ　家をうしなふ（失）」という歌を聞かされたとの記述がある。もちろん史実かどうかは定かでないが、武田氏当主の地位を、諏方氏の勝頼が継いだことに対し、複雑な心情をとりわけ甲斐衆が持っていたことは事実なのではなかろうか。

2―武田氏三代系図

信虎
- 信玄
  - 義信
  - (海野)龍芳
  - 信之(早逝)
  - (諏方)勝頼
  - (仁科)盛信
  - (葛山)信貞
  - (安田)信清
  - 長女(北条氏政室)
  - 次女(穴山信君室)
  - 三女(木曾義昌室)
  - 四女(早逝)
  - 五女(信松尼)
  - 六女(上杉景勝室)
- 信繁
- 信廉
- (松尾)信是
- 宗智
- (川窪)信実
- (一条)信竜
- 信友
- 長女(今川義元室)
- 次女(穴山信友室)
- 三女(諏方頼重室)
- 四女(浦野氏室)
- 五女(大井信為室)
- 六女(下条信氏室)
- 七女(禰津神平室)
- 八女(葛山氏室)
- 九女(菊亭晴季室)

ではなぜ、勝頼は諏方氏を継ぐことが予め決められていたのか。そもそも、信玄は、なぜ息子の一人を諏方氏の家督に擁立する必要があったのか。そのことを知るためには、武田氏と諏方氏の関係を振り返っておかねばならない。

諏方氏は、諏方明神の大祝《おおほうり》を司る名家で、諏方大社上社に拠って栄えた。諏方大社は、上社は諏方氏が大祝を、下社は金刺《かなさし》（諏方）氏が大祝を継承した。諏方氏の始祖盛重《もりしげ》は源頼朝に仕え、北条氏の権力確立後の諏方氏歴代は、執権北条氏の御内人として勢力を伸ばし、鎌倉幕府滅亡の際には、諏方盛高が北条高時の遺児亀寿丸（時行）を奉じて諏方に逃れ、建武二年（一三三五）に時行とともに挙兵（中先代の乱）している。これに対し足利尊氏は、小笠原貞宗を信濃守護として諏方氏らに対抗させた。諏方氏と小笠原氏の抗争は戦国期まで断続的に続くこととなる。中先代の乱で、諏方頼重・時継父子は鎌倉で足利尊氏・直義軍に敗れて自刃し、時継の子頼継は逃亡した。このため大祝職は、諏方氏の庶流藤沢政頼

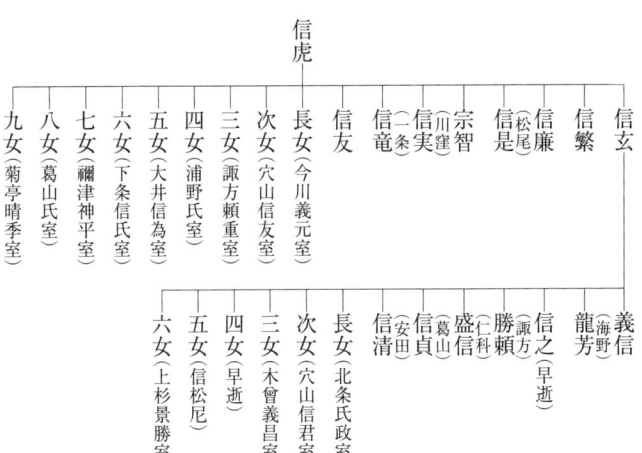

3―諏方氏系図

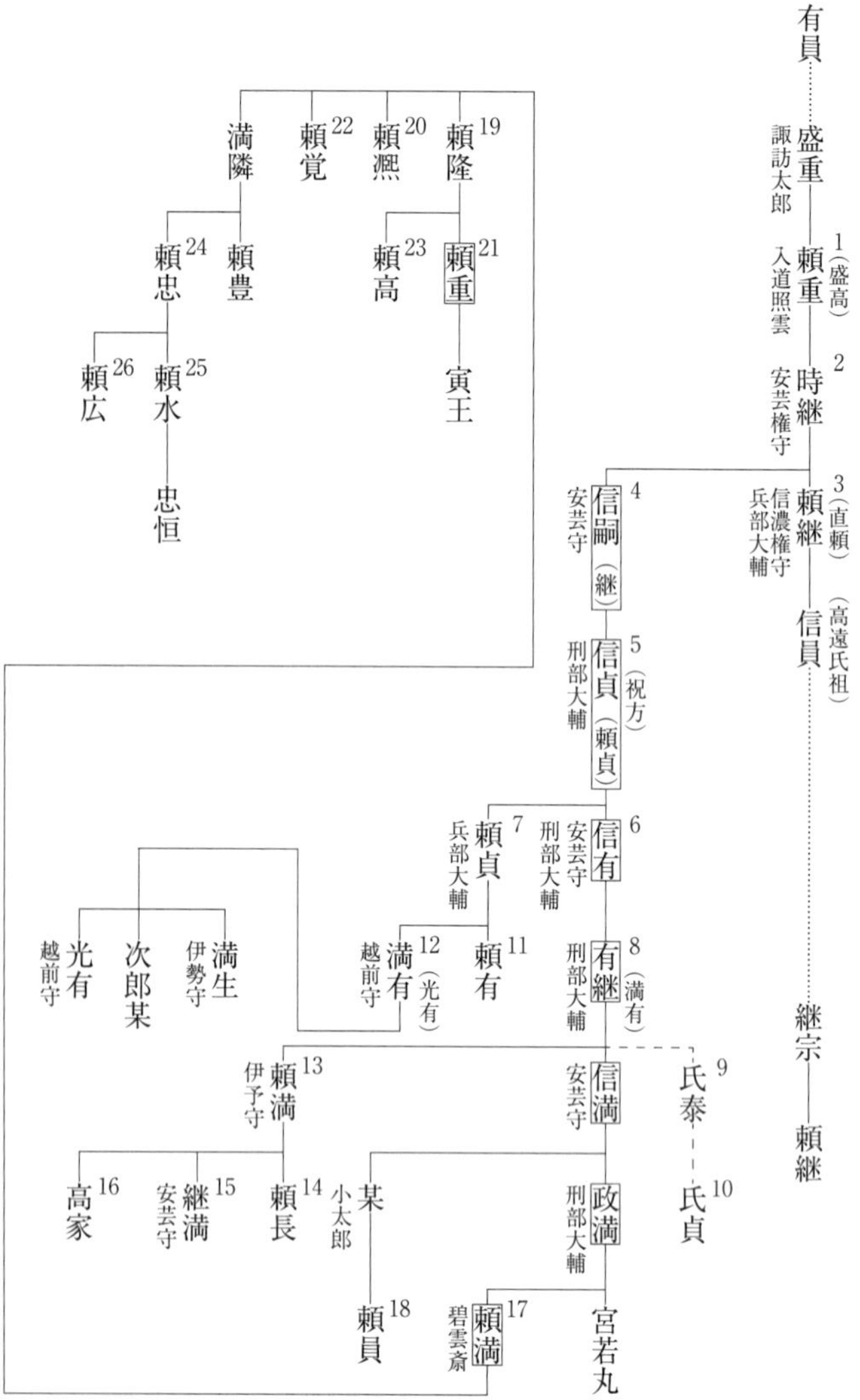

数字は大祝就任順，人名は惣領を示す．
……は数代略，----は推定を示す．

（戦国期の福与城主藤沢頼親の祖）が一時引き継いだ。諏方頼継は再起して大祝職を取り戻し、足利尊氏が後醍醐天皇に叛逆して南北朝内乱に突入すると、南朝方につき、小笠原貞宗らの北朝方と戦うが、これも失敗に終わった。その後、下社金刺氏は北朝に帰順し、なおも南朝方であり続ける上社諏方氏と一線を画した。これが長く続く下社金刺氏と上社諏方氏の対立の遠因となるのである。

やがて諏方頼貞（信貞か、頼継の甥）は、応安五年（文中元年、一三七二）に足利義満に降伏し、遂に諏方郡は室町幕府に帰順した。そして諏方氏の大祝職と惣領《そうりよう》職は、朝敵とされた諏方頼継からその弟信嗣《のぶつぐ》の系統に引き継がれ、頼継の系統は諏方神領である伊那郡高遠《たかとお》に移った。これが高遠諏方氏であり、戦国期に大祝職と惣領職の二つの奪還を悲願として失敗し、武田信玄と争って没落した最後の当主諏方頼継（高遠頼継）に至ることとなる。

室町期になると、諏方氏では惣領職と大祝職の分離が顕著となる。諏方氏では幼少時に大祝職に就任し、長ずると下位（辞職）して惣領職を相続する慣例となっていた。しかし応永四年（一三九七）十月諏方有継が大祝となり、四年後に下位して以後は、惣領家から大祝職に就任することがなくなり、戦国期に諏方頼満《よりみつ》（碧雲斎）により文明十六年（一四八四）十二月に惣領家からの大祝職就任が実現するまで、八十三年間にわたって二つの要職は分離したままとなるのである。惣領家と大祝職の分離は、諏方氏内紛の火種となった。

文安六年（一四四九）に上社諏方氏と下社金刺氏との対立が激化し、遂に内戦へと突入した。これに信濃守護小笠原政康が介入し、下社金刺氏を支援したため、諏方氏は府中小笠原氏と惣領職をめぐって争っていた松尾小笠原氏を味方につけてこれと対抗した。この争乱は戦国期まで続くことになるが、次第に諏方惣領家は勢力を伸ばし、下社金刺氏を圧迫するに至った。だが、下社金刺氏への攻勢によって諏方惣領家の勢力が拡大すると、今度は大祝諏方家との関係が年毎に悪化していった。そして両者は康正二年（一四五六）に遂に衝突する。惣領諏方安芸守信満と大祝諏方伊予守頼満が兵火を交えたのである（芸州・予州大乱）。この争乱はまもなくおさまったものの、諏方上社前宮神殿に惣領と大祝がともに居住する形態が崩れ、惣領諏方信満は、惣領家所領の上原に館を移している。そして諏方頼満の子継満が大祝になると、その行動はいっそう活発となり、惣領家政満（信満の子）を度外視して独自の行動を取るようになり、両者の対立は頂点に達した。

こうした情勢を背景に、大祝諏方継満は、文明十五年正月八日、惣領諏方政満とその子宮若丸、政満の弟原田小太郎ら十余人を神殿に招き、謀殺した。前代未聞の凶変に、多くの豪族が惣領方につき、大祝方であるはずの神長官守矢氏ら社家衆もこれに同調し、継満を高遠に追放し、継満の父伊予守頼満を討ち取った。またこの混乱に乗じて挙兵した下社金刺氏も惣領方の攻撃により守勢に追い込まれ、金刺興春が戦死し下社の勢力は一時衰退した。そして翌年十二月に政満の次男宮法子丸が惣領家を相続し、継満の没落で空位になった大祝にも就任して、諏方惣領家は惣領職と大祝職をともに取り戻したのである。

宮法子丸は、一族矢崎肥前守に扶育され、長じて諏方頼満（後に出家して碧雲斎）と名乗り、永正十五年（一五一八）に宿敵金刺昌春を追放して諏方郡を平定した（『当社神幸記』）。頼満は諏方郡の一族や国人衆をよく抑え、対外的には武田氏や信濃守護小笠原長時と刃を交えつつ、その領域を拡大していった。

頼満には八人の男子と二人の女子があったが、このうち明応八年（一四九九）生まれの嫡子小太郎頼隆は、享禄三年（一五三〇）に急死し、その跡はその子小太郎頼重が相続した。頼重は若年であったため、祖父頼満が後見人として盛り立てたが、頼満は天文八年十二月に病没した。この結果、諏方氏は頼満の孫頼重が二十四歳で家督を相続し、武田信玄の侵攻を迎えることになる。

武田氏と諏方氏

武田氏と諏方氏との関係は、寛正五年（一四六四）にまで遡る。この頃甲斐守護武田氏は信玄の曾祖父武田信昌の時代であり、守護代跡部《あとべ》氏の専横に苦しんでいた。信昌は諏方大社上社の檀那であり、神長官守矢氏から祈禱の護符を受けるなど、極めて上社や諏方氏と緊密な関係にあったため、寛正五年に惣領諏方信満に援軍派遣を要請した。信満は諏方軍を甲斐に派遣し、信昌とともに跡部上野介景家兄弟らを、本拠地小田野城（山梨県山梨市）で滅亡させた（『王代記』『守矢満実書留』『甲斐国志』等）。諏方軍は、翌寛正六年十二月にも、武田信昌の要請により、跡部派の掃討のため再度派遣されている。

その後、文亀元年（一五〇一）閏《うるう》六月二日に伊勢早雲庵宗瑞《そううんあんそうずい》（いわゆる北条早雲）が、諏方氏の重臣

4—武田氏系図

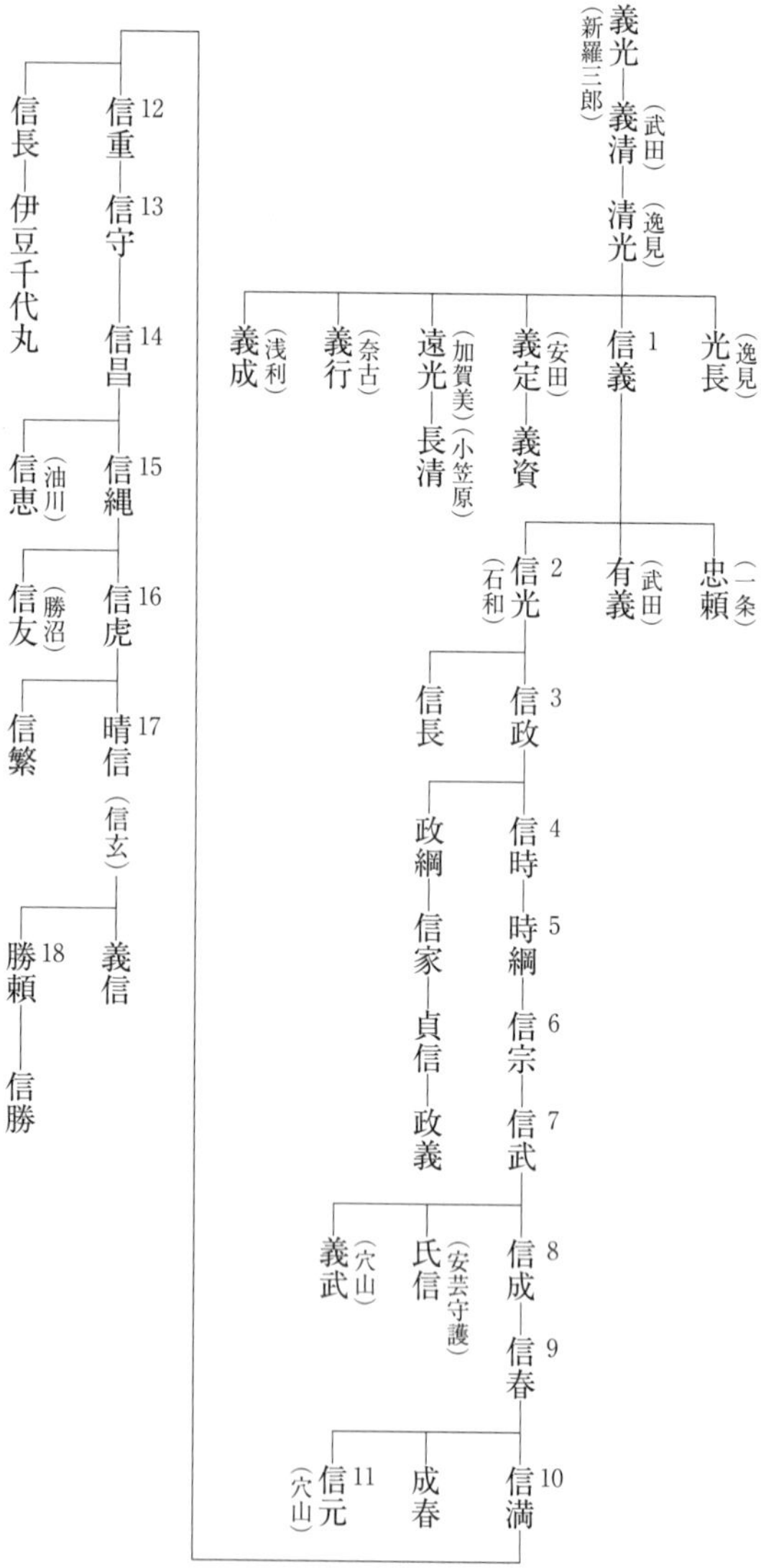

千野氏（氏信か）に宛てて、武田氏を挟撃しようと大祝諏方頼満に申し入れて了承を得たとの書状を出しているので、この頃には両氏の関係に亀裂が入っていたのかも知れない（「千野文書」『戦北』八号）。当時、甲斐守護武田信縄《のぶつな》（信虎の父）と、信昌・信恵《のぶよし》（油川信恵、信昌の子、信縄弟）が内戦を展開しており、信縄は堀越公方《ほりごえくぼう》足利茶々丸と結んだことから、反茶々丸派の今川・伊勢氏と対立してい

た。このように武田氏をめぐる諸勢力との関係が、急激に変化しているので、あるいは諏方氏は武田氏と敵対するに至ったのかも知れない。伊勢宗瑞（以下、伊勢早雲）は大祝諏方継満と結ぶと、甲斐国都留《つる》郡に侵攻して武田氏を脅かしている（『妙法寺記』）。早雲の諏方氏との提携は、東西から武田氏を挟撃しようとしたものである。だがこの時に諏方氏が軍事行動を起こした形跡は見られないので、実現しなかったのであろう。しかし、これに先立つ延徳四年（明応元年・一四九二）、信昌・信恵派と信縄派が激突した市河合戦（市川三郷町）に続く、九月三日の合戦では、諏方氏からの援軍矢ヶ崎氏が戦死しているので（『一蓮寺過去帳』）、諏方氏が一方の武田方に援軍を送ったことが明らかである。なお、諏方氏と伊勢早雲との関係等から見て、恐らく、伊勢・今川氏と連携する信昌・信恵派へ派遣したのであろう。

しかし戦国期に入ると、甲斐統一を成し遂げつつあった武田信虎は、近隣の諸勢力を併呑して領国拡大を指向するようになり、畢竟、諏方氏との衝突は避けられなくなる。信虎は信縄の子であるから、祖父信昌・叔父油川信恵を支援した諏方頼満は許し難い敵だったのであろう。両氏が対立する直接の契機は、永正十五年諏方頼満に追放された下社金刺昌春を、信虎が大永五年（一五二五）に甲府に屋敷を与えて匿《かくま》ったことにある（『妙法寺記』）。信虎は、享禄元年に、金刺昌春を擁して諏方へ侵攻を開始したが、八月晦日の境川合戦で敗退し、萩原備中守昌勝ら雑兵二百余人を失い、甲府に引き揚げた（『当社神幸記』『神使御頭之日記』『妙法寺記』）。諏方氏は信虎の軍勢を退けたばかりでなく、勢力を甲

5—諏方氏四代系図

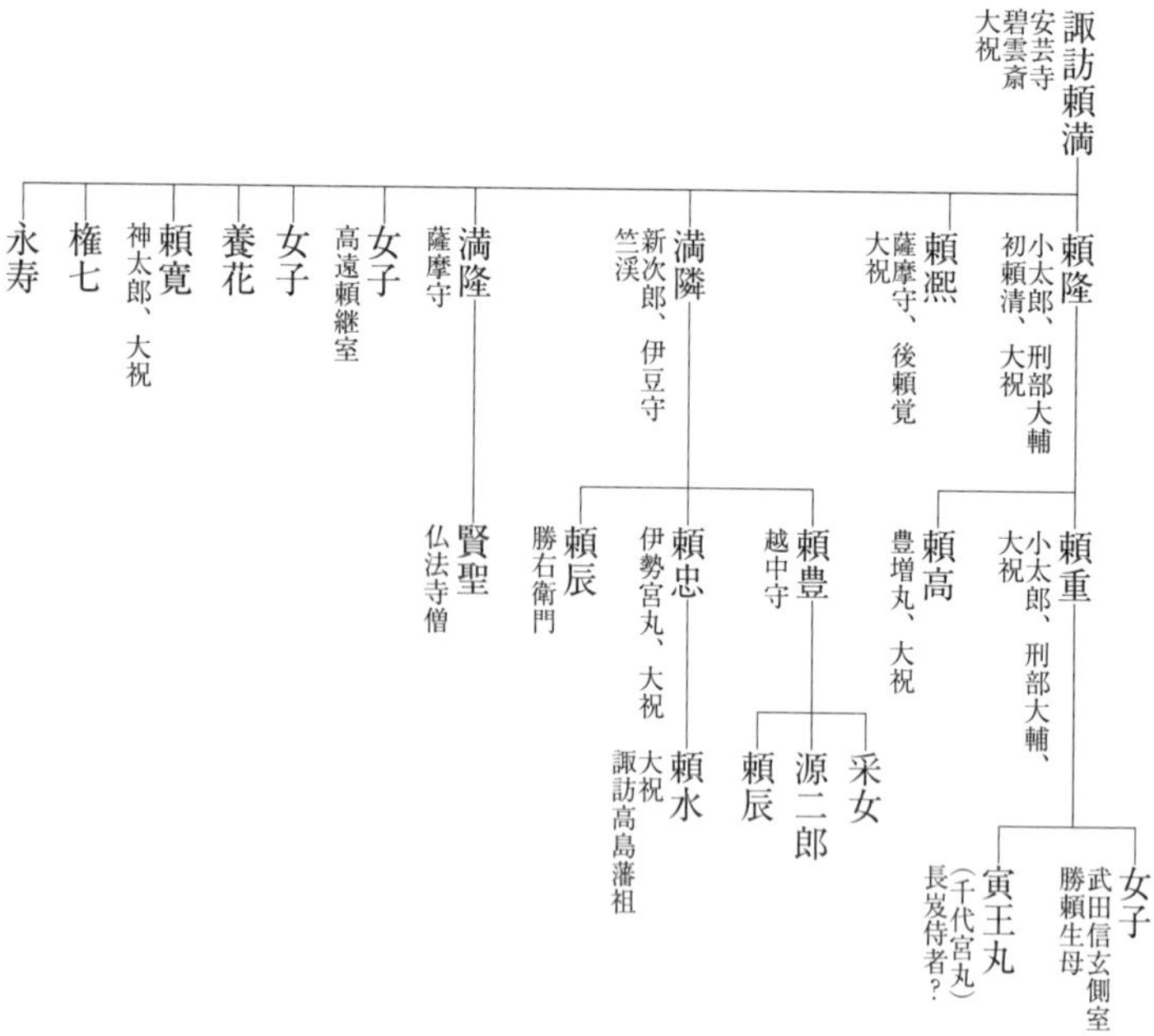

甲斐国北部（現在の山梨県北杜市長坂町付近）まで伸ばした。信虎は、諏方氏の領域となっていた篠尾《ささお》（同市小淵沢町上笹尾）に要害（笹尾砦）を築き、金刺一族や下社牢人衆を籠城させた。

その後、享禄四年一月、信虎家臣飯富《おぶ》虎昌《とらまさ》や栗原兵庫が信虎と対立して御岳（甲府市）に籠もって反抗すると、これに甲信国境に勢力を誇る甲斐有力国衆今井信元も同調し、さらに諏方頼満へ支援を要請した。このため頼満は、甲斐に出兵し笹尾砦を無血占領すると、反信虎派国衆とともに四月十二日に河原辺《かわらべ》（韮崎市）で、武田軍と激突した（河原辺合戦）。その結果、諏方・今井・栗原・飯富連合軍は敗退し、諏方頼満も戦死したとの誤報が飛び交うほどであった（『妙法寺記』『当社神幸記』『神使御頭之日記』『王代記』)。この敗戦で頼満の侵攻は頓挫し、浦の城(獅子吼城)に籠城した今井信元は、翌天文元年九月信虎に降伏し、遂に武田信虎による甲斐統一(「一国無為」)が成就した(『妙法寺記』)。

　信虎に手痛い敗北を喫した諏方頼満は、天文四年九月に信虎と境川(甲信国境)で和睦し、諏方大社の宝鈴を鳴らしてその遵守を誓った。なお頼満は、この前年に出家して碧雲斎《へきうんさい》と号している(『神使御頭之日記』)。諏方碧雲斎は、天文八年十二月九日に六十七歳で死去し、家督は二十四歳の嫡孫頼重が相続したが、信虎は諏方氏との和睦を継続し、天文九年五月には、信濃国佐久郡に大挙して出陣し、頼重とともに大井氏を攻めている(『妙法寺記』)。頼重は小県《ちいさがた》郡に出兵し、七月に長窪城を攻略した。また同年十一月晦日に、信虎は女《むすめ》禰々《ねね》御料人《ごりょうにん》を頼重の正室として輿入《こしい》れさせ、武田・諏方同盟を成立させた。禰々御料人は当時十三歳であった。頼重は十二月九日に舅《しゅうと》信虎を甲府に表敬訪問し、信虎も十七日に諏方を訪問して友好を深めている(『神使御頭之日記』『妙法寺記』)。そして、頼重と禰々御料人の間に、翌年四月四日に嫡男が誕生した。寅年の生まれであったことから、寅王丸と名付けられた。両氏の軍事同盟が成立すると、信虎は天文十年五月十三日、諏方頼重と埴科《はにしな》郡の村上義清と共同で、小県郡に広く一族を分出し、勢力を張る海野《うんの》棟綱《むねつな》を攻め、これを上野国に追放している(『神使御頭之日記』『高白斎記』)。

武田信玄の諏方侵攻と諏方仕置

天文十年六月、信濃海野氏を攻略して帰国した武田信虎は、嫡男信玄（当時は晴信であるが以下統一）によって駿河今川義元のもとへ追放された。その直後の七月、関東管領上杉憲政は、海野棟綱を帰還させるために小県郡に侵攻した。父追放直後の信玄はもちろん、村上義清もこれに対応できなかったが、諏方頼重は上杉氏と単独講和を結び、領土分割協定まで締結した。これを同盟違犯とみた信玄は、天文十一年六月二十四日、突如諏方への侵攻を開始した。信玄は、その頃頼重と対立していた諏方一族高遠頼継や、諏方大社上社禰宜《ねぎ》大夫矢島満清、諏方西方衆らを味方につけ、頼重を孤立させた。そして七月四日、桑原城に籠城していた諏方頼重を降伏させ、その実弟の大祝頼高とともに甲府へ送り、七月二十一日に甲府東光寺で自刃させたのである（『守矢頼真書留』『高白斎記』）。

諏方衆は、頼重が甲府に送られても、大祝頼高が諏方に健在であるからと満足していたにもかかわらず、頼高も矢島満清の策略で甲府へ送られたことに衝撃を受け、満清らを深く恨んだという（『守矢頼真書留』）。諏方頼重は享年二十七歳、その弟で大祝の頼高は十五歳であった。

信玄は、天文十一年九月、頼重亡き後の諏方氏乗っ取りを企てた高遠頼継を攻めるため、頼重の遺児千代宮丸（寅王丸改名）を擁立した。これを聞いた諏方郡では、高遠頼継を憎む者が多く、武田氏のもとに主だった諏方一族や遺臣が続々と参集した。それらは、諏方薩摩守《さつまのかみ》満隆・同笠渓斎（諏方伊豆守満隣）といった、頼重の叔父（碧雲斎の子）や矢崎氏、小坂氏、千野伊豆入道、千野大炊頭、有賀紀伊守ら諏方一族の他に、頼重の近習衆矢島氏ら二十人などであり、社家衆は神長官守矢頼真のみが武田方に付いた。いっぽうの高遠方にも、有賀遠江守、有賀伯耆守、花岡氏等の諏方西方衆の他に、禰宜大夫矢島満清の呼びかけにより社家衆の殆どが高遠方に結集した。頼重の近習衆も二十人ほどが、また諏方一族と見られる諏方能登守も高遠方に加わった。諏方郡は一族や社家衆、家臣が分裂する事態になったのである。また頼継らは伊那郡の福与城主藤沢頼親(箕輪衆)や春近《はるちか》衆を味方に付け、武田氏に対抗しようとした。頼継の擁した軍勢は、決して侮れないものであった。

6── 諏方頼重墓

しかし信玄は、安国寺の合戦で高遠軍を撃破し、禰宜大夫矢島満清を追放した。その後、信玄は天文十四年までに高遠・藤沢氏らを降伏させて、上伊那を制圧している。

諏方と上伊那を平定した信玄にとって、次の問題は諏方一族や諏方衆の処遇と、関係改善をどう実現するかであった。頼重の死により惣領家が、頼高の死により大祝職が空位となってしまっており、惣領の空位は諏方衆の処遇や指揮系統の、大祝職の空位は諏方大社の祭礼や運営にも関わる問題であった。そこでまず信玄は、天文十一年十二月までに大祝職に諏方満隣(頼重叔父)の子

7―伝寅王丸墓

伊勢宮丸（後の諏方頼忠）を据え、辛うじて恒例の諏方明神御渡の報告を実行させている（『当社神幸記』）。伊勢宮丸は、当時七歳であった。

これに対して、諏方家惣領に誰を据えるかはなかなか解決しなかった。信玄は高遠頼継攻撃に際し、千代宮丸（寅王丸）を諏方頼重の遺言に従って擁立すると宣言して出兵した。頼重の遺言の実在は判然としないが、千代宮丸が惣領を継承することは当時の諏方郡衆目の一致するところであった。千代宮丸を擁立するからこそ、諏方一族や頼重の遺臣たちは武田氏に味方したのである。だが、結局信玄は頼重の後継者に千代宮丸を据えることはなかった。その真相が何であるかは史料から明らかにすることが出来ないが、千代宮丸が成長して、諏方一族や遺臣たちに担ぎ出され、武田氏に反抗することを恐れたからであろう。なお生母禰々御料人は、天文十二年正月十九日に、十六歳の若さで死去し（『高野山武田家過去帳』）、千代宮丸は一人残されてしまった。千代宮丸のその後は、明らかでない。ただし『寛永諸家系図伝』『寛政重修諸家譜』『諏方系図』などに、千代宮丸と思われる人物の記事が見える。それによれば諏方頼重の子長笈（生母は武田信虎の女）は、幼い頃から信玄を父の仇として深く恨み、暗殺の機会を窺っていたがそれに失敗し、一条寺（甲府一蓮寺か）に幽閉された。だが長笈はなおも復讐の機会を窺い、隙を見て駿河国今川義元のもとに脱出して再起を図ろうとしたものの、甲州川内村（不明、「河内」〈甲斐国南部一帯の広域呼称〉の誤記か）で捕らえられて殺害されたという。もしこれが事実とすれば、今川義元が健在の時期の話なので、永禄三年（一五六〇）以前の事件である。この頃、本来は自分が相続するはずであった諏方惣領家は、異母姉諏方御料人と信玄の子である四郎勝頼が相続していた。長笈（千代宮丸、寅王丸）には、帰るべき場所が残されていなかったのである。なお、寅王丸の墓と伝えられるものが、箱原（山梨県富士川町）の本能寺に残されている。

諏方勝頼誕生

さて、千代宮丸の擁立を見送った武田信玄は、諏方惣領家の処遇について考慮した結果、頼重の女を自らの側室に迎え、その間に生まれるであろう子に相続させるという路線を選択する。諏方頼重の女は、頼重と小見《おみ》氏（麻績服部氏）の女との間に生まれた女子とされているが（『諏方家譜』「諏方系図」等）、麻績氏の記録からこの事実を確認することが出来ない。また諏方御料人の経歴については、生年などを含めて一切が不明とされてきたが、『軍鑑』を仔細に検討すると、諏方御料人は天文十四年に信玄に輿入れしたとあり、その時に十四歳であったと記されていることから、享禄四年生まれということになる。なお、諏方御料人が天文十二年十二月十五日に、信玄のもとへ輿入れしたとの定説は、『高白斎記』の「十五日夜、禰津《ねづ》より御前様が御越、御祝言」

に基づいているが、この記述を頼重の息女の輿入れと解釈する根拠はまったくない。これは素直に禰津氏よりその息女が輿入れしたと読むべきであろう。実際に禰津元直の息女が信玄の側室になったことは、よく知られていることであり（「武田系図」等）、この記事はその事実を指した記事と考えられる。

さて『軍鑑』によると、信玄が諏方御料人を側室に迎えることについて、家臣団からは反対論が噴き出したという。家臣たちの反対理由は、女性とはいえ切腹させた頼重の女にとって信玄は敵であり、いつ寝首をかかれないとも限らず、極めて危険であるということに尽きる。『軍鑑』では、ここで山本勘助が買って出て信玄の意見を正論とし、反対派を説得したとあるが、この事実関係は擱いても、家臣団の中には根強い反対論があったのは事実であろう。しかし美貌の諏方御料人に惹かれた信玄は、反対意見を押し切って輿入れを実現させた。諏方御料人が信玄のもとに輿入れしたことによって、諏方惣領家の再興が現実味を帯びたことから、諏方の遺臣たちは信玄に人質を差し出したという。

諏方御料人が、輿入れの翌天文十五年に信玄との間にもうけたのが四郎勝頼である。勝頼が、信玄の子供の中で唯一武田氏の通字である「信」の字を戴かず、諏方氏の通字である「頼」を諱に戴いていたのはこうした経緯があったからである。勝頼は、諏方勝頼として誕生したのであり、武田勝頼ではなかった。これは、他の兄弟たちとの明確な差でもある。他の兄弟たちは、出生後しばらくして、父信玄の政治的路線に従って他家の養子に出されたが、勝頼は生まれながら他家の者であったからである。

さて、勝頼生母・諏方御料人は、その後信玄の子を産むことなく、弘治元年(一五五五)十一月六日に死去した。勝頼はこの時十歳であった。享年は二十四歳と推定される。その墓は、勝頼が成長して伊那高遠城代に就任した際に、彼の手によって乾福寺に建立され、法要が営まれている。

2　諏方勝頼から武田勝頼へ

諏方勝頼の伊那高遠在城

天文十五年に誕生した諏方勝頼は、諏方惣領家を相続したとされている。しかしそれは決して歓迎されるものではなかった可能性が高い。勝頼が誕生した同年八月二十八日に、諏方頼重の叔父で、その滅亡後は諏方一族の中心的人物であった諏方薩摩守満隆が、信玄に切腹を命じられた(『神使御頭之日記』)。満隆は武田氏に謀反を企て、それが発覚したのが原因らしい(「諏訪大社文書」『戦武』九五六号)。では、なぜ諏方満隆は謀反を起こそうとしたのであろうか。詳細は明らかでないが、この年に信玄と諏方御料人との間に、勝頼が誕生したことと密接に関連していると思われる。満隆は、高遠頼継を信玄とともに攻撃した際に、千代宮丸(寅王丸)擁立の中心人物として動いているので、千代宮丸の廃嫡と勝頼の擁立が謀反の原因ではなかろうか。

こうした事情が背景にあるのか、のちに勝頼は父信玄から、諏方郡上原城（旧諏方惣領家の本拠）や高島城（茶臼山城、武田氏の諏方統治の拠点）ではなく、伊那郡高遠城に在城することを命じられた。永禄五年のこととされる（『軍鑑』）。

しかし、誕生した勝頼が相続したのは、高遠頼継の高遠諏方家であることが近年指摘されている（丸島和洋『戦国大名武田氏の権力構造』思文閣出版、二〇一一年）。それは、高野山成慶院所蔵の『甲斐国過去帳』などは、勝頼を諏方ではなく、高遠諏方家の人物として扱っていることや、彼が領有したのが諏方上原城ではなく、高遠城であることなどが理由である。確かに、勝頼の領有した高遠領とは、高遠頼継の旧領のほか、藤沢頼親の旧領箕輪領をも含めた地域であり、その家臣団も保科正俊・小原継忠ら高遠衆が中核になっていることなど、諏方惣領家のみを継承したとは思えない点が多い。

また諏方衆のうち、千野氏を始めとする頼重旧臣層の多くは板垣信方、武田信繁らの同心衆として編制されていたが、頼重叔父諏方満隣の子諏方越中守頼豊らが中心となり、武田氏直属の同心衆として扱われていた。勝頼が諏方郡に配置されず、高遠に入ったのは、諏方は諏方頼豊やその弟伊豆守らが武田氏の家臣団の同心衆に配属された以外の諏方衆を統括、また頼豊の弟諏方頼忠とその子頼水（初代諏方高島藩主）が大祝職に就任し、諏方大社上社の社家衆を統括するなど、いずれも頼重の叔父諏方満隣の系統によって掌握される方向で、秩序回復がなされていたから、あえて信玄はこれらの上に勝頼を置くことを避けたのであろう。しかし、諏方衆の少なからぬ人々が勝頼を支えていたことも事実のようで、それは武田氏滅亡時に、仁科盛信（武田信盛）とともに高遠城に籠城し織田軍に抵抗したのが、勝頼以来の高遠衆と諏方衆の人々のみであったことからも窺われる。このことは、勝頼は高遠諏方氏の家督と所領を継承しつつも、諏方惣領職をも相続していた可能性が高いことを示す。

以上のような経緯から、勝頼は永禄五年に高遠城に在城し、高遠領（高遠・箕輪領）支配を開始した。ほんらいであれば、勝頼はそのまま高遠で諏方勝頼として生き、父信玄・惣領義信を支える武田御一門衆の一人として一生を過ごすはずだった。

兄義信と勝頼

それでは、武田義信と諏方勝頼という異母兄弟の関係はどうだったのだろうか。それを伝える確実な史料は存在しない。ただ、『軍鑑』には、異母弟勝頼に対する義信の微妙な感情が記録されている。

信玄は、勝頼を高遠城主に任命するにあたって、嫡男義信に配慮し、重臣飯富虎昌・跡部勝資・長坂釣閑斎光堅《ちょうかんさいこうけん》を使者として彼の元へ派遣したといい、勝頼を諏方頼重の跡目に据え、伊那郡代として高遠城主に任じることや、八人の家臣を付家老とすることを提案した。義信は了承したが、内心はこれに不満であり、信玄との不和の要因になったと記されている。

勝頼が高遠城主に就任した際に、家臣となった八人とは、『軍鑑』によれば跡部右衛門尉、向山《むこやま》出雲、小田切孫右衛門、安部五郎左衛門、竹ノ内与五左衛門、小原下総、小原丹後（下総の弟）、秋山紀伊守であったとされている。このうち、跡部は跡部一族、向山出雲は武田氏重臣向山氏出身の人物、小田切氏は室町期以来の譜代の家系であり、後の小田切大隅守茂富を指すのではないかと思われる。このほかに、安部五郎左衛門は、後の安倍加賀守宗貞である。だが、跡部・向山は重臣クラスの一族出身であるが、小田切、安倍は甲斐衆ながらさほど高い家格の出身とはいえず、詳細が不明な竹ノ内を除く小原兄弟は、高遠頼継の遺臣と推察される。つまり、義信が不平を漏らすほどの逸材が勝頼に付属されたとはとても思えないが、『軍鑑』巻十によると、安倍宗貞は信玄の御使十二人衆の一員で弓矢巧者との誉れが高く、義信はこれを勝頼に付属させたことがとりわけ気に入らなかったという。

また義信は、信州伊那郡は自分が合戦に赴いて制圧した地域なので、自身が知行を拝領すべきなのに、勝頼に与えたことが不満であったとされているが（上野晴朗『定本武田勝頼』新人物往来社、一九七八年）、義信が主体となって伊那郡の制圧戦が展開された事実はなく、あくまで父信玄に従って参戦したに過ぎない。

いずれにせよ、『軍鑑』の記述が確かかどうかは定かでないが、もし事実ならば、義信は勝頼が高遠城主となること自体を嫌悪していたことになり、それは理由なき嫉視だったのではなかろうか。だが義信と勝頼の不仲を示す記述は、『軍鑑』にもない。義信の複雑な心境は、勝頼個人にではなく、諏方氏を継承させて高遠城主に任命し、有能な家臣を付属させた父信玄の行為そのものにあったのだろう。

では、武田家中において、勝頼は信玄の子息とはいえ、他国者扱いだったのだろうか。この点は、信玄の実弟武田典厩《てんきゅう》信繁（武田典厩家）、武田逍遙軒《しょうようけん》信綱《しんこう》（武田逍遙軒家）、穴山信君《のぶただ》（穴山武田氏）よりも厚遇を受けていることからも否定出来るだろう。それは、勝頼が与えられた役割から窺い知ることが出来る。

永禄七年六月、武田信玄は、信濃の有力国衆で武田一門の木曾義昌が、先に甲府へ出仕した返礼として、信玄か嫡男義信が参上しようと考えていたが、それが実現出来なければ、勝頼を派遣しようとしていた（「千村文書」『戦武』八九八号）。結局、これらは関東出陣が繁多であるため、すべて実現しなかった（このことは、信玄・義信・勝頼の三人とも関東に出陣したことを物語る）。

この他に、勝頼は甲府留守居をしばしば命じられていた。永禄十年三月、勝頼は甲府にあって、甲駿国境（対今川氏真）、尾張・三河・遠江（織田・徳川・今川氏）の動静を監視し、信濃国伊那郡大島城へ情勢報告をするよう飛脚を派遣するなど、情報収集を行い、西上野出陣中の父信玄にこれを報じている（「保阪潤治氏旧蔵文書」『戦武』一〇五九号）。ちなみに、この直後に信玄は信濃で家臣たちから起請文を徴収し、生島足島《いくしまたるしま》神社に奉納している。また永禄十一年三月には、今川氏真の祖母寿桂尼（「沓屋《くつや》之大方《だいほ》」）死去（三月二十四日）を信濃出陣中の信玄に伝えている（「恵林寺文書」『戦武』一二五二号）。

これらの事実は、諏方勝頼が、義信に次ぐ地位を保持し、武田典厩家、武田逍遙軒家、穴山武田家という武田御一門衆よりも上位にあったことを示唆しており、家督継承権を保持する信玄の子息として認知されていたことを窺わせる。だが、嫡男太郎義信がいる以上、諏方勝頼が潜在的な家督継承権者であることは認識されていても、それが現実になるとは当時は誰も想像していなかったであろう。

武田信玄の路線転換

武田信玄は、上杉謙信との川中島合戦が終熄すると、同盟国の駿河今川氏真打倒に向けて路線転換を決断する。その理由について、信玄自身やその周辺の人々による証言は残されていないが、近年の研究を踏まえて述べよう。信玄に今川氏との関係再考を迫ったものは、私見では永禄六年の事件が原因と思われる。それは、永禄六年に遠江国引間城、頭陀《ずだ》寺《じ》城を拠点とする飯尾豊前守（連龍）を中心とする遠江国衆が今川氏に反旗を翻した大規模な叛乱（遠州忩劇《えんしゅうそうげき》）である。遠州忩劇は、同六年十二月に勃発し、天野（周智郡犬居）・村松（同郡宇刈）・高橋（長上郡蒲御厨）・匂坂《さぎさか》（豊田郡匂坂）・松井（同郡二俣）・堀越（同郡見付）・幡鎌（佐野郡幡鎌）・三和（山名郡於保）・江馬（敷知郡引間）ら諸氏の遠江国衆のほとんどが、一族内部で親今川方・反今川方に分裂し争う事態となるなど後の東海戦国史に大きな影響を与えた事件であった。飯尾氏は三河一向一揆平定直後の松平（徳川）家康とも結んでいたといわれる。叛乱そのものは、飯尾豊前守が永禄八年十二月に今川氏によって成敗されたものの、遠江国衆が家を分裂させて争っていたがゆえに、その後も余燼が燻り続け、最終的には永禄九年十月までには今川氏によってようやく鎮圧され終息した。実に三年にも及ぶ内乱だったわけであり、氏真は桶狭間の合戦以来の危機を辛うじて乗り切ったのだった（久保田昌希「「遠州忩劇」考―今川領国崩壊への途」〈同著『戦国大名今川氏と領国支配』吉川弘文館、二〇〇五年所収、初出は二〇〇〇年〉)。

信玄は、永禄六年閏十二月六日、北条氏康とともに上杉謙信と対戦していた上野国で今川氏真に対する遠江国衆の大叛乱の情報に接した。そこで信玄は、今川領国と境界を接する武田一族穴山信君の重臣佐野主税助《ちからのすけ》泰光に書状を送り、遠州忩劇の情報収集に努め、もし氏真が敗北して駿河の過半が叛乱軍に奪取される情勢に至ったならすぐ知らせるよう指示した(「佐野文書」『戦武』八五三号)。信玄はこの書状の中で、氏真が敗退するようならただちに上野国から撤兵し、駿河に侵攻する意志を明確にしていた。ただし信玄は、もし駿河衆が氏真に忠節を尽くし、三河・遠江の情勢が安定するようならば関東での在陣を継続するとも記していた。信玄は、叛乱に直面した氏真の器量を注視していたのであり、情勢次第では氏真支援を名目に今川領国の混乱に介入して、勢力拡大を目論んでいたのであろう。しかも注目されるのは、この書状の中で氏真に叛乱を起こした遠江国衆(飯尾氏ら)に対し、穴山信君を通じて書状を送ったと記されていることである。同盟国今川氏真を支援する姿勢を見せつつも、叛乱軍たる遠江衆との連絡を忘れぬ信玄の老獪さが垣間見える。

実は徳川方の記録である『武徳編年集成』『浜松御在城記』などには、飯尾氏を中心とする遠州忩劇は、武田信玄の使嗾《しそう》によるものだと記されている。その事実は確認出来ないが、信玄が叛乱軍と書状の遣り取りをしていたのは確かであり、噂《うわさ》の域を出ないがその火種が実在したことは事実といえよう。

遠州忩劇という今川領国の深刻な内乱を知った信玄は、氏真の今川家当主としての器量に不安と不信感を抱いたものと推測される。後の元亀二年（一五七一）に信玄は駿河深沢城主（当時）北条綱成に向けた降伏勧告状（いわゆる「深沢城の矢文」）において「この氏真の行跡を伝え聞くに、天道を恐れず、仁義を専《もつぱ》らにせず、文なく武なく、ただ酒宴・遊興を専らにし、士民の悲しみを知らず、諸人の嘲りを恥じず、恣《ほしいまま》に我意に任せらるるの条、何をもって国家を保つべき人に候哉」と述べ、氏真の戦国大名当主としての「器量」のなさを完膚無きまでに批判していた（「歴代古案」『戦武』一六三九号）。つまり、「国家」（戦国大名領国）の安定を保つには、領国民のために我意を捨てた、文武ともに優れた資質（器量）を持つ、大名当主が不可欠であり、それが実現できない者は、除かれても仕方がないと信玄は考えていたわけである。信玄が氏真の器量のなさを痛感したのは、遠州忩劇が契機ではなかろうか。遠州忩劇に直面した氏真をみて、信玄はリスクの大きい上杉攻めを追求するよりも、今川氏を攻めるのが得策と考えたのではあるまいか。

そう考えるもう一つの根拠は、信玄の対外路線の軌跡を追うことで浮き彫りになってくる。そして信玄が手を結ぶ相手とした人物こそ、尾張国を統一する勢いを示し、さらに着々と隣国美濃に触手を伸ばしていた織田信長である。信長は、破竹の勢いで尾張の敵勢力を掃討しつつ、ほぼ並行して美濃国井口の斎藤龍興《たつおき》との抗争を展開していた。信長は永禄八年七月に犬山城を攻略して織田信清を追放し尾張統一を成し遂げ、以後は本格的な美濃攻略戦に移行する。

同じころ、信玄は永禄七年に飛騨侵攻を開始し、三木良頼・江間輝盛ら上杉方国衆を攻略して越中の一向宗と連携する戦略を実施しようとしていた。これを知った上杉謙信は、武田軍を牽制すべく信濃川中島に出陣した（第五次川中島合戦）。この時信玄は、東美濃の国衆遠山景任《かげとう》（岩村城主）・直廉《なおかど》（苗木城主）兄弟に書状を出し、景任には参陣を要請している（直廉は美濃の織田・斎藤両氏の争乱のため免除、「武家手鑑」『戦武』八九九号）。遠山氏は天文二十四年以来武田氏とは昵懇《じっこん》の間柄で、しかもこの時には織田信長とも誼《よしみ》を通じていた。注目されるのは、信玄が遠山氏に与えた書状の中で、遠山氏が信長と友好関係を構築したことを容認しつつ、それが実現して「安堵《あんど》」したと表現していることである。これは小笠原春香氏が指摘するように、信玄は信長の勢力が美濃を越えて信濃に及ぶことを警戒しており、当時武田・織田両属の立場を堅持することを選択した遠山氏の動向を容認することで、信長の信濃侵攻を未然に防ごうとしたのであろう（小笠原春香「武田氏の東美濃攻略と遠山氏」〈柴辻俊六編『戦国大名武田氏の役と家臣』岩田書院、二〇一一年〉）。

いっぽうの織田信長も、信玄の飛騨侵攻や東美濃への影響力拡大は極めて大きな脅威であった。そこで信長は、信玄の進出を未然に防ぐべく、上杉謙信と友好関係を結び、信長自身は信玄とは敵対しないが、謙信の信濃・飛騨侵攻を容認し、むしろ武田・上杉両氏の抗争が引き続き信越国境、関東方面などで展開されることを期待していたようだ。なぜなら謙信との抗争が激化すればするほど、信玄の飛騨・東美濃方面への勢力拡大の鋒先が鈍るからである。

しかし軍事衝突の回避を意図する武田・織田両氏の思惑は、信長の美濃への勢力拡大が着々と進行することで微妙な狂いが生じ始め、遂に永禄八年三月、武田・織田双方の軍勢が東美濃神篦口《こうの》（現岐阜県瑞浪市）で衝突を起こした（『軍鑑』『信長記』）。これに対し信玄は秋山虎繁らを、信長は森可成《よしなり》らを派遣したが、戦闘はそれ以上エスカレートすることはなかった。双方とも自重したとみられる。これにより関係悪化を憂慮した信長は、美濃と信濃が国境を接している以上、自身の美濃制圧が武田氏との合戦を招くような事態に至らぬためにも、信玄との和睦・同盟を望むようになるのである。これは信玄も同じであり、和睦交渉は三月以後断続的に続けられたとみてよかろう。その過程で合意の条件が整ったので信長は、永禄八年九月に織田忠寛《ただひろ》を使者として甲府に派遣し、婚姻を基盤とした同盟締結を正式に申し入れたとみられる。それは高遠城主諏方勝頼のもとへ、信長の養女（遠山直廉息女、信長の姪）を輿入れさせるというものであった。信玄は、上杉謙信との抗争が止まぬなか、信濃・美濃国境での懸念を解消させることに大きな意義を認め、信長との同盟締結を受諾するのである。この外交路線の選択は、織田信長を仇敵とする同盟国今川氏真との関係を微妙なものとする可能性があった。だが信玄がこの時すでに今川攻略を意図し始めていたというのは早計であろう。しかし信玄が同盟国今川氏への配慮よりも、自国の安全保障と戦略を優先したことは間違いない。それはやはり織田氏と戦端を開いた場合に、武田氏は果たして同盟国として今川氏を当てに出来るのかということを懸念していたのではあるまいか。織田氏との同盟成立は、今川氏との関係悪化を招く虞《おそれ》が十分にあったにもかかわらず、信玄があえて信濃国境問題と今川氏との関係悪化とを熟慮し、結果として前者を優先させたことは、氏真の器量に確信が持てなかったことが背景にあると考えられるのではなかろうか。しかし織田信長との同盟という信玄の政治決断は、今川氏との関係悪化を招くよりも早く、武田家中での紛争を引き起こすのである。

諏方勝頼の婚儀と義信事件

武田家中での紛争は、信玄と嫡男太郎義信の対立として現出した。信玄と義信父子の対立がいつ起こったかについては判然としないが、第五次川中島の合戦が終了したころであることは間違いなかろう。『軍鑑』によれば、すでに永禄四年の川中島の激戦直後から、作戦をめぐって信玄と義信との対立が起こり、これが長く続く父子の不和のもととなったとされている。義信は異母弟諏方勝頼が高遠城主に就任することにも不満をもっていたとあり、部屋住みから一城の主となる勝頼のことを快く思っていなかったという。

さらに信玄が織田信長との同盟（甲尾同盟）締結に踏み切ったことで対立が決定的となったといわれ、『軍鑑』によれば、武田氏と今川氏との関係を予想通り悪化させたらしい。信玄は、駿河今川氏真に、今川義元の弔い合戦として、共同で三河国徳川家康領国へ侵攻することと作戦成功時の領土分割を提案したが、氏真は信玄が今川氏の仇敵信長と婚姻関係を結んだことでもはや信玄も半敵対勢力だと述べてこれを拒否したという。『軍鑑』はこれを永禄十一年五月のことと記すが事実かどうかは確認出来ない。

そして武田・今川両氏の関係悪化が、信玄と義信父子の不仲を増幅させ、遂に義信は重臣飯富虎昌らとともに信玄暗殺のクーデターを計画したとされている。ところで義信の謀叛は、信玄による対今川外交路線の転換が背景にあったというのが通説であったが、それを直接示す史料があったわけでなく、あくまで状況証拠の積み重ねによる推定という傾向が強かった。ところが、最近丸島和洋氏が紹介した弘治元年と推定される七月十六日付、武田信玄書状に「義信は今川家のため父子の関係を忘れ困惑している」と明記されている（「雑録追加」『戦武補遺』一五号）。この書状は宛所が欠落しているが、「密書」であると記された当時の最高機密文書であり、信玄は駿河今川義元の意見に同調し父の意向に逆らう義信に困惑していたことがわかる。弘治元年七月といえば、この時期信玄は第二次川中島の合戦の渦中にあり、犀《さい》川を挟んで長尾景虎（上杉謙信）と対陣すること二百日に及ぶ苦しい状況におかれていた。信玄と義信がなぜこの時期に今川氏のことで対立したのかについて、残念ながら密書は手がかりを残していない。

しかしながら信玄は結局、今川義元の仲介で景虎と和睦する。想像をたくましくすれば、この時に義元が提示した和睦条件が信玄の意向に必ずしも沿うものではなく、信玄はこの受諾に難色を示していたのではなかろうか。これに対し、義元の立場を汲んだ義信が、父信玄に和睦の条件を呑むよう強く迫り、両者の対立がのっぴきならぬ事態に至っていたのではないか。実際に信玄の密書には「爰元《ここもと》（武田陣中）では（謙信との）和睦交渉を一時中断するつもりである」とあるので、こうした推測も可能ではなかろうか。なお密書の宛先は特定できないが、信玄が相当信頼する武田一族であることは間違いなく、その人物に義信との対立の事実と心中を吐露し、意見や相談を求めるほどの事態が、弘治元年の段階で確認されるのは重要である。義信は早くから間違いなく、武田家中における今川派の中心であったことが了解されよう。

筆を戻そう。義信は、永禄八年三月以降、織田信長と和睦交渉を実施する父信玄の動きに不信と不満を抱き、このままでは今川氏との関係悪化、断絶になりかねないと焦慮した結果、遂に父信玄暗殺を企てたのであろう（義信が父信玄暗殺を企てていたと明記した史料は『軍鑑』しか存在しない。ここではその記述に従っておく）。だが義信謀叛の動きを永禄八年七月に御目付が察知し、遂に十月初旬に謀叛を企図した義信方の飯富虎昌・曾根周防らは捕縛され、十月十五日に飯富虎昌が処刑されて、クーデターは未然に鎮圧された。

このクーデターは、甲尾同盟成立（九月）と、諏方勝頼と信長養女遠山氏との婚礼が実施される、十一月のちょうど中間に位置する十月に発生しているので、義信が何としても阻止したかったのは、やはり信長と信玄との同盟であったのだろう。義信が何故、それほどまでに織田との同盟を拒否したかったのか。それは、義信の妻が今川氏真の妹であったことや、義信の生母で、信玄の正室三条夫人が今川氏の仲介で輿入れしてきたことなど、母子ともに今川氏との関係が深かったことが背景にあると考えられる。つまり義信は、武田家中における今川派の巨頭であったのである。義信は、信長との

8―武田義信墓

同盟が今川氏との敵対関係を必然化し、武田と今川との衝突が不可避となると考えていた。そして義信は、武田氏の家運隆盛はあくまで三国同盟堅持にあると認識していたのであろう。このように、信玄と義信との対立は、信玄派（領土拡大派）と義信派（三国同盟維持派）との対立であったと考えられる。

家中を巻き込んだ義信事件の余燼もさめやらぬ永禄八年十一月、諏方勝頼は、織田信長の養女遠山夫人との婚儀を挙げた（『軍鑑』）。こうして、武田・織田同盟（甲尾同盟）が成立した。

いっぽうで、同盟国今川氏との外交問題および織田信長との同盟問題をめぐって対立していた武田信玄と義信父子の関係は、遂に修復されることなく、義信は甲府東光寺に幽閉された。その間、恵林寺の快川紹喜《かいせんじょうき》・長禅寺春国光新《しゅんこくこうしん》・東光寺藍田恵《らんでんえ》青《せい》を始め、周囲の人々が懸命になって、義信と信玄両者の調停に乗り出すが、父子の関係は結局好転せず（「紹喜録」『山梨』⑥五九三号）、遂に義信は、永禄十年十月十九日に幽閉先の甲府東光寺で死去した。享年三十歳であった。

義信が死去した永禄十年、信玄は五月に上野国惣社《そうじゃ》城を攻略するが、それ以後まったく対外戦争を停止している。それどころか、武田氏が何をしていたのかすら、ほとんどわかっていない。それは義信事件が最終段階を迎えたことや、駿河今川氏真との関係が急速に悪化したためであろう。

信玄は、永禄十年八月七日に甲斐・信濃・上野の家臣二三七人から、起請文《きしょうもん》を提出させ、信玄に忠節を尽くし、二心のないことなどを誓約させた。そしてこの起請文を信濃国小県郡生島足島神社（下之郷大明神）に納めたのである（この永禄十年の起請文を俗に「下之郷起請文」と呼ぶ）。この起請文には、信濃衆はもちろん、甲斐衆・西上野衆などのものにも「当国諏方上下大明神」との文言があることから、信濃のどこかに（おそらく岡城〈上田市〉）信玄が軍勢を集結させ、そのうえで書かせて提出させたことが明らかである（平山『武田信玄』吉川弘文館、二〇〇六年、同『真田三代』PHP新書、二〇一一年）。

実は、この時期、上杉謙信が北信濃飯山城に在城し、同城の大規模な普請を実施しているのである（「謙信公御書集」『上越』①五七九号）。信玄は謙信が上野で軍事展開を行う武田軍の背後を牽制すべく北信濃に出陣してきたものとみなし、小県郡塩田平《しおだだいら》に駐留して情勢次第では川中島へも上野へもすぐに即応できる態勢を取っていたのであろう。その間にこの起請文を提出させたとみられる。

ところで起請文作成の意味は、武田信玄の家中引き締めにあることは間違いないが、問題は何故この時期に、わざわざ甲駿国境、信遠国境の国衆（穴山信君・木曾義昌・下条信氏ら）を除いたほぼ全軍を信濃に集結させ、作成と提出をさせたかである。通説によれば、信玄は、義信廃嫡と処断を家中に知らせ、動揺する家臣団を押さえ込み、家中を結束させるため起請文を提出させたとされている。これを知った今川氏真は、永禄十年八月十七日に武田領国への塩留めを実施するのである（「芹沢文書」『戦今』二二四一号）。氏真のこの塩留めが武田家臣団の起請文提出時期と符合しているのは、この起請文提出に氏真が危機感を覚えたからであろう。そして、起請文提出と今川氏真の塩留めの二ヵ月後にあたる十月十九日に義信は東光寺で自害するのである。

氏真は翌十一月に信玄に要請して、義信未亡人（氏真妹）を駿府へ引き取ることを求めた。人質の送還は、手切れ（同盟破棄）を意味する。そこで信玄は氏真の起請文提出と引き換えに駿府へ送り届けることを約束し、十一月十九日に義信未亡人は駿府に帰ったのである（『武徳編年集成』等）。信玄が氏真に求めた起請文とは、義信未亡人の送還が武田・今川両氏の同盟破棄を意味しないことを確認させるものであったろう。表向きは信玄も氏真も同盟継続を確認することで一致した。

しかしながら氏真は、義信の死によって武田信玄の駿河侵攻が現実性を帯びてきたと考えたのであろう。義信未亡人を引き取った直後の十二月に秘かに上杉謙信との同盟交渉に入るのである。

諏方勝頼から武田勝頼へ

諏方勝頼は、武田信玄の西上野侵攻に従軍して初陣を果たしたとされ、それ以後、父とともに各地を転戦することとなる。初陣は、『軍鑑』によると、永禄六年の上野国箕輪《みのわ》城攻撃と、武蔵松山城攻略戦だという。この記述が事実とすれば、勝頼の初陣は、永禄五年十一月の箕輪城を始めとする西上野侵攻と、同年十二月十六日に始まり、翌永禄六年二月に北条氏康とともに武田軍が陥落させた武蔵松山城攻めだということになる。なお、これらにはいずれも兄義信も参陣していた。勝頼は当時十八歳。以後、勝頼は父信玄とともに活動することとなる。

しかしながら、当初は、既述のように甲府の留守居などをつとめ、父信玄、兄義信とともに出陣することはあまりなかったようで、『軍鑑』にも記録されていない。勝頼が戦陣に加わるようになったのは、兄義信が死去し、駿河侵攻に伴い北条氏との同盟が破綻した後のことである。

『軍鑑』には、駿河国花沢城攻防戦、武蔵国鬼石での戦闘で戦功をあげたとあり、それは永禄十二年一月の花沢城攻略と、同年九月の武蔵嶽山《たけやま》城攻略を指していると思われる。その後は、永禄十二年九月〜十月の小田原侵攻（武蔵滝山城攻め、小田原城包囲、三増峠合戦）で活躍したことが記され、それは事実である。

このころになると、北条氏も信玄の息子勝頼が、武田軍の中にあって活動していることを認識しており、「伊奈四郎」と記録している（元亀元年八月十二日付「尊経閣文庫所蔵文書」『戦北』一四三五号）。また信玄も、勝頼のことを他国の大名らに伝え、自らの後継者として認知させようとしている。このことをよく伝えているのは、信玄が永禄十二年十二月、駿河国蒲原《かんばら》城を攻略し、北条氏信兄弟らを討ち取ったことを徳秀斎という人物に伝えた書状においてである（「信玄公宝物館所蔵文書」『戦武』一四八二号）。この徳秀斎が誰であるかは判然としないが、北条氏と敵対し、武田氏と連携していた武将であるから、恐らく北関東ないし房総の人であろうと考えられる。ここで信玄は、蒲原城攻めで勝頼と甥信豊（信玄の弟信繁の子）が目覚ましい活躍をしたことを伝えているが、それを「聊爾《りょうじ》」と表現している。それは、城に遮二無二攻め込み、いつ敵にやられるか、ひやひやしながら見ていたが、不思議なことに何事もなく、城を攻め崩してしまったという文脈で綴られている。ここで注意すべきは、勝頼と信豊の戦場での行動は、「例式」（いつものことだ）と述べていることと、それを信玄が咎め立てするのではなく、むしろ徳秀斎に自慢気に語っていることである。ところが、信玄は蒲原落城について、十二月六日から十九日にかけて、現存するだけで、実に四通もの書状で特記しているが、勝頼と信豊の批評を含んだものは、この徳秀斎宛のみなのである。この他の三通は、真田一徳斎・真田信綱父子宛（十二月六日付、「真田文書」『戦武』一四八〇号）、織田信長宛（十二月十日付、「武家事紀」『戦武』一四八一号）、高山大和守宛（十二月十九日付、「川上文書」『戦武』一四八五号）である。このうち、真田父子と高山大和守（上野衆）は武田家臣である。つまり、すでに数年に及ぶ同盟国の織田信長と、武田家臣には勝頼の批評を含んだ戦況報告はせず、まだ連携してまもない徳秀斎のみに、勝頼のことを知らせていることになる。これは後継者勝頼の武勇を、新たな味方に伝え、知らしめることを意図していたのであろう。

こうした武田軍への参陣や留守居役などの活動を経て、信玄は勝頼を正式に高遠城主から自らの後継者として甲府に呼び寄せた。その明確な時期は定かでないが、元亀二年のことと推定されている。

北条氏は、元亀元年八月の段階で、勝頼を「伊奈四郎」と認識しているので、武田氏に入ったのはその後ということになり、通説は整合性が認められる。こうして勝頼は、諏方勝頼から武田勝頼となったのである。

信玄は、勝頼を諏方氏から武田氏に迎えることを想定して、元亀元年四月に、室町幕府将軍足利義昭の側近一色藤長に宛てて条目を送り、その一条で「愚息四郎に官途と御一字を賜りたい」と要望している（「榊原家所蔵文書」『戦武』一五三五号）。これは足利義昭より勝頼に官途と偏諱《へんき》を拝領しようと信玄が構想していたことを示す。その目的は、勝頼から諏方氏の色を消すことにあったのではなかろうか。だが結局これは実現しなかった。その理由は定かでないが、この直前の同元年一月二十三日に、織田信長は将軍足利義昭に五ヵ条に及ぶ条目を提示し、信長の同意なき将軍権力の行使を規制しているし、この年は浅井・朝倉両氏、比叡山延暦寺、本願寺の反撃で信長は苦境に陥り、畿内情勢は混乱の極にあった。信玄の要望が実現しなかったのは、信長の不同意もしくは畿内の混乱で雲散霧消してしまったのが原因ではないか。だが信玄はその後勝頼のために、将軍義昭や同盟国信長に執拗な申請をした形跡がなく、あまり熱心ではなかったかに思える。

この結果、諏方勝頼は武田姓になったものの、官途もなく、武田氏の通字「信」すら戴かず、諏方氏の「頼」を背負ったまま武田勝頼となった。また信玄自身も、勝頼の改名に固執しなかった。彼の意図が何であったかは、その遺言で明らかにされることとなる。

Ⅱ　武田信玄の死と勝頼

9── 諏方大社
『古事記』にも見える由緒の古い信濃国一宮．その大祝諏方氏は鎌倉時代以来，有力武士団としてこの地を支配した．

1　武田信玄晩年の外交と軍事

武田信玄の駿河侵攻と三国同盟の崩壊

永禄十一年（一五六八）十二月六日、武田信玄は大軍を率いて甲府を出陣すると、富士川沿いを一気に南下して駿河国に侵入した。信玄は、天文二十三年（一五五四）以来武田氏の発展を支えてきた駿河今川氏との同盟を破棄して、駿河侵攻を開始したのである。この時、信玄は四十八歳であった。信玄がかつての同盟国今川氏真を攻めたのは、氏真が宿敵上杉謙信との間で武田氏を共通の敵とする軍事同盟締結に向けた秘密交渉を行った事実を察知したからである。信玄は同盟破棄と駿河侵攻の直前に、同じく同盟を結んでいた北条氏康に事情を説明し、今川攻めに対する北条氏の理解と了承を求めていた。その際に信玄は、それまでの同盟を破棄してまで今川氏を攻める決断に至った理由を「駿・越が示し合わせ、信玄滅亡の企てをしたことを確認したので、このたび手切れに及んだのだ」と説明していたが、北条氏はこれを「表向きの理由に過ぎない」と判断しており、あくまで信玄の野望が同盟破棄の真相だと考えていたようだ（「春日文書」『戦北』一一二七号）。この結果、それまで東国戦国史を規定し大きな影響を与えていた武田・北条・今川三氏の甲相駿三国同盟は完全に崩壊したのである。

信玄と家康の対立

駿河侵攻に際して、信玄は、織田信長とその同盟国徳川家康との間で密約を結んでいた。それは今川氏真が、上杉謙信との和睦交渉を開始した時期とほぼ同じ、永禄十一年二月のことである。そしてその交渉の過程で、三氏は今川氏真を共通の敵と認定し、武田・徳川両氏による駿河・遠江侵攻について合意に達した。信長は信玄と家康が今川領国を攻略したのちに分割することを了承した。信長が信玄と今川領国について協議し合意に至ったのは、彼が足利義昭を奉じて上洛する意向であったからに他ならない。だが信長にとって最大の懸念は、駿河今川氏であった。信長の留守中に、三河・尾張に氏真が侵攻してくることが唯一の懸念材料だったからである。そこで信長・家康は共通の敵今川氏の打倒を信玄にもちかけたのであろう。信玄もまた、ここで今川攻めの決断を最終的に下したとみられる。すでに義信の死（永禄十年十月）、義信未亡人の駿府帰還（同年十一月）で、武田・今川両氏を結ぶ紐帯は完全に断たれ、同盟は有名無実となっていた。信玄は、織田・徳川両氏と合意に至ったことで、今川氏攻略へと舵を切ったのである。

この時、信玄と家康は、今川領国を東西より挟撃することと、今川氏滅亡後は、大井川を境界に東部を武田領、西部を徳川領にするとの密約を結んだといわれていたが（『三河物語』他）、実際には「川切」（河川を境界とする）による自力次第であった可能性もあり、この「川切」をどこにするかで後に信玄と家康は対立することとなる。

駿河侵攻開始直後、信玄は駿府をあっけなく占領し、信濃から北遠江を経て別働隊秋山虎繁の軍勢を見付に展開させた。武田氏は遠江の切り取りをも目論んだのである。これが徳川家康の怒りと不信を買うこととなり、両者の関係は急速に悪化した。また信玄の駿河侵攻に激怒した北条氏康は、武田氏との同盟を破棄して駿河に出陣し、武田軍の背後を封じようとした。ここに信玄は絶体絶命の危機に陥った。駿河に在陣していた信玄にとって、最大の懸念は、越後上杉謙信の動向であった。信玄と断交した北条氏康は、永禄十一年十二月十九日に、上杉氏に使者を派遣し、積年の対立を超えて、武田氏を打倒すべく同盟を打診していた（「志賀文書」『上越』①六二八号）。謙信も興味を示し、翌永禄十二年正月十三日に受諾を表明し、越相一和《いっか》が成立した（「歴代古案」『上越』①六四〇号）。このままでは上杉・北条両氏の挟撃を受けることとなる。これを恐れた信玄は、なんと宿敵謙信との和睦（甲越和与）に向けて動き出すのである（丸島和洋「甲越和与の発掘と越相同盟」『戦国遺文武田氏編』第六巻月報、二〇〇六年）。

信玄は同盟国織田信長を通じて将軍足利義昭に上杉謙信への和睦斡旋を依頼した。そこで義昭と信長は、永禄十二年二月、謙信に甲越和与を命じる御内書を発給した（「上杉文書」『上越』①六五五・六号）。信玄にも三月には御内書が届けられ、信玄はこれを受諾すると即答している（「妙興寺文書」『戦武』一三七六号）。そして五月にはほぼ和与の条件が整い、七月下旬までには甲越和与が成立した。これによって、信玄は上杉氏の信濃・西上野侵攻という最大の懸念から解放されたのである。甲越和与の成立は、実に越相同盟とほぼ同時に成立したのであった。謙信が宿敵信玄との和与に応じたのは、外交戦で北条氏に揺さぶりをかけようという狙いがあったものと考えられる。実際に謙信はこれ以後、武田氏とは甲越和与を持ちかけられているので、信濃への攻撃は出来ないと北条氏に通告し、関東において氏康・氏政父子の譲歩を迫ったのである。

だが信玄の危機はなおも続いた。信玄に不信感を抱いていた徳川家康も、永禄十二年二月には謙信に接近を試みていた。これを察知していた信玄は、家康の同盟国織田信長に家康の説諭を依頼していたが、その努力の甲斐なく、元亀元年（一五七〇）十月、家康は信玄に手切れを通告し、上杉謙信と同盟を結ぶこととなった。その際に家康は、謙信に対して同盟国信長が信玄と盟約を結んでいることに言及し、信長を説得して信玄との同盟を破棄するよう進言することや、武田・織田の婚礼（信玄息女松姫と信長嫡男信忠との婚儀）を破談に導く努力をすると約束した（「上杉文書」『上越』①九四二号）。これを知った信玄は、信長に対する家康の工作を「佞者《ねいじゃ》の讒言《ざんげん》」と激しく批判し、信長に家康を見放すよう熟慮を求めた（「武家事紀」『戦武』一七七五号）。信玄は信長に家康との同盟を破棄させ、場合によっては三河に侵攻しようと考えていたのであろう。

これに対し信長は信玄との同盟を破棄せず、いっぽうで謙信と同盟を結んだ家康の動きも黙認し、双方の顔を立て中立の立場を堅持した。信玄は信長に家康への説諭と圧力を依頼しつつ、北条・上杉・徳川三氏による武田包囲網を打開すべく、北関東の佐竹義重・結城晴朝・小山《おやま》秀綱・宇都宮国綱らと結んで北条氏を挟撃する作戦に打って出た。永禄十二年から元亀二年にかけて、信玄は北条領国各地を侵攻し、永禄十二年十月には小田原城下にまで迫り、その帰途に三増峠の合戦で北条氏照・氏邦兄弟、北条綱成らが率いる軍勢を撃破した。武田軍に本拠地小田原を攻められた北条氏の衝撃は大きく、氏康・氏政父子は、その後小田原城の大修築に着手するのである。信玄が三氏に包囲されつつも、戦局を優位に進めることが出来たのは、上杉謙信との間に甲越和与が成立していたことと、家康も信玄と敵対するに至っていたが信長の要請もあって武田領への軍事行動を控えざるをえなかったことが大きな要因である。その結果、もっとも割を食ったのが北条氏であった。

信玄と謙信の甲越和与は、結局、元亀元年八月に謙信より破棄されるが、その頃には武田氏の優位が動かぬ情勢になっていたのである。信玄は元亀元年には駿河をほぼ制圧し、翌二年一月に駿東郡深沢城を開城させて北条氏の勢力を完全に駆逐することに成功した。信玄は自身が抱いていた「滅亡」の危機を辛くも切り抜けたのである。

北条氏政との同盟復活

武田勝頼が本格的に表舞台に登場するのは、武田氏による一連の駿河での軍事作戦においてである。勝頼はこの作戦に参加し、内外の大名にも義信に代わる信玄の後継者として認知されるようになるのであり、信玄もまたそうした宣伝を積極的に行うようになる。

いっぽう武田氏と断交した北条氏は、越相同盟にもとづき謙信に対し武田領国への出兵を何度も要請したが結局一度も実現されることがなかった。そのため、北条氏、とりわけ氏政は不信感を募らせていた。やがて氏康が発病しその政治力が失われると、氏政は武田氏との再同盟を模索するようになる。そして氏康の死去（十月三日）から二ヵ月後の、元亀二年十二月に、氏政は武田信玄との再同盟締結に踏み切った。これにより信玄は、北条氏の圧力を顧慮する必要から解放され、上杉・徳川両氏を睨んだ作戦の立案に移るのである。

信玄は、甲尾同盟が継続している中にあって、秘かに織田信長打倒に向けて動き出していた。信玄が信長打倒を企図したのがいつなのかは残念ながら定かでないが、元亀三年をさかのぼること三ヵ年以前、すなわち元亀元年以来であろうとみられる。それは元亀三年に信玄が織田・徳川両氏を攻撃すべく遠江・三河に出兵した際に、その理由を「三ヵ年の鬱憤」を散じるためだと述べているからである（「武市文書」『戦武』一九七六号）。この時期の武田氏の外交を分析した柴裕之氏によれば、信玄が家康を深く恨み、さらに信長に不満を募らせていたのは、元亀元年十月に家康が武田氏との同盟を破棄し、宿敵上杉謙信との同盟を締結させたことにあるという（柴裕之・二〇〇七年）。既述のことであるが、家康は謙信と同盟を結んだ際に、自身と同盟関係にある織田信長に働きかけて、甲尾同盟の破棄に向けた働きかけと、武田・織田両氏間で進められていた縁談の阻止を約束していた。さらに家康は、自身が仲介役となって信長と謙信に手を結ばせることを強調していた。信玄はこの情報を入手しており、家康に憎しみを募らせていた。そして信玄がしばしば家康を抑えるよう要請していたにもかかわらず、これを黙認し何ら影響力を行使することをしなかった織田信長にも不信感を持っていた。

それればかりか、信長自身も上杉謙信との友好を望み、元亀二年三月以来、贈答品の交換を通じて外交交渉の回路を持ち始めていた（「上杉文書」『上越』①一〇三六号他、ただし謙信と信長の交流は元亀元年に開始されたらしい）。ただそれは、将軍足利義昭と上杉謙信との交渉を補完するという立場上のものも多かったが、信玄には面白くなかったのであろう。

しかし信玄は、北条氏や上杉氏と敵対している間は信長との甲尾同盟を堅持し、西からの脅威を取り除くことに専念した。武田氏を敵視し、謙信と同盟を結んだ家康が、絶好の機会であったにもかかわらず武田領に侵攻しなかったのは、やはり信長が家康を抑えていたとみるのが自然であろう。だが元亀二年十二月に北条氏との甲相同盟が復活した以上、信玄は次なる軍事路線を西に向けることを決意し、その対象を織田・徳川両氏に絞り込んだのである。

武田信玄、信長・家康攻略を企図す

武田信玄は、織田信長に攻められていた石山本願寺や、越前朝倉義景との同盟を成立させ、その要請に応えて元亀三年九月に軍勢を召集し、同二十九日には山県昌景を、十月三日には信玄自身が甲府を出陣した。当時、信玄が上杉謙信を攻めるという噂がしきりで、謙信もその情報に神経を尖らせており、実際に武田軍が信越国境に姿を見せたという未確認情報が飛び交っていた（「上杉文書」『上越』①一一二二・一一二三号）。しかも謙信は、信玄の所在を完全に見失っており、甲府にいるのかそれとも他のどこかを確認するよう指示を出していた。

いっぽうで信玄は、織田信長に将軍足利義昭とともに、謙信と信玄の和睦（越甲一和、越甲和与）実現の斡旋を依頼していた。信長もこれを了承し、義昭とともに謙信への説得につとめ、謙信もこれを受諾する意向を固めていた（「上杉定勝古案集」『上越』①一一二六・三一号他）。

この時信長は、十月五日付の書状で信玄に対し謙信との和睦を実現するためには、越後出兵を思いとどまるべきだと要請していた。そこで信玄はこれを了承すると返事を出し、信越国境に展開する軍勢を退かせたらしく、信長はこれを喜んでいた。これこそ謙信が得た未確認ながら信越国境で見たという武田の軍勢であろう。ところがこれらは、謙信や信長の眼を眩ます信玄の謀略であったらしい。

実際には、信長が書状を認《したた》めた十月五日、武田軍は徳川領国の三河・遠江に向けて進軍中であった。そして武田軍は、徳川方の諸城を相次いで攻め、家康の居城浜松城を牽制しつつ、二俣城を包囲したのである。これを知った信長は激怒し、謙信への書状（十一月二十日付）で甲越和与のために義昭とともに努力していたのに、信玄の所行は前代未聞の無道さであり、侍の義理を知らぬことだと吐き捨てるように述べ、今後は未来永劫、信玄とは手を結ぶことはないとし、信玄への憎悪を「幾重も遺恨、更に休むべからず候」と強い文言でぶちまけた（「真田宝物館所蔵文書」『上越』①一一三一号）。

いっぽうの信玄も、今度の軍事行動は「三ヵ年の鬱憤」を散じることにあると述べ、やがて信長に恨みを抱いていた将軍足利義昭とも結び、家康と信長をともに打倒し、織田軍に焼き討ちにされた比叡山延暦寺の再興などを高らかに宣言した。こうして信玄と信長の甲尾同盟は瓦解したのである。しかしこの当時、情勢は、美濃国郡上《ぐじょう》郡の国衆遠藤胤基・慶隆が武田方に靡《なび》き、近江国日野城主蒲生《がもう》賢《かた》秀《ひで》（もと六角氏家臣）も、朝倉義景に内通の意志を明らかにしたほか、伊勢長島の一向一揆や三河一向宗門徒も武田軍に協力する意向を示すなど、信玄に有利であった。武田軍は、二俣城を開城させ、元亀三年十二月二十二日に徳川家康軍と信長援軍を三方原《みかたがはら》の合戦で撃破した。武田軍の戦勝に、本願寺、浅井氏、朝倉氏、足利義昭をはじめとする反信長陣営は大いに勢いづいたが、その後武田軍の行動は緩慢になり、明けて元亀四年二月に三河野田城を降伏させると、長篠城に入ったまま動きを停止した。これは信玄が病気であったからだと推定されている。

2 信玄の死と武田勝頼

信玄の死とその遺言

織田信長より信玄の三河・遠江侵攻と甲尾同盟の瓦解を知らされた上杉謙信は、家臣河田重親に宛てた書状（元亀三年十月十八日付）で、信玄が謙信だけでなく織田・徳川両氏をも敵にまわしたことについて「且《か》つうはあてがいなきか、且つうは信玄運の極みか」と述べた（「歴代古案」『上越』①一一三〇号）。そして、そんな重要な決断を下したのは、信玄の認識不足だと指摘し、「上杉家の弓矢（軍事行動）が活発となる瑞相だ」と喜んだ。さらに謙信は不気味な予言を書き残した。それは信玄は、織田・徳川両氏と敵対したということは、あたかも蜂の巣に手を突っ込んだようなもので、せずともよいことを始めてしまったというものである。謙信は、武田氏が織田・徳川両氏と戦端を開いたことは、信玄が困難な道をあえて選んだと考えていたのであり、如何に老獪で百戦錬磨の武田信玄であっても、これを収拾するのは容易ではないと認識していたのである。

天正元年（一五七三）四月十二日、武田信玄は病歿した（享年五十三歳）。死に臨んで信玄は、勝頼や家臣たちに自分の死を三年間秘密にし、対外戦争を積極的に仕掛けることなく内政に専念して情勢を見定めること、織田・徳川氏が侵攻してきたら、険阻な山岳地帯である武田領国の地の利を活かし、信長に対しては境目を固めて持久戦に持ち込むこと、家康に対しては駿河に誘い込んで撃破することなどを遺言した（『軍鑑』）。家督を相続することとなった武田勝頼は、父の遺言に従い、信玄は病気のため隠居することとなり、自らはその跡を受けて当主になったことを内外に宣伝した。勝頼は、四月から六月にかけて信玄の署名で書状を作成し、あたかも信玄が存命のように装い、家督交替を通知したり、外交交渉を実施したりしている。そのことは、家督交替を祝う書状を届けてきた石山本願寺に対して信玄の署名で返書を送ったことや（「中越史徴」『戦武』二一二三号）、将軍足利義昭に忠節を誓う信玄の起請文を届けていること（「槻文書」『戦武』四〇四九号）、大和国松永久秀家臣岡周防守《すおうのかみ》に対し、信長を打倒するため将軍足利義昭と連携するよう求め、信玄自身も上洛する予定であると記した信玄書状を届けていること（「荒尾文書」『戦武』一七一〇号）、北条氏より派遣されて援軍として武田軍に加わり、遠江二俣城攻防戦で戦死した北条家臣大藤式部丞《しきぶのじょう》政信の子与七に弔意を示す書状を送ったこと（「大藤文書」他『戦武』二一二八・九号）などにより証明できる。『軍鑑』によると、死期を悟った信玄は自分の死を秘匿する策として、自分の花押だけを書いた白紙（判紙）をあらかじめ八百枚用意しており、これで外交文書を作成するよう遺言したとあるが、この話は事実なのかも知れない。

だが信玄死去の噂は広まりをみせ、織田信長・徳川家康・上杉謙信は事実関係の掌握に努めた。すでに信玄死去の十三日後には、飛騨国江馬輝盛家臣河上富信が上杉謙信に対して、武田領国では、信玄は病気療養中だ、いや死去したのだとの風聞が交錯していると伝え（「赤見文書」『上越』①一一六一号）、信長も七月には信玄死去を確信している。家康や謙信もまた、五月には信玄の死去を確実視したようだ。それは家康が五月上旬、駿府や遠江国井伊谷に相次いで侵攻したことが契機である（「機山公展出陳古文書写」『戦武』二一二〇号）。この合戦で武田方はほとんど有効な反撃をしえなかった。信玄存命中であれば、ありえぬ対応であることから家康は信玄の死を確信し、これを伝え聞いた謙信もまたこれに同意している（「赤見文書」『上越』①一一六一号）。

しかし勝頼は、父の遺言に従い信玄が存命であるかのように取り繕うのに必死だった。既述のようにそれは同盟国石山本願寺、将軍足利義昭、松永久秀、北条氏政らにも秘匿されていた。これらのうち北条氏を除く同盟国は、信玄の生死を確認するにはあまりにも遠方であった。だが巷間伝えるところによると、北条氏政だけは隣国のこともあり、信玄の生死を見極めるべく重臣板部岡江雪斎を甲府に派遣したという。病気見舞いの正使を拒むことは難しかったため、困惑した勝頼は信玄に容貌がそっくりであった叔父逍遙軒信綱を病床に寝かせ、薄暗い部屋で板部岡と対面させ、事なきを得たという。板部岡は信玄の生存を信じ、そのように氏政に復命したとされる。これは『北条記』などの後世の軍記物などにみられるもので、事実かどうかは定かでない。

だが氏政は、七月十四日までには新当主武田勝頼と起請文の取り交わしを行い、当主交替後も、甲相同盟の継続を確認している（「秋山文書」『戦武』四〇七四号）。また九月二十九日に勝頼は、飛驒国鍋山豊後守に、父信玄との連署形式で書状を送り、元亀三年十月から実施された武田氏の三河・遠江・美濃侵攻に際して味方となっていた姉小路自綱が離反したことに「遺恨不浅候」と激しく批判し、来春雪が消え次第、飛驒に侵攻して自綱を討ち果たすことを宣言した（「武家事紀」『戦武』一九六二号、なお人名比定は、岡村守彦『飛驒史考　中世編』〈私家版、一九七九年〉の考証に拠った）。

また十月一日には、上杉謙信の攻勢で劣勢に立たされていた越中一向宗の様子を心配し、勝頼は同じく信玄と連署形式で書状を勝興寺に出し、戦局を問うている。この中で勝頼は、越中一向宗を支援するため越後侵攻の計画を立てていたが、三河・遠江作戦を優先せざるをえなくなったことを詫び、「信玄は、自身の病気が平癒することだけを願っている」と述べ、まだ病気で臥せっていると記し、必ず謙信を攻め越中の後詰めをすべく「無二父子可令出馬候」と伝えた（「勝興寺文書」『戦武』一九六六号）。飛騨鍋山氏、越中勝興寺に送った書状には、ともに信玄の署名と花押が据えられている。勝頼は、信玄の花押を偽造し、自らと連署とすることで、信玄がまだ病気であるが、花押を書けるまでに快復したことをアピールしようとしたのであろう（天正元年四月から六月の信玄書状には、花押ではなく「晴信」朱印が捺されている。これは信玄が病気で花押を書くことが出来ず、花押の代用として朱印を用いたと装ったと推察される）。

勝頼の家督相続

父信玄の死を懸命に秘匿しながら、勝頼は武田家の新当主として出発することとなった。だが勝頼の権力基盤は当初から不安定だった様子が窺われる。その代表的な事例として、信玄死去からわずか十一日後の四月二十三日付で、重臣内藤修理亮昌秀（上野国箕輪城代）に与えた三ヵ条に及ぶ起請文がある（「京都大学総合博物館所蔵文書」『戦武』二一二二号）。

この起請文はつとに有名で、その内容などから、勝頼と信玄子飼いの重臣層との対立が早くも顕在化したことを示すものであるといわれてきた。起請文には、内藤のことで勝頼のもとへ「侫人」による讒言があった場合は善処するとあるように、これが作成された背景には、勝頼の家督相続に伴い側近として登用された家臣らと、信玄以来の重臣層との軋轢があるとする説（上野晴朗『定本武田勝頼』・柴辻俊六『武田勝頼』）、さらに踏み込んで勝頼に粛清されることを怖れた内藤昌秀が、信玄死去直後に機敏に行動を起こし、勝頼に忠節を誓うことを約束する誓詞を提出し、勝頼からも起請文の発給を望んだと推測する説（鴨川達夫『武田信玄と勝頼』岩波新書、二〇〇七年）などがある。

この起請文には「これよりとりわけ（勝頼に対し内藤昌秀が）奉公するということなので、懇切に扱うことにする。努々《ゆめゆめ》心中で疎略に扱うことはしない」「国法や勝頼のためを思って異見をするのであればちゃんと耳を傾けるようにし、処罰することはしない」「たとえこれ以前より（勝頼から）疎略に扱われていた人であっても、これからとりわけ（勝頼と）入魂《じっこん》にするということであれば無視したりしない」とあることは重要である。この文言から、かねてより、家督相続以前の勝頼と不仲だったグループがいたことは間違いなく、その一員が内藤昌秀だったとみてよかろう。そしてそれらは、上野晴朗氏がかつて指摘したように山県・馬場・原ら信玄以来の重臣層を指すと考えられる。

ところで、戦国大名の当主が交替した際に、家臣から起請文の提出を求めることや、また新当主も誓詞を与えるという起請文交換の事例そのものは決して珍しいことではない。しかし、勝頼が起請文を内藤昌秀に与えた契機が「佞人」の言い分を信用しないし、彼らを用いることもないと述べることであるのは、尋常なことではない。いずれにせよ、勝頼と信玄以来の重臣層との関係がしっくりいっていなかった可能性は高い。こうした起請文が、内藤の他にも出されていたかどうかは定かでないが（『軍鑑』は、勝頼の家督相続直後に、内藤と跡部勝資・長坂釣閑斎の喧嘩《けんか》があったと伝えており、上野晴朗氏はこれと勝頼起請文が内容的にも符合すると主張している）、この起請文がきっかけとなって、勝頼と内藤ら信玄以来の重臣層との関係修復が図られたのであろう。しかしこのことは、勝頼の権力基盤の脆弱性を示してあまりある。

勝頼の権力基盤の脆弱性は、やはり彼の出生そのものに原因があったほか、勝頼を支える人々と信玄以来の重臣らとの軋轢などが要因と考えられる。いうまでもなく、彼は「諏方四郎勝頼」（俗に「伊奈四郎」）なのであって、武田勝頼ではなかった。勝頼は生まれながらにして諏方家の通字「頼」を戴く、諏方氏の家筋の人物として遇されていた。そのままであれば、何ら問題はなかった。

だが義信事件の結果、諏方勝頼の武田家督継承が、信玄の新たな路線となったことは極めて重要である。それは南北朝動乱期に、南朝方となった武田政綱（石和流武田氏）が没落して以後、武田信武（安芸守護）以来甲斐守護武田氏の家督を連綿と継承してきた信時流武田氏の家系が、初めて他国の一国衆出身の男子によって継承されることを意味したからである。武田氏はそれまで、甲斐源氏の支流、傍流を問わず、家筋の簒奪を目論む勢力ら（逸見・今井・油川氏など）と激しく戦い、それらを排除することで家系を維持してきた。ところが今回、武田氏にとってかつての宿敵諏方氏の当主を、信玄の男子とはいえ惣領として迎え入れることになったわけであり、それは諏方の家系による争いなき武田惣領家の簒奪を意味するともいえる事態になったのである。

このように考えなければ、武田信玄の遺言の意味を理解することは出来ないであろう。その内容は『軍鑑』に詳しいが、既述のように信玄の死を三年間秘匿することなどは事実と認められる。ではその他の遺言には何があったのだろうか。信玄が、勝頼と家臣らに言い置いた遺言には、①勝頼は嫡男武王丸信勝が成人したら速やかに家督を譲ること（勝頼はそれまでの陣代である）、②勝頼が武田軍を率いる時には、「武田家代々ノ旗」「孫子ノ旗」など武田家当主を象徴する一切の事物の使用を禁じる、勝頼はこれまでも彼が使用していた「大」の文字をあしらった旗（『長篠合戦図屏風』などでよく知られる旌旗）のみを掲げるようにせよ、③ただし諏方法性の兜の着用は認める、というものが続いていた。①、②において勝頼が武田家の当主とはほんらい認められる人物ではないということが明確に指摘され、③と「大」の旌旗のみが許されたのは勝頼が諏方氏の出身であるということに尽きた（勝頼の旌旗「大」は「諏方大明神」を意味する）。この遺言は、信玄が諏方家出身という勝頼の立場を慮り、一族や家臣との軋轢を回避すべく命じた処世術だったのかも知れない。成人した信勝への速やかな家督禅譲は、勝頼に新当主信勝の父として権力と権威を温存させることが出来るばかりか、武田家惣領の地位を諏方氏から武田氏の家系に戻すという二つの意図を実現する最良の方策と信玄は考えたのではあるまいか。

しかしそれにしても、この遺言は勝頼に政治的に大きな打撃を与えることとなったといえるであろう。それは信玄の意図を超えて、一族、家臣たちの中に、勝頼はあくまで信勝家督までの陣代（中継ぎ）に過ぎないという認識を不動のものにしてしまった可能性が高いからである。信玄が、勝頼の改名にこだわらなかったのも、嫡孫信勝擁立を視野に入れていたためだと推察される。

いっぽうで、勝頼は、家督相続直後の元亀四年九月二十一日に、甲斐国二宮美和神社（笛吹市）に願文を捧げている（「坂名井文書」『戦武』二一七八号）。そこには、勝利を重ね武名を天下に轟《とどろ》かせ、領国の備えは盤石とし、麾下の武士たちが勇猛果敢にして「怨敵」を撃破して、二宮明神の神風を行き渡らせることが出来るようにと記されており、新当主に就いた勝頼の意気込みがよく示されている。願文に登場する「怨敵」とは、武田氏に敵対する諸大名全体を指すものであろうが、当時の事情を参酌すれば、織田信長、徳川家康を暗示していることは明白であろう。問題なのは、なぜ勝頼が家督相続直後に、諏方大社や甲斐の他社ではなく、二宮美和神社に願文奉納をしたかである。このことについて、秋山敬氏は二宮美和神社が武田義信と縁が深かった事実を指摘し、さらに「志半ばで非業の最期を遂げた義信の鎮魂と加護を期待したからではなかろうか」と推察している〈秋山敬「武田勝頼の信仰」〈韮崎市教育委員会編『新府城の歴史学』新人物往来社、二〇〇八年所収〉〉。これは極めて鋭い指摘であり、恐らく正しいと思われる。武田信玄・義信父子の関係が良好であった時期には、甲斐二宮美和神社に対して三十六歌仙画像奉納、願文奉納などが頻繁になされていたが、義信事件後は信玄の願文奉納は途絶えるのである。

ところがその空白を、家督相続直後の勝頼が突然埋めたわけで、彼は、ほんらいは家督相続するのは自分ではなく異母兄義信のはずだったことを十分に意識しており、義信の鎮魂を新当主になったとき、願文に込めたのだろう。

Ⅲ　武田勝頼の織田・徳川領国侵攻

10―高天神城跡
遠江南部（現掛川市）にあった山城．もとは徳川側だったが武田勝頼が奪取し，長篠合戦後，小笠原信興を転封し，岡部元信に守らせた．家康は奪還をはかり，周囲に砦を築いて攻略した．武田氏滅亡後は廃城となった．

1 徳川家康の反撃と勝頼

室町幕府の滅亡と同盟諸国の敗亡

天正元年(一五七三)四月から六月にかけて、この時期の武田氏は、信玄の死と勝頼家督をめぐる重臣層との軋轢など様々な問題に直面しており、ほぼ軍事行動を停止させていた。これを見逃さなかったのが織田信長と徳川家康である。家康の動向は後述に譲り、信長の動きに絞って述べよう。

信長は、天正元年四月、武田軍が三河から撤退すると、東からの危機は去ったものとみて干戈を動かし、七月には山城国から将軍足利義昭を追放し、室町幕府を滅亡させた。さらには八月には越前に侵攻し、同二十日には朝倉義景を滅亡させた。そして孤立無援となった近江浅井長政を、八月二十八日に滅ぼした(『信長記』他)。

浅井・朝倉両氏の滅亡と時期を同じくして、飛驒国の姉小路(三木)自綱が武田方から離反した。この事実を江馬輝盛・三村右兵衛尉からの報告で知った勝頼は、必ず遺恨を晴らすべく天正二年春には出陣すると、飛驒衆鍋山豊後守に宣言している(「武家事紀」『戦武』一九六二号)。さらに元亀三年(一五七二)末から天正元年初頭にかけて、武田信玄に従属し織田信長を攻める意向を示していた美濃国郡上郡の遠藤氏も、武田氏との接触を断ち、天正元年八月には信長に従って越前朝倉氏攻めに参戦している（「遠藤家旧記」）。

かくて、勝頼の家督相続後わずか四ヵ月ほどの間に、武田氏に従属していた飛驒・美濃の境目の国衆が相次いで離反し、将軍足利義昭は京都を逐われ、浅井氏・朝倉氏らの同盟国が滅亡するなど、武田氏を取り巻く環境は激変した。勝頼は、信玄在世時とはまったく異なる政治・軍事情勢下に立たされることとなった。

徳川家康、武田方の出方を窺う

三方原合戦で敗戦を喫し、武田方にまったく手出しが出来なかった徳川家康は、天正元年五月、武田信玄死去の噂を確かめるべく動き出す。五月上旬、家康は、駿河に侵入し、駿府に乱入したばかりか、久能城とその城下である根古屋を攻め、各地を破壊して撤退したと上杉謙信に報じた（「上杉文書」『上越』①一一六一号）。駿河の中枢である駿府まで徳川軍の侵攻を容易く許したことは、信玄死去を確信させるに十分で、この知らせを家康から受けた上杉謙信もまた、信玄死去を事実と受け止めた（同前）。ただし、徳川軍の駿府侵攻は事実ではなく、上杉謙信に誇張して伝えた虚報であった。徳川方の軍記物によると、家康は五月九日に大井川を越えて駿河に侵入し、岡部（岡部町）を放火したとあるだけである（『武徳編年集成』等）。これが事実だろう。

また『浜松御在城記』『武徳編年集成』などによれば、徳川方はこれよりも早く天正元年三月に、信玄に奪われた遠江国天方城《あまがた》（静岡県森町）、各和城《かくわ》（静岡県掛川市）、向笠城《むかさ》（六笠城、静岡県磐田市）、一宮城（真田城か、森町一宮）などを奪回したとあるが、確証を欠く。ただ遠江の天方城などが徳川方に奪回されたのは事実なので、これは天正元年五月のこの一連の作戦によるものと考えたい。

当時、天方城を守っていたのは、武田方についた久野弾正《だんじょう》（遠江久野城主久野三郎左衛門尉宗能の伯父）であったといい、家康は重臣平岩親吉《ひらいわちかよし》にこれを攻めさせた。抗しきれないとみた久野弾正は、城を脱出して甲斐に逃れたという。また各和城に対しては、石川日向守家成（遠江懸川城将）や久野宗能が攻撃に向かった。これを知った城兵らは城を捨てて逃亡したといい、さらに酒井忠次は向笠《むかさ》城、一宮城（真田城か）を攻めこれを降伏させたという。記録にはみられないが、匂坂城《さきさか》（磐田市）、飯田城（森町）などもこの時陥落したと思われる。この作戦で、家康は浜松城と懸川《かけがわ》城との連絡を妨げ徳川領国を分断する、武田方の楔を抜くことに成功した。

この他に、元亀三年十月に、武田信玄に降伏したはずの高天神城（小笠原氏助）が徳川方に再び転じたのもこの時のことであろう。こうして家康は、遠江東部からの脅威を除去することに成功したのである。

さらに六月には、武田方の信濃衆蘆田（依田）信守・信蕃父子が守る遠江二俣城攻略に向けて、一屋、城山の二ヵ所に付城の構築を開始したという。この城がどこを指すのかについては、城山を石神城（天竜市石神）のこととする説がある（『静岡県の中世城館跡』）。ところが、『三河物語』には「元亀四年癸酉、二俣之城に向つて取出を御取被成ける、一ツ屋城山、一ツ合大嶋、一ツ道々、国中之押と被成ける」との記述があり、これは社山《やしろやま》、合代島、道々（渡ケ島か）の誤記と考えられる。社山（磐田市）は社山城、合代島（同）は亀井戸城（善造ケ城）、渡ケ島（浜松市）は和田ケ島砦をそれぞれ指すと推定される。かくて家康は、本拠地浜松城と久野城、懸川城との連絡を回復したばかりか、高天神城や中小の城砦を奪回するなど、信玄に奪われた失地回復を成し遂げた。さらに天正元年十一月には、井伊谷に徳川軍が侵攻している（「機山公展出陳古文書写」『戦武』二二二〇号）。かくて、遠江における武田氏の権益は重大な危機に陥ったのである。

山家三方衆

長篠合戦勃発の契機となったのが、三河国設楽《したら》郡などに割拠する山家三方衆のうち、作手《つくで》奥平定能《さだよし》・信昌父子の動向であったことは著明である。山家三方衆とは、田峯《だみね》菅沼氏・長篠菅沼氏・作手奥平氏の三氏の総称で、当時からそう呼ばれていた。田峯菅沼氏は田峯城を、長篠菅沼氏は長篠城を、作手奥平氏は亀山城をそれぞれ居城とする国衆で、相互に姻戚関係を結びつつ連携して地域支配にあたっていた。だが戦国期になって、織田・今川・松平諸氏の勢力が周辺に伸びると、山家三方衆は相互にあるいは各氏内部で対立が起こり、しばしば分裂して争うこととなった。永禄三年（一五六〇）の桶狭間合戦後、山家三方衆の多くは徳川氏に帰属し、今川方に残った一族もやがて今川氏の勢力後退により家康に服した。しかし元亀三年十月、武田信玄の遠江・三河侵攻が開始されると、山家三方衆は武田・徳川両氏の狭間で分裂することを余儀なくされる。ここでは、長篠

11―山家三方衆関係要図

合戦への道を理解するためにも、山家三方衆について紹介することとしよう。

しかしながら、山家三方衆の系譜や個々の人物の事績については確かな史料が乏しく、『寛永諸家系図伝』『寛政重修諸家譜』『菅沼家譜』や『土岐系図』（『群書類従』所収）などしかなく、基礎的な研究も、『北設楽郡史』原始―中世（北設楽郡史編纂委員会、一九六八年）、『山家三方衆』（長篠城址史跡保存館、一九七九年）、『稲武町史』通史編（稲武町、二〇〇〇年）のほか、大石泰史・黒田基樹「松平（奥平）家古文書写について」（『地方史静岡』二〇号、一九九二年）による史料紹介と研究があるに過ぎない。以下の略述も、これらの諸研究に依拠している。

（1）　田峯菅沼氏

諸系譜類によれば、菅沼氏は美濃国土岐氏の流れを汲むとされ、初代定直（土岐小次郎）が設楽郡菅沼（愛知県新城市）に居住し、菅沼を称したという。つまり菅沼氏は清和源氏土岐氏流とされているのであるが、実は文明十三年（一四八一）十一月十五日、「賢室道聚禅定門七周忌」のため田峯（設楽町）高勝寺に施入《せにゅう》された梵鐘の銘文に「大旦那藤原貞吉」とみえる（「高勝寺所蔵」『愛知』⑩二〇九号）。この藤原貞吉は田峯菅沼貞吉（後の定信）を、「賢室道聚禅定門」はその父菅沼伊賀守定成を指すと推定されており、このことから菅沼氏は藤原氏であることが確実で、源氏は近世に入って僭称したものと思われる。

ところで初代菅沼定直には二人の男子があり、嫡男定成（伊賀守、道聚）は菅沼より田峯に、また次男満成（三郎左衛門）は長篠に拠点を移したという。ここに菅沼氏は、本家の田峯菅沼氏と分家長篠菅沼氏に分岐した。定成の子孫が田峯菅沼氏である。

菅沼定成には二人の男子がおり、長男貞行は島田（新城市）に居住し、島田菅沼氏の祖となった。彼の系統が嫡流とされなかったのは、貞行が妾腹だったからといわれている。この系統は、伊賀守の受領を称していたとされ、島田、田内《たない》（設楽町）に勢力を扶植していった。

田峯菅沼氏の嫡流は、定成の次男定信（初名貞吉、新三郎、刑部少輔）が継承した。既述の高勝寺梵

12── 田峯城跡

鐘を奉納した人物である。定信の跡は定忠（新三郎、大膳太夫、心月斎）が継いだ。定忠には四人の男子があったとされ、このうち嫡男定広は田峯菅沼氏を、三男定則が野田菅沼氏をそれぞれ継承したという。後に田峯菅沼氏が、野田菅沼氏の本領野田領の支配を強く望み、度々抗争に及んだのは、このような経緯が背景にあるとみられる。

定広は子福者で、男子に定継・定俊・定直・定氏・定仙がいた。このうち、定継が田峯菅沼氏を継承し、定直は布里、定氏は大野（大野城、新城市）、定仙は井代（井代城、同）に拠点を構えた。定継は、郷ヶ原に新城を築き、今川氏に対抗したが敗死したという。だが田峯菅沼氏の嫡流は、後に定継の弟定直が小法師定忠（定継の子）を擁立し維持された。この定忠が刑部少輔《ぎょうぶのしょうゆう》定忠であり、武田氏の三河・遠江侵攻に際してはこれに帰属した。確実な史料には、刑部丞《じょう》とある。『軍鑑』によると、田峯菅沼氏の軍事力は四十騎とされ、武節の川手新二郎が麾下であったと記されている。この川手（山田）氏とは、武節の川手城主であり、天文二十二年（一五五三）十一月の河手若宮神社鰐口《わにぐち》銘に登場する「大旦那宗泰・新次郎景隆」（「山田吉彦氏所蔵」『戦今』一一五九号）が当時の当主であったと推定されている。戦国期に田峯菅沼氏の勢力が武節にまで及ぶと、これに従属したとされており、『軍鑑』の記述は首肯出来る。

なお、田峯菅沼一族のうち、武田氏に帰属したのは当主刑部丞定忠のほか、井代菅沼定仙が確認できる。これに対して、定忠の叔父十郎兵衛定氏、定直の子菅沼小大膳亮定利は徳川氏についた。武田氏滅亡後、刑部丞定忠は処刑され、田峯菅沼氏の名跡は菅沼定利が継承している。

（2）　長篠菅沼氏

長篠菅沼氏は、田峯菅沼定直の次男三郎左衛門満成を祖とする。当初満成は、荒尾の岩小屋城（白狐城、愛知県設楽町大字荒尾）を拠点としていたが、満成の子元成が永正五年（一五〇八）に長篠城を築いて移ったという。元成には三人の男子がおり、嫡男俊則が長篠菅沼氏を継いだが、その事績は詳らかでない。次男俊弘は遠江国井伊谷三人衆（菅沼次郎右衛門尉）の祖となり、三男貞吉は奥平貞俊の息女を娶《めと》ったという。俊則には元直と満直（伊豆守）の二男がおり、元直が長篠菅沼氏の当主となり、満直は父祖満成が拠った荒尾岩小屋城に在城したという（異説もあり、俊則の子で元直の弟は道満であり、伊豆守満直は道満の子であるという。このほうが系譜関係上では整合性が取れると思われる）。菅沼満直は、長篠菅沼一族でありながらも、武田氏からは独立した国衆として扱われたらしく、三十騎を

13――長篠城跡

率いて山県昌景の相備衆に配備されたという（『軍鑑』）。

元直の子貞景は、徳川家康に属し、永禄十二年一月、懸川城攻防戦で今川方と戦い戦死したという。その子新九郎正貞は、武田氏が三河・遠江に侵攻するとこれに属した。長篠菅沼氏では当主菅沼正貞と岩小谷城主菅沼満直が武田方となった。正貞は天正元年まで長篠に在城して徳川氏と戦ったが、徳川氏に内通していると疑われ、長篠開城後、信濃国小諸に幽閉され生涯を終えたという。また菅沼満直は、その子八左衛門とともに武田氏滅亡後、信濃に潜伏していたが百姓らに殺されたという（『信長記』等）。『軍鑑』によると、長篠菅沼氏の軍事力は田峯菅沼氏と同じく四十騎であり、名倉奥平氏（作手奥平氏の支流とされる）を麾下に置いていたとされている。

以上が、系図類による長篠菅沼氏の系譜であるが、実は文書などを検討すると、武田氏に従属したとされる菅沼伊豆守満直、菅沼新九郎正貞の系譜関係にはいくつか疑問点が出てくる。まず、武田勝頼が元亀四年六月晦日に、山家三方衆に知行を安堵した判物には、その宛所として「菅沼右近助」

「同名刑部丞」「奥平美作守」の三名が登場する（「松平奥平家古文書写」『戦武』二一三一号）。このうち、菅沼刑部丞は田峯菅沼定忠、奥平美作守は作手奥平定能を指すのであるから、残る菅沼右近助は長篠菅沼氏の当主と考えざるをえない。しかも元亀四年十一月二十三日に、武田勝頼は菅沼右近助の名跡をその弟菅沼新兵衛尉に安堵していることからも（「狩野文書」『戦武』二二一八号）、これは確実といえよう。このことから、菅沼右近助と系譜にみえる当主新九郎正貞は同一人物であると推察される。

なおこの文書は、菅沼右近助の名跡を、その弟菅沼新兵衛尉に与えるよう菅沼伊豆守満直が武田勝頼に求め、了承された結果出されたものである。このことから菅沼伊豆守満直と右近助正貞、新兵衛尉は父子と推定される。しかしながら、菅沼新兵衛尉は管見の限り系図類に記録されていない。恐らく、「浅羽本系図」などに菅沼伊豆守の次男で、新九郎の弟として記述される八左衛門が相当するであろう（柴裕之・二〇一〇年）。

（3）作手《つくで》奥平氏

山家三方衆のうち、奥平氏のみが三河出身の国衆ではない。その出自については、武蔵国と上野国説があるが、武蔵七党のうち児玉氏の末流児玉氏行（藤原姓）が上野国奥平郷（群馬県吉井町）を所領とし、奥平を称したという。その後、奥平氏は南北朝内乱に際し南朝に帰属したといい、これが三河国移住につながったと伝わるが（『寛政譜』等）、いっぽうでは永享の乱では鎌倉公方足利持氏を支援したため、永享十二年（一四四〇）に上野国を追われ、三河に移住したともいう（「豊前国中津奥平家

14—奥平信昌画像

譜」）。この時の当主について、『寛政譜』等は奥平貞俊、「豊前国中津奥平家譜」は奥平貞久と伝えているが、ともに確証はない。奥平氏は、作手郷を本拠とし、亀山城を築城してこの地域を支配するようになったとされる。

諸系譜によると奥平氏は、貞久（監物・出羽守）の代に三河国額田《ぬかた》郡・宝飯《ほい》郡に勢力を拡大したという。貞久は子福者で、嫡男貞昌（九八郎・監物・道閑）が奥平宗家を継承し、次男久勝を石橋（作手）に、三男久正を夏山に、四男主馬を萩に、五男信丘を田代に、六男貞次を名倉にそれぞれ配置したといわれる。彼らはそれぞれ地名を名字とし、やがて奥平宗家に仕えたが、名倉奥平氏は独立した国衆として活動している。また日近奥平氏は奥平定勝の弟久兵衛尉を祖とする庶家で、奥平宗家としばしば対立したが、定能・信昌の代にはその麾下として活動しており、『軍鑑』に奥平定能の家中として「ひじかの奥平」が記録されている。貞昌の嫡男が戦国期に活躍する貞勝（定勝、九八郎、監物、道紋）である。貞昌には貞勝の他に、貞直（久兵衛尉、藤河、日近《ひじか》を称す）、貞行（掃部、子孫は黒谷を称す）などの息子がいた。そして貞勝（定勝）の後に、貞能（定能、九八郎、監物、美作守）—貞昌（信昌、九八郎）と続くのであり、定勝・定能・信昌三代こそが長篠合戦の主役として歴史の表舞台に登場する。

『軍鑑』によれば、作手奥平氏は山家三方衆だけでなく、三河先方衆の中で最も勢力が大きい百五十騎と記載されている。なお、当時の史料により、奥平当主の諱は「貞」ではなく「定」が正しいことが確認でき、系図に記される諱には注意が必要である。また信昌は貞昌と名乗っていたが、長篠合戦後、信長から賞され、偏諱を受けて改名したといわれて来たが、全くの誤りで、武田氏従属後に信昌と称したことが証明されている。つまり、すでに信昌は、武田氏より偏諱を受けていたのである。奥平氏は、近世になってから由緒を作り変え、武田氏との繋がりを消し、織田・徳川両氏との関係を強調したのであろう（柴裕之・二〇〇六、〇七、一〇年）。

山家三方衆の動向

山家三方衆は、相互に婚姻を取り結び、互いに連携を取るという一揆的結合を遂げていたが、田峯菅沼氏・長篠菅沼氏・作手奥平氏の三氏は、その一族内部でもそれぞれが同じような一揆的結合を結んでいたとされる。しかし、その結びつきは、宗家と親類・被官らの対立や、三氏の利害対立などが複雑に入り組み、さらに周辺の状況によって内部対立が外部勢力と結びつくことで顕在化するなど、不安定なものでしかなかった。例えば、今川義元が奥平定勝に与えた知行安堵状をみると、奥平宗家の定勝に対し、親類・被官の自立傾向（「不義」「内通」）が著しく、その統制（「成敗」）に定勝は苦しみ、今川氏の権力を背景に彼らの自立化を抑え込もうとしていたことがわかる（「松平奥平家古文書写」『戦今』一一四一号他）。

だが、戦国大名今川氏の権力を背景にしても、三氏の家中（宗家—御親類中、宗家—被官）は、常に分裂の危機をはらんでいた。これは、天文十七年の奥平定勝に対する弟日近久兵衛尉の謀叛（「松平奥平家古文書写」『戦今』八六〇号）、弘治二年（一五五六）に勃発した東三河の反今川方の蜂起に伴う混乱（「東三忩劇」）における奥平定勝と定能父子の分裂と、定勝に対する同名（親類）奥平彦九郎、奥平与七郎の謀叛（「松平奥平家古文書写」『戦今』一三一〇・一三三八号）、同じく「東三忩劇」における田峯菅沼定継（反今川方）とその弟菅沼定直・定氏（今川方）の分裂（「記録御用書本古文書」他『戦今』一三一七・八号）、など数多くの事例を挙げることができる。このことは、三氏内部の一揆的結合が極めて脆弱で、周辺の国衆や大名との抗争がただちに三氏内部の分裂を引き起こすことにつながったことをよく示している。

山家三方衆は、このような内部分裂や対立を繰り返しながら、次第に宗家による親類中や被官の統制および三氏相互の結束強化を図ってきたが、矛盾の火種が完全に克服されたわけではなく、今川氏滅亡後、徳川家康に三氏がそろって従属しても一揆的構造はなおも温存されていた。そして元亀三年十月から開始された武田信玄の三河・遠江侵攻により、またもや分裂と抗争が再燃する。この時、山家三方衆の宗家はいずれも武田氏に従属したが、親類中のなかには野田菅沼定盈のように徳川方に帰属した者も少なくなかった。

ところが、武田氏にそろって従属した山家三方衆は、知行地をめぐって対立し始めることとなる。それは元亀三年七月晦日に、武田信玄から奥平定能に与えられた定書から明瞭となる（「松平奥平家古文書写」『戦武』一九二九号)。

この文書は、武田氏の三河・遠江侵攻(元亀三年十月)に先立って発給されたものであり、信玄が、すでに徳川領国の国衆、とりわけ信濃・三河境目に勢力を保持する山家三方衆に調略の手を伸ばしていたことがわかる。現存しないが、田峯・長篠両菅沼氏にも同じような知行宛行状を出し、武田方に誘引していたのであろう。この文書において注目されるのは、牛久保領についての部分である。信玄は、奥平定能の求めに応じて牛久保領を本領と認め、安堵した。ただし野田城主菅沼新八郎定盈の所領は安堵から除外するとしている。このことは菅沼定盈も、このころ武田氏に内通することを誓約していたのであろう。さらに信玄は、新知行=牛久保本領(菅沼定盈領を除く)については、実は山家三方衆全体に安堵したのであり、その配分を武田氏は行わず、あくまで山家三方衆の「談合」に委ねていた。これは山家三方衆の一揆的結合を前提に、その衆中談合による解決と配分に期待したわけである。

ところが牛久保領の配分をめぐって、山家三方衆の対立が顕在化したらしい。信玄死後、家督を継いだ武田勝頼は、山家三方衆に対し元亀四年六月に次のような判物を与えて、父信玄が安堵した知行に関する指示を与えた(「松平奥平家古文書写」『戦武』二一三一号)。

定

一遠州のうち、新所五百貫、高部の内百貫ならびに西三河の内山中七村山形原分千貫文は、累年

支配してきたとのことなので、奥平美作守定能のものとすること
一同州高部の内百貫文は菅沼伊豆守満直、百貫文は菅沼刑部丞定忠、今までのように支配すること
附《つけたり》、百貫野田領、百貫西郷領は、追って指示しよう
一東三河牛久保領のうち、菅沼刑部丞定忠と奥平美作守定能は言い分があるようだが、三方衆のことは互いに遺恨を措き、入魂なくしては立ちゆかないだろうから、是非をなげうち三方衆が談合したうえで、牛久保領は増減なきよう配分すべきこと
付《つけたり》、（省略）
以上
六月晦日　勝頼判
菅沼右近助殿
同名刑部丞殿
奥平美作守殿

やはり注目されるのは、最後の第三条にみえる牛久保領の問題である。この時対立したのは、田峯菅沼刑部丞定忠と奥平定能であったらしい。勝頼は、遠江国における奥平氏の従来の知行すべてを安堵すると約束したが、東三河の牛久保領に関しては、田峯菅沼定忠、長篠菅沼右近助正貞と奥平定能

に与え、その配分は山家三方衆の談合で実施するよう指示した。これは山家三方衆の一揆的構造に依拠し、その自立性を尊重して知行配分を衆中談合に委ねたのである。だがすでに知行宛行の段階から、田峯菅沼氏と作手奥平氏の衝突が懸念されていたらしく、勝頼は知行安堵状の中で、田峯菅沼定忠と作手奥平定能の両人は、東三河牛久保領の知行配分についていろいろな言い分があるだろうが、山家三方衆は互いの遺恨を脇に置き、仲良くせねば存立しえないはずだ、だからここは是非をなげうちよく談合のうえ、牛久保領は平等に配分せよと釘を刺したのである。

だがこの問題はこじれ、ついに山家三方衆の衆中談合は破綻した。そしてこの知行安堵状が発給された二ヵ月後、奥平定能・信昌父子は武田氏から離反するのである。

徳川家康と奥平定能・信昌父子の密約

元亀四年六月晦日に武田勝頼は、山家三方衆に知行安堵を実施した。そのなかで勝頼は、東三河の牛久保領の配分については、山家三方衆の衆中談合に委ねることとした。だがすでにこの段階で、知行配分をめぐる山家三方衆内部の対立、とりわけ田峯菅沼定忠と作手奥平定能との対立が懸念されていた。場合によっては、衆中談合が決裂し、山家三方衆の一揆的結合は機能不全に陥る可能性が高かったのである。そしてその懸念は現実のものとなった。

勝頼の知行安堵状が発給されて十日もたたぬうちに、知行をめぐる山家三方衆内部の対立が激化し、衆中談合は決裂した。そこで奥平定能は家臣の倚学《きがく》を甲府に派遣し、武田氏への上訴に踏み切ったのである（「松平奥平家古文書写」『戦武』二一三九号）。

倚学を派遣されてこられたので、山県昌景と談合をさせ、事情はよくわかったのでそちらに返しました。少々あなたの意に沿わないこともあるでしょうが、ここは我慢して問題を落着させることが肝要です。そちらは何事もなく静かだそうで結構なことです。こちらは御隠居様（武田信玄）が病気で臥せっております。山県・武田信豊ら家臣の多くは駿河に出陣し、拠点の普請を行っています。その最中でも何かあればお知らせしましょう。

追伸、山県昌景が普請のため駿河に出陣してしまい、釣閑斎も特にお知らせすることはありません。道紋へもよろしくお伝え下さい、以上

七月七日　　釣閑斎

光堅判

奥平美作守殿
御報

この文書によると、倚学は奥平氏の取次役山県昌景と対面し、奥平定能の訴えを勝頼のもとに伝達した。おりしも、徳川家康の本格的な反攻が開始される直前のことであった。ちょうど甲府では、五月から六月にかけて徳川家康による駿河国岡部、遠江国二俣城攻撃などが相次いでいたため、山県昌景や武田典厩信豊らは出陣の準備をしていた最中であったらしい。その慌ただしい中、山県昌景を通

じて披露された奥平定能の訴えは、勝頼側近長坂釣閑斎光堅《こうけん》によってけんもほろろに却下された。この書状の中で長坂は、奥平氏にとって少々思い通りにならないところがあっても、それを抑えて問題を決着させることが肝心だとわずかに触れただけであった。つまり武田氏はあくまで、山家三方衆の衆中談合による牛久保領の配分という姿勢を崩さなかったのである。そして甲府では御隠居様（武田信玄）が病臥していることや、山県・信豊らが駿河に出陣し、駿河の諸城普請を実施するので、このことを道紋《どうもん》（奥平定勝）にも伝達するよう奥平定能に指示した。これは奥平氏の上訴を、武田氏が事実上門前払いした格好となった。

奥平定能・信昌父子が武田氏からの離反を決意したのは、武田信玄の死去に動揺したからだとする説があるが、『寛永伝』『譜牒余録』『寛政譜』などの奥平氏の諸記録にはそうした記述はなく後世の創作であろう。奥平父子の徳川氏内通は、所領問題をめぐる山家三方衆内部の対立と、その解決を定能が武田氏に訴えたにもかかわらず、これを無視されたことが原因であろう。そこに徳川家康から調略の手が伸びてきたのである。

家康と奥平父子との秘密交渉がいつから始まったのかは定かでないが、長篠城攻防戦が始まった同年七月二十日以後に本格化したのであろう。奥平父子は徳川氏に対し様々な要望を行い、家康もまたそれに出来る限り応じる姿勢で交渉は進められ、八月二十日に合意に達した。そこで家康は、奥平父子に七ヵ条に及ぶ起請文を送り、その内容を誓約した（『譜牒余録』『愛知』⑪九〇一号）。

この中で家康は、奥平定能・信昌父子に対し、①すでに合意に達している、奥平信昌と家康息女亀姫の祝言を来る九月に確実に実施し、奥平氏の身上を保証する、②本領はもちろん遠江の知行も安堵する、③田峯菅沼氏の所領も必ず与える、④長篠菅沼氏の所領も必ず与える、④新知行として三千貫文を三河と遠江で半分ずつ与える、⑤三浦氏の跡も今川氏真の許可を得て与えるよう努力する、⑥織田信長からの起請文をもらいそちらに送る、信濃国伊那郡が欲しいとの要請も信長に伝える、と約束している。そのうえで、家康は奥平父子を見捨てず、抜公事（密約）を一切しないと誓約した。

以上のように、家康が奥平父子に与えた起請文は、徳川氏と三河の一国衆間のものとしては極めて異質であり、その待遇といい、織田氏の関与が色濃く見られることといい、信長の意向が強く働いており、むしろ家康はそれに沿って動いていたとはいえないであろうか。このことは、信長在世中、奥平父子は織田氏に厚遇され、徳川氏に帰属しつつもその家格は他の三河国衆よりも傑出して高く、しばしば岐阜城（後に安土城）に徳川家臣の中で単独から呼ばれ、信長に拝謁していることなどからも窺われる。

徳川家康の反攻

徳川家康は、天正元年五月に駿河国岡部を攻め、遠江の武田方諸城を攻略すると、浜松城には帰還せず、五月十三日には三河国吉田城に入ったという（『朝野』第八十一）。その目的は、三河国長篠城の奪回に向けた情報収集にあった。家康は吉田城に入ると、長篠近在の百姓らを招き、城の様子などをつぶさに尋ねたとされる（『武徳大成記』等）。

当時長篠城に在城していたのは、長篠城主菅沼右近助正貞（長篠菅沼氏当主、新九郎正貞とされるが確実な史料からは確認できない）、菅沼伊豆守満直（右近助の父、満直の諱は確実な史料からは確認できない）、菅沼新兵衛尉（八左衛門尉とも、右近助の弟、伊豆守の子）をはじめ、信濃国衆小笠原信嶺（伊那郡松尾城主、武田信綱の娘婿）、室賀満正（一葉軒禅松《いちようけんぜんしょう》）らである。また徳川方の記録には、吉田某も在城していたとある（「関野済安聞書」「家忠日記増補」等）。吉田氏といえば、武田氏重臣で一族にあたる吉田氏が実在し、吉田左近助信生《のぶなり》（信玄側近、諏訪郡代）が想定される。ただ吉田信生は元亀元年二月以後に死去したと推定されるので、あるいはその子に相当するかも知れない。武田氏の城番制は、原則として甲斐衆を中心に、信濃衆・西上野衆などの外様国衆が加わって構成されるのが原則なので、吉田氏が在城していたという徳川方の記録は蓋然性が高い。

周到な準備を整えた徳川家康は、七月十九日に軍勢を率いて長篠城に向かった。その軍勢は三千余とされる（「大三川志」等）。あけて七月二十日、徳川軍は長篠城を包囲し攻撃を開始した（『当代記』等）。家康は、この日、長篠城の状況を確認すべく、巡見をも行ったが、城兵に狙撃され、坂部又蔵（遠州先方衆、もと高天神衆）が戦死したという（『武徳編年集成』等）。

徳川軍が長篠城を包囲したことを知った武田勝頼は、七月二十三日から晦日にかけて、断続的に軍勢を後詰めのために出陣させていた。甲府からは、今福（筑前守昌和か）、城景茂《じょうかげもち》、横田康景らを先遣部隊として出陣させ、七月晦日には、武藤喜兵衛尉昌幸（後の真田昌幸）、山県善右衛門尉昌貞（三枝勘解由左衛門尉昌貞のこと）を増派させていた。勝頼自身も、上野・信濃の軍勢の召集が終わり次第、三日以内に出馬する予定でいたらしい。勝頼はこれらのことを、作手亀山城の奥平道紋（定勝）・美作守定能父子に報じ、長篠城という要害堅固な場所に家康がわざわざやってきたのは、天が与えた好機であると記し、勝頼が着陣するまで家康を引き留めておくよう指示していた（「松平奥平家古文書写」『戦武』二一四三号）。だが奥平定能はすでにこの頃、徳川家康に帰属するための交渉に入っていたのである。

勝頼は、自身が八月初旬には出陣すると宣言していたものの、軍勢の召集が思うに任せなかったらしい。それでも勝頼は、武田方に帰属した三河・遠江国衆に対して、家康が調略の手を伸ばしてくることを察知、警戒していたようで、決して巷間に膾炙されるように油断していたわけではなかった。

勝頼は、長篠城を家康が包囲している最中の八月十三日に、遠江国衆松井山城守宗恒に判物と朱印状を与えている（「土佐国蠧簡集残篇」『戦武』二一四八・九号）。松井宗恒は、遠江国二俣《ふたまた》を本領とする有力国衆で、元亀三年末の武田信玄の西上作戦時にこれに降った。松井宗恒は、武田氏より元亀三年十二月十六日付で、二千貫文（うち二百貫文の同心給を含む）を宛行われている（「同前」『戦武』二〇〇一号）。だが、この時与えられた所領は、敷地・野部・神蔵、御厨屋《みくりや》（以上静岡県磐田市）、蒲公文《かばのくもん》（蒲御厨、浜松市）、久津部《くつべ》（袋井市）、上平河（菊川市）、気賀《けが》（磐田市）で本領の二俣は取り上げられていることがわかる。二俣は、武田氏の徳川攻略の重要拠点二俣城が所在するので、その地域一帯は武田氏の御料所とされ、松井氏の所領は知行替となったのであろう。その後、宗恒は遠江国光明城に在番していた。勝頼が長篠攻防戦のこの時期に、宗恒に知行安堵と同心衆の本領安堵を確認する証文を与えたのは、本領二俣を喪失した松井氏のもとに、徳川氏からの調略が及ぶことを見越し、釘を刺すためであったろう。さらに勝頼は、宗恒に対して、当秋（すなわち九月以降）に自身が出馬して家康と戦うつもりであると報じ、知行に関する問題があればその時に要望を聞き届け決着させると約束した。そして家康と戦う際には、軍勢を率いて合流するよう求めている。

いっぽう、徳川軍に包囲された長篠城では異変が起こっていた。時期は定かでないが（『三河物語』などによると、城を包囲して早々のこととしている）、徳川軍が長篠城に向けて火矢を放ったところ、意外にも城の建物に火がつき、本城、端城、蔵屋などの建物が類焼し、たちまち灰燼に帰したという（『三河物語』『当代記』等）。しかしながら、長篠城内の建物がすべて焼失したというのは誇張であろう。なぜならば、長篠城はその後も徳川軍の攻撃を凌《しの》ぎ続け、九月八日に開城するまで一ヵ月余も持ちこたえているからである。城内の建物が全焼してしまったならば、これほどまで抵抗することは出来なかったであろう。『寛永伝』や『譜牒余録』などの奥平氏関係の記録によると、徳川軍が火矢で焼き払ったのは長篠城の二の丸だったといい、これを失った武田方の室賀満正らは本丸に移って抵抗を続けたとあり、これが事実に近いのではなかろうか（ただし『寛永伝』『譜牒余録』は奥平定能・信昌父子が徳川軍の中にあって長篠城に攻撃をしかけたと記しているが完全なる誤りである。この時期奥平父子はまだ徳川方に転じていない）。

長篠城の危機

家康は長篠城の攻撃を断続的に行いながら、城攻めのための付城構築を実施した。この時徳川軍が築いた付城が、久間山砦と中山砦である（『菅沼家譜』等）。この二つの砦は、ともに天正三年の長篠合戦の際に、武田軍が再利用している。家康はこれらに酒井忠次・松平康忠・菅沼定盈を配備したという（『譜牒余録』等）。また家康は、武田軍の後詰を警戒し、有海《あるみ》原《はら》（後に長篠合戦が行われる決戦場）、ころみつ坂（野田、設楽を経て長篠に向かう道を「ころ道」といい、その途中の坂道を「古呂水坂」「ころみつ坂」といった）、篠原（篠場、長篠城の南、寒狭川右岸一帯）、岩代（岩城、寒狭《かんさ》川右岸の小字《こあざ》）に軍勢を配置した（『武徳編年集成』等）。

徳川軍に包囲、攻撃されていた長篠城の情勢が決して芳しいものではないということは噂として武田方にも報告されていたらしい。籠城していた室賀満正の妻女か息女と推察される壱叶・三かりは戦局を憂慮し、八月十七日に生島足島神社へ願文を捧げ、長篠城に籠城する室賀満正が無事に帰還したら法楽能を奉納すると誓った（「生島足島神社文書」『戦武』二一五一号）。女たちは、男たちの無事を神仏に祈るしかなかった。

長篠城救援のため、勝頼は信濃から伊那街道を経由して、武田典厩信豊・馬場美濃守信春・土屋右衛門尉昌続・小山田信茂らを派遣した。『軍鑑』によると、勝頼は全領国から軍勢を召集して家康撃滅のために出陣しようとしたが、信玄の遺言を守り三年の喪明けまで対外戦争を自粛するよう諫言する山県昌景・内藤昌秀・馬場信春・春日虎綱と、勝頼の意を汲む跡部勝資・長坂釣閑斎光堅との調整が長引き、遂に全領国からの軍勢召集は見送られ、甲斐一国の兵力で対抗するということで決着したという。家康を攻撃すべく、遠江国森へ山県昌景・武田逍遙軒信綱・一条信龍・穴山信君らが、三河国長篠へは信豊・小山田・馬場らが派遣されたが、勝頼自身は出陣を取りやめたという。この記述の

15―中山砦跡

うち、武田家中で総人数による出陣をめぐって対立があったという事実は確認出来ないが、三河長篠と遠江森へ軍勢が派遣されたこと、それぞれを担った武将や、勝頼が出陣しなかったことは事実であり、『軍鑑』の記述はある程度信頼できる。ただ実際に勝頼が出陣しなかったのは、軍勢の召集が遅れたことが原因とみられ、また信濃・西上野の軍勢召集を見送ったというのは事実ではない。既述のように勝頼は、上野・信濃の軍勢の召集が終わり次第、出馬する予定でいた（「松平奥平家古文書写」『戦武』二一四三号）。甲斐衆が先遣されたのは、上野・信濃衆の到着を待つ間、長篠城を救援し徳川軍を牽制するためであろう。

ところで、『当代記』『菅沼家譜』などによると、長篠城主菅沼右近助正貞は秘かに家康に内通していたという。徳川家臣戸田入道（二連木戸田康長か）・牧野康成（牛久保牧野氏）・菅沼定盈《さだみつ》（野田菅沼氏）は、正貞に秘かに渡りをつけており、徳川方へ寝返るよう働きかけたといい、知行を与える旨を記した家康の証文なども秘かに与えられていたという。ただ正貞はこれらの密書を長篠城には携行せず、妻子の屋敷に隠匿し、籠城していた。長篠城が火矢であっけなく二の丸の建物が焼失し、武田方が困難を強いられたことと、彼の内通とは関係があろうか。しかしながら、長篠城では兵糧の欠乏が深刻になっていた。事態の打開には、武田軍の救援がぜひとも必要であった。勝頼が企図した長篠城救援の作戦は、同時に家康を挟撃することも目的にしていた（「松平奥平家古文書写」『戦武』二一四三・七二号）。その成果が試されようとしていたのである。

奥平定能・信昌父子の離反

長篠城を救援すべく、武田信豊・馬場信春らの軍勢が三河国鳳来寺付近にまで進出したのは、八月中旬のことであった。馬場らは、五千余を率いて長篠近くの二ッ山（新城市富栄字富貴、正福寺付近）に布陣して内金（『菅沼家譜』による。『当代記』には内ヶ野とあるが誤記。新城市長篠、長篠城まで約一・八キロ）付近にまで足軽を派遣して徳川軍を牽制した。また信豊・土屋昌続ら八千余は、黒瀬（玖老勢）に布陣した（『当代記』等）。信豊が陣屋を構えたのは塩平城、馬場信春は二ッ山陣城であったという（『愛知県中世城館跡調査報告書』Ⅲ東三河地区、『鳳来町誌』歴史編）。なお近世に編纂された徳川方の軍記物によると、信豊らの援軍が酒井忠次らの守る久間山砦・中山砦に攻撃をしかけたとあるが、これは事実ではない。

武田信豊・土屋昌続らは、作手に移動してさらに設楽に進み、馬場信春らが東から徳川軍を抑えれば、東西からこれを挟撃出来る態勢が整い優位に立てると考えた。そうすれば家康は、東西の通路を塞がれるので、吉川(新城市)から遠江へ抜けるルートを使うしか退路がなくなる。そこで一気に決戦に持ち込むというのが、信豊らの作戦であったという。これを知った作手亀山城の奥平定能・九八郎信昌父子が家康に忠節を尽くしたため作戦は実現しないまま終わった(『当代記』等)。

この忠節の内容について、『朝野』第八十二などは、奥平父子が家康に使者を送り、武田方の作戦を告げたので、家康は無事に吉川筋を通って遠江に帰ったとしているが、まったくの誤りである。『当代記』などの記事を注意して読むと、その忠節とは奥平父子が武田方から離反して作手を脱出したため、武田軍が大混乱を起こし、徳川軍挟撃作戦を中止せざるをえなくなったことを指すと考えられる。

既述のように、奥平定能・信昌父子は、東三河牛久保領の配分をめぐって田峯菅沼氏と対立し、山家三方衆の衆中談合は破綻した。そこで奥平父子は武田氏への上訴を試みたが、門前払いを受けたため、武田氏への不信を強めたと推察される。そこに徳川家康の調略と、長篠城への攻撃が開始され、八月二十日には家康からの起請文が、奥平父子に与えられたのである。

家康が奥平父子に約束した条件は、知行宛行や奥三河全域の給与のほか、大名徳川氏の息女を、奥

16―亀姫画像

平信昌という国衆のもとへ輿入れさせるという破格の条件を伴っていた。この時、家康が信昌に輿入れさせることにした息女とは、正室築山殿との間に生まれた長女亀姫（永禄三年生まれ、当時十四歳）である。だが、この条件提示をめぐって、徳川家中では対立が起こった。激しく争ったのは、家康と息子徳川信康である。ちなみに信康と亀姫は、同腹であった。その様子を『三河物語』は次のように記している。

信康は、父家康が妹亀姫を奥平信昌に輿入れさせようとしていることを知り、なぜ信昌ごときに妹を娶《めあわ》せるのかと強く反対した。徳川氏から見れば、奥平氏は奥三河の小さな国衆に過ぎず、そうした格下の家へ妹を嫁がせることに信康は大きな違和感を抱いていたのであろう。この点は、織田信長も信康の意見に賛意を示したというので、あながち信康の偏見ということでもなかったようだ。確かに、家康がまだ向背も定かならぬ奥平氏に、味方になる条件の一つとして息女を嫁がせるというのは、当時としても異例であったのだろう。強硬な信康の反対にあった家康は自分の考えを無理押しせず、信長と相談することとした。顚末を聞いた信長は、信康の意見に賛同しつつも、徳川氏に忠節を尽くそうと決意した奥平氏は、武田勝頼と対抗する重要な境目の国衆でもあり、そこを預け置く重要な役割を命じる以上、亀姫を嫁がせ緊密な関係を構築したいという家康の考えを尊重すべきではないかと回答し、とりわけ信康に対しこのことについては思うところもあるだろうが堪忍してはくれまいかと諭したという。これを聞いた信康は、親たちがそういうのであれば、自分もそれに従うだけだと返答したことから、亀姫の奥平氏への輿入れは正式に決定された。しかしながら、亀姫の輿入れという徳川氏の施策をめぐる家康と信康の対立は、後に信康を謀叛に至らしめる両者の最初の確執として注意すべきであろう。

徳川氏と奥平父子の交渉は秘密裏に行われていたが、まもなく定能・信昌父子が家康に内通しているとの噂が流れ、武田方の知るところとなった。事態を重視した土屋昌続は、奥平定能を黒瀬の陣屋（塩平城）に召喚し、尋問を行ったが、定能は言を左右にして言い逃れ、作手まで帰還することに成功した。しかしながら、土屋らは奥平父子への疑惑を解かず、古宮城や亀山城に配備されていた武田方に監視を怠らぬよう指示した。

情報の漏洩と武田方からの警戒を察知した奥平父子は、すぐに徳川方と連絡を取り、一族を連れて徳川領国へ脱出すべく秘かに準備に入った。定能は、亀山城内にいた父道紋（定勝）と弟五郎左衛門常勝にも徳川方への帰属を促したが奏功せず、結局定能・信昌父子だけが脱出することになったという。

いっぽう、奥平父子より亀山城脱出計画を知らされた家康は、長篠城包囲陣の軍勢の中から、本多広孝・康重父子、松平伊忠を援軍として作手に派遣し、さらに平岩親吉、内藤（一説に佐藤）金一郎を増派した（『当代記』他）。

ところで、奥平定能・信昌父子と一族が、亀山城を脱出したのが何時かは確実な史料がなくはっきりしない。『朝野』を始めとする徳川方の記録には八月十五日夜とあり、『菅沼家譜』は八月二十八日夜、『当代記』は八月二十五日夜と読み取れる記録の仕方をしているが、どれも決め手に欠ける。記して後考をまちたいと思う。

なお武田勝頼も、謀叛を企てている者がおり、徳川軍がそれに呼応して侵攻するとの情報を摑んでおり、九月八日に作手古宮城に在城する上野国衆後閑信純（上条伊勢入道）・小幡昌高・信濃国衆伴野宮内少輔・依田能登守・竹重藤五郎に警戒を厳重にするよう指示していた（「竹重文書」『戦武』二一七三号）。

『譜牒余録』によると、奥平定能は妻子らを引き連れて、深夜秘かに亀山城を先に脱出し、信昌は残留してなおも弟常勝らの説得に努めたが成功せず、やむなく父定能の後を追った。だがそのころになると、城内はもとより城下も奥平父子が変心したとの噂がしきりで騒然とし始め、武田方は古宮城や亀山城の軍勢を召集し、追撃を開始した。武田方に追い縋《すが》られた奥平父子は、石堂ヶ根坂でこれを迎え撃ち、撃退することに成功したという。

夜が明けると、遅れていた徳川方の援軍が奥平父子と合流した。これに対し、武田方も黒瀬の武田信豊・土屋昌続らが作手に移動を開始し、奥平父子を討ち取ろうと進出してきた。これを知った奥平父子と徳川方援軍は、かなわぬとみて宮崎（愛知県岡崎市額田町）に退き、ここで様子を窺うこととした。奥平父子の離叛は徳川家康を包囲してこれを撃破し、長篠城の救援をも達成するという武田方の計画を破綻に追い込んだのである。なお、名倉奥平信光も定能・信昌父子に呼応して、徳川方に転じている。奥三河の勢力図は大きく変化することとなった。

長篠城陥落

奥平定能・信昌父子の離叛により、長篠城を包囲する徳川軍を撃破しようとしていた武田方の目論見は破綻しただけでなく、事態の意外な展開に混乱を来していたという。そこで徳川家康は、八月二十八日、陣払いとみせかけて敵を誘い出し、伏兵をもって武田軍を撃破しようとした。家康は、陣中に松葉を積み重ねてこれに火を放ち、陣払いを偽装し、路次に人数を伏せたのである。盛んに上がる煙を見た武田方の武者が数騎やってきたのをみて、伏兵が襲いかかったものの、それ以外の敵勢はほとんど現れず、また攻めかかる時機が早すぎたため効果が上がらなかった。だがこれは、武田方の馬場信春が家康の謀略を見抜き、全軍に攻めかからぬよう下知していたためだという（『当代記』）。

このように、武田信豊・土屋昌続ら鳳来寺方面の武田軍主力が作手に移動し、長篠方面に布陣していたのは、馬場信春だけになってしまったため、長篠城から徳川軍を引き離すことは困難となった。

そして九月七日、遂に長篠城は開城してしまうのである。籠城していた信濃国衆室賀満正、長篠菅沼伊豆守満直・同右近助正貞（長篠菅沼氏当主、伊豆守の子、諸系図に新九郎）・菅沼新兵衛尉（伊豆守の子、正貞の弟、諸系図に八左衛門）らは徳川方に降伏した。家康はこれを受諾し、鳳来寺への退去を許し、長篠城へは三河衆松平景忠（深溝《ふこうず》松平氏）を配備すると、長篠救援のため、遠州森・宇刈（静岡県袋井市）などに進出してきた武田信綱・穴山信君らの軍勢に対抗すべく、遠江に軍勢を向けた（『当代記』『松平記』他）。

徳川軍、初めて武田軍を破る

徳川軍による長篠城攻撃が続くなか、武田軍の徳川軍牽制作戦が、駿河方面からも行われようとしていた。駿河では、江尻城代山県昌景を中心に、武田一門衆武田逍遙軒信綱・穴山信君、駿河衆朝比奈駿河守信置・岡部丹波守元信・岡部次郎右衛門尉正綱らが遠江に出陣した。勝頼は、山県らに二俣城と連絡を取り、家康の動向に注意しながら侵攻するよう指示している（「尊経閣文庫所蔵文書」『戦武』二一五五号）。山県らの軍勢は、懸川城などの敵地を避け、山岳地帯を経由して二俣方面へと移動したものと考えられる。勝頼の作戦意図は、この軍勢が二俣城を経由して、長篠を牽制する武田信豊・馬場信春・土屋昌続・真田信綱らの軍勢と連携し、家康を挟撃にすることであったらしく、そのことを真田信綱に九月八日付の書状で伝達している（「真田文書」『戦武』二一七二号）。

ところが武田信綱の軍勢は、長篠で真田らと連携するどころか、徳川方の待ち伏せにあい敗退してしまった。『軍鑑』によると、遠州森に進んだ武田信綱の軍勢は、徳川方の本多作左衛門尉重次・本多忠勝・榊原康政の攻撃を受けて敗退した。これに対し穴山信君・一条信龍（信玄の異母弟）の軍勢がこれを押し返したため、大事には至らなかった。この時、山県昌景は別行動を取っており、徳川方の砦を攻めようとしていたが、武田信綱の敗北を聞いて森に急行し、早々に撤退したという。『軍鑑』の記述は概ね事実を伝えているようで、『当代記』によれば、山県・穴山らは遠江国周知郡宇刈・山梨（袋井市）に在陣していたが、家康が長篠を攻め落とし浜松城に帰還したことを知ると、慌てて撤退したとある。また『三河物語』には、穴山信君が森に布陣して、各地に放火し、苅田、乱取りを行うなど徳川領を攪乱していたところ、長篠から帰還した家康が森に急行し、油断していた武田方を攻め崩し、さらに追撃して打撃を与えたとある。だがどの史料も、両軍の衝突がいつのことかを明記していない。長篠城陥落後であるから、九月八日以後であることは確実である。

これについては、『大須賀記』『寛永伝』には、九月十日に遠江国堀越《ほりこし》（袋井市）で武田逍遙軒信綱の軍勢と榊原康政・大須賀康高らの軍勢が衝突し、武田軍を撃破したと記されており、この日付が事実を伝えていると考えられる。またこの日は濃霧で見通しが悪かったとされ、両軍ともに索敵行動をとっていたところ、武田信綱の軍勢と不意に遭遇し、大須賀康高がすかさずこれに攻撃を加えたことが勝因であったという（『大須賀記』）。なお、この合戦が徳川軍が武田軍を破った最初であったと、大須賀氏の家譜には特記されている。またこの作戦には、前記した本多忠勝らや大須賀のほかに、柴田康忠・石川家成（遠江懸川城将）・小笠原氏助（遠江高天神城主）・久野宗能（遠江久野城主）が参加していたという。これらも事実とみてよかろう。

徳川方は長篠城を落としたばかりか、武田軍を撃破し多数の敵を討ち取ったこともあり、首級を下げて意気揚々と浜松城に凱旋した。その時、大久保忠世が討った首を榊原康政同心の上方牢人七、八人が奪い取り、あたかも自分の手柄であるかのように装って、康政とともに家康の御前に差し出したという。これを戸田忠次から告げられて知った忠世は、忠次を証人として伴い急ぎ御前に行き、康政の同心たちの虚言と不義を訴えた。これを聞いた康政は麾下の同心があげた手柄であることは間違いないのに怪しからぬ、と怒ったが、忠世は康政こそ現場にいなかったではないかと詰問し、なおも食い下がろうとした。そこで家康が忠世をたしなめ、その場を収めた。事態が発覚した上方牢人たちは、まもなく逃亡し行方知れずになったという（『三河物語』）。首争いは、戦国期の史料に散見されるが、これほどまで特記されたのは、やはり徳川方が武田軍を初めて撃破した合戦であったからであろうか。

『当代記』によると、山県昌景や穴山信君らは、長篠開城と徳川家康本隊が遠江に転進したことをまったく知らされておらず、不意打ちにあったため敗れたといい、情報を知らせなかった武田信豊と馬場信春を責めたという。長篠城攻防戦は、武田軍の連携不足と、徳川方からの調略（奥平定能・信昌父子、菅沼正貞の内通）を察知出来ず、有効な手立てを打てなかったことが原因で、武田方の敗退に終わった。

武田氏の戦後処理

作手亀山城を脱出し、徳川方の松平伊忠・本多広孝・康重父子と合流した奥平定能・信昌父子は、味方が無勢のため相談の後に宮崎瀧山へ撤退し、城普請をして、ここで武田方の攻撃を食い止めることで一決した。定能らはわずか二百騎ほどに過ぎなかったが、各地を焼き払いながら弓・鉄炮を恃みに瀧山に陣取った。

果たして九月二十一日、武田方は五千余騎をもって宮崎瀧山に押し寄せたという。この時、瀧山はまだ柵の敷設が済んだだけで塀もなく、とても城砦としての機能は期待できない有様であったが、奥平父子らは懸命に防戦した。武田方は大軍を恃み瀧山に攻め寄せたが、奥平方の弓・鉄炮に悩まされついに攻略を諦め撤退を始めた。これをみた奥平父子は武田方を追撃し、田原坂でこれを捕捉し多数を討ち取ったといい、武田方についた奥平助次郎定包《さだかね》がこの時戦死したという（『当代記』他）。その後も、奥平父子と武田方との戦闘は断続的に続き、定能は作手表の赤羽（赤羽根《あかばね》、新城市）や島田郷（同市）で戦い、これを焼き払ったという（『譜牒余録』他）。

武田方も、それ以上の攻撃をせず、作手の防備強化に努めた。勝頼は、十二月二日に、上野国衆小幡与一・甚三郎、信濃国衆小林与兵衛尉、大井民部助信直、鉄炮衆玉虫助大夫定茂を作手古宮城に派遣し、ここを固めさせた（「君山合偏」『戦武』二二三〇号）。また、奥平氏の居城作手亀山城は破却されたという（『菅沼家譜』他）。武田方に残留した奥平道紋（定勝）・常勝のその後の動向は定かでない。武田領内のどこかに抑留されていたのであろうか。いずれにせよ、道紋らは生き延び、武田氏滅亡後、三河に帰還している。

さらに武田氏は、徳川方に転じた奥平定能・信昌父子から預かった人質を、天正元年九月二十一日に処刑した（以下は丸山彭編『戦国人質物語』〈長篠城址史跡保存館、一九八〇年〉）。この時処刑されたのは、定能の息子仙丸（仙千代丸、御千とも）、おふう（於安、おあわ、おつう、おひさとも、日近奥平貞友息女、十六歳。以下おふうで統一）、虎之助（荻奥平勝次次男、十六歳）の三人であったという（『寛政譜』他）。武田氏は、わざわざ甲府から人質を奥三河まで護送してきて、鳳来寺麓の金剛堂前で処刑した。見せしめのためだったのだろう。仙丸と虎之助は切腹（地元では仙丸は鋸引きだという根強い伝承がある）、おふうは磔にされたという（『寛政譜』他）。なお、奥平氏の諸記録では、おふうは奥平氏が武田氏に差し出した人質の一人に過ぎないとあるが、武田方の『軍鑑』には、彼女は奥平信昌の妻と明記されており、織田信長が長篠合戦後、東美濃岩村城を奪回した際に、遠山夫人（信長叔母）を処刑したが、その理由を「家康の味方になりたる奥平九八郎女房を勝頼はた物にあげ給ふ其返報なり」と記録している。実は『松平記』も「奥平九八郎が妻を人じちに甲州に置しをはたものにかけらるゝ、信長是を聞召、奥平九八郎は人質を捨て味方に成し事、無双の忠節なりとて信長の御肝煎にて家康の聟に成」と記されている。これらの記述は事実の可能性が高く、磔にされたおふうこそ奥平信昌の正室であったが、武田方を離叛する際に、徳川家康息女亀姫を正室とする約束により見捨てられ、近世になると神君家康と信昌の正室となったその息女亀姫を憚って、奥平氏の正史からも彼女が正室であった事実が消されてしまったのではなかろうか。記して後考をまちたいと思う。

『譜牒余録』によると、定能は人質仙丸につけておいた家臣黒屋甚九郎に対し、自分が徳川方に奔ったらただちに仙丸を連れて武田方から脱走せよと秘かに告げておいたが果たせなかったと記しているが、事実かどうかは定かでない。仙丸は法名を「菊陰宗仙」といい（「広祥寺過去帳」「高野山金剛三昧院所蔵奥平家過去帳」）、天正七年九月二十一日に、奥平氏の手によって三河遊仙寺（祐仙寺、愛知県岡崎市夏山町）で七回忌法要が営まれている（「三川古文書」『愛知』⑪一三四〇号）。

また長篠城陥落後、菅沼新兵衛尉は、兄菅沼右近助正貞が徳川氏に内通していたことを察知し、これを武田氏に訴えたという（『浅羽本系図』三十三）。実は、長篠菅沼氏の家督をめぐって、当主菅沼正貞と新兵衛尉の兄弟は争っており、しかも新兵衛尉には父伊豆守満直が荷担していたと推定されている（柴裕之・二〇一〇年）。こうした家督争いが、菅沼正貞の徳川方への内通の背景にあったのであろう。

長篠開城の経緯を調査していた武田信豊・馬場信春・土屋昌続はこれを重視し、鳳来寺に蟄居していた菅沼正貞をただちに拘束した。後に正貞は、妻子共々信濃国小諸城に送還され幽閉されたという（『当代記』『菅沼家譜』等）。ところが、正貞が徳川方より受け取った密書類は遂に発見されず、武田方は内通の証拠を摑むことが出来なかった。これらの密書類は、菅沼正貞の妻子の屋敷に保管されていたが、正貞家臣浅井（朝井とも）半平の機転で長篠開城直後に処分されていたため、押収を免れたという。正貞が処刑されずに幽閉で済んだのも、疑わしいだけで明確な証拠を武田氏が摑めず、また彼も口を割らなかったためだったであろう。なお、正貞は武田氏滅亡後、小諸（長野県小諸市）から解放され徳川家康に帰属することを願うが認められず、牧野康成に預け置かれたという（『当代記』）。如何なる経緯かは定かでないが、子孫は紀伊徳川家の家臣になっている（『南紀徳川史』）。

いずれにせよ、菅沼正貞は小諸で幽閉され、父菅沼伊豆守と武田勝頼によって長篠菅沼氏当主としての地位を剝奪された。勝頼は、天正元年十一月二十三日付で、菅沼新兵衛尉が兄右近助正貞に代わって当主となることを承認している（「狩野文書」『戦武』二二一八号）。

2 武田勝頼の反攻

勝頼、東美濃を攻略

天正元年四月以降、徳川家康の反攻に悩まされていた武田勝頼は、明けて天正二年正月、積極的な反撃に転じた。勝頼が軍勢を率いて侵したのは、織田領国の東美濃である。勝頼がこの時期に織田領国を攻撃したのは、正月早々に朝倉氏滅亡後の越前で朝倉遺臣や一向一揆の蜂起が起こり、織田方諸将が追放され、越前は加賀と同じく「一揆の持ちたる国」という状況になったためとみられる。

勝頼はこれを好機と捉え、正月二十七日に東美濃岩村城に入り、明知《あけち》城（岐阜県恵那市）を包囲し（『信長記』）、並行して飯羽間《いいばま》城（同市）など東美濃の諸城を攻撃した（『軍鑑』他）。『武徳編年集成』などによると、これらの諸城は、岩村城奪還のため織田氏が普請し、兵を配備した付城だという。勝頼は、この付城を奪取し、岩村城防衛を強化し、これらを活用して、逆に岐阜侵攻の橋頭堡にしようとしたのであろう。

勝頼侵攻を知った織田信長は、二月一日に、尾張・美濃衆を先陣として派遣し、自身は息子信忠とともに二月五日に岐阜を出陣した。信長父子は、同日御嵩《みたけ》（可児《かに》郡御嵩）に布陣し、翌六日に神篦《こうの》

17── 岩村城跡

（瑞浪市）まで進軍した（『信長記』）。『当代記』によると、信長父子はその後、大井、中津川まで進んだという。しかし軍勢が揃わず、武田軍の展開する地域が難所であったため、思うに任せず、明知城や飯羽間城の救援は出来ないままであった。そこで信長は、徳川家康に要請して三河衆を足助と小原（愛知県豊田市）に配置し、勝頼を牽制させ、さらに上杉謙信に関東出兵を要請したという。信長は、軍勢の召集を待ちながら、山岳地帯に布陣する武田軍との作戦を練っていたが、飯羽間（遠山）右衛門尉が武田氏に内通し、城内で謀叛を起こしたため、明知城は陥落してしまった（『信長記』）。

勝頼はこの時、明知城を含む織田方の城砦十八城を攻略したとされる（『軍鑑』）。ただ『軍鑑』の記事に欠損があり、苗木（苗木

城、岐阜県中津川市）・神篦（鶴ケ城、瑞浪市）・今見（荻之島城、瑞浪市）・阿寺（阿照羅、阿照とも、中津川城、中津川市）・大井（大井城、恵那市）・中津川（中津川砦、中津川市）・串原（串原城、恵那市）・明知（明知城）・飯狭間（飯羽間城）・つるひ（異本に鶴居）・かうた（異本に幸田）・せとざき（異本に瀬戸崎）・ふつた（異本に振田、以上四ヶ所は詳細不明）・武節《ぶせつ》・馬籠《まごめ》の十五城しか確認出来ない。『武徳編年集成』『武田三代軍記』などによれば、残る三ヵ所は、妻木《つまぎ》（妻木城、土岐市）・千駄木《せんだぎ》（千駄帰とも書くが実は千旦林の誤記、千旦林城、中津川市）・大羅城（詳細不明）であるという。

　このうち注意すべきは、武節城（三河設楽郡）、馬籠城（信濃国木曾）という信濃と美濃・三河の境目に位置する城砦が含まれていることで、武田・織田・徳川三氏の勢力が入り組んでいたことを示している。また、この時武節城が織田・徳川方の持城であったというのが事実ならば、天正元年の作手奥平定能・信昌父子や、名倉奥平信光の離叛が影響し、田峰菅沼氏の拠点が徳川方に奪取されていたのであろう。

　いずれにせよ、武田勝頼の東美濃・奥三河侵攻により、武田氏の勢力は、濃尾平野の手前に達し岐阜を脅かす情勢となったばかりか、さらに徳川氏の本拠岡崎城も危うい事態になったのである。

　勝頼は、織田・徳川方の付城を奪取してまもなく、上杉謙信が上野国沼田に出兵したことを知ると、東美濃での軍事行動をそれ以上拡大させることなく、軍勢を撤収させた（『当代記』、「長岡市立科学館所蔵文書」『上越』①一一九七号）。信長も、信濃が深雪であったため追撃を断念したという（『当代記』）。

信長は、勝頼の美濃侵攻に対処すべく、神篦と小里にそれぞれ城普請を実施させた。この時普請させた神篦は肥田城、小里は小里城（以上、瑞浪市）のことを指すと推察される。信長は神篦の城（肥田城か）に河尻秀隆を、小里城に池田恒興を配備し、二月二十四日に岐阜へ帰還した（『信長記』）。

祖父信虎の死

勝頼が東美濃出兵から帰国してまもなくの、天正二年三月五日、祖父武田信虎が信濃国高遠で病歿した。享年八十一歳（一説に七十七歳）。勝頼は、すでに高遠で祖父信虎との対面を果たしていたが、傍若無人な振る舞いが目立ったばかりか、武田一族らと信虎が結びつき勝頼排除を目論むのではないかとの恐れから、

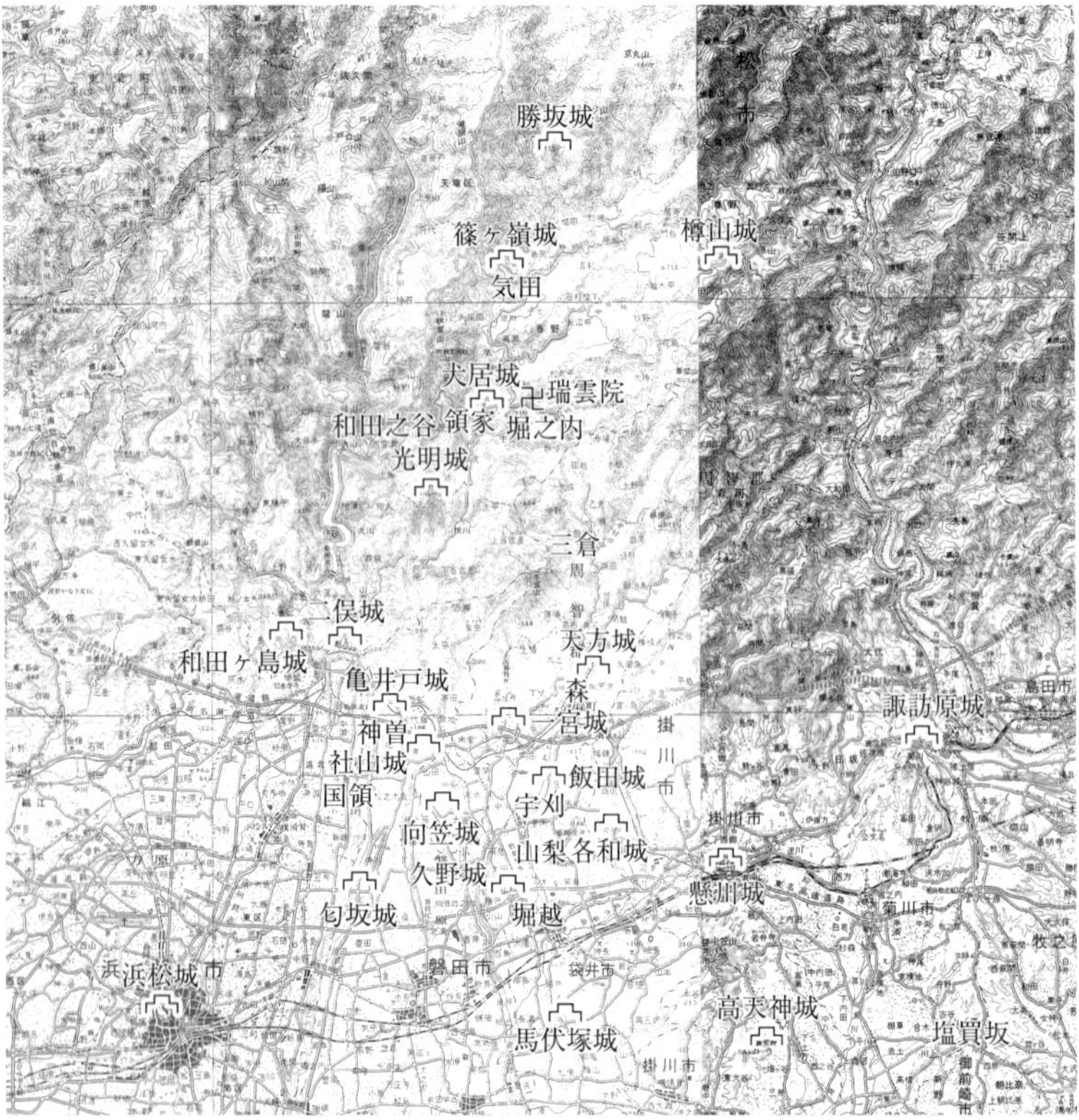

遠江要図

甲斐帰国を許さず、高遠に留め置いたままにしたという（『軍鑑』）。これが事実かどうかは定かでないが、勝頼の権力基盤が信虎の出現で脅かされていたと読める記述は興味深い。また危険な祖父信虎を抑留した場所が、高遠であることも見逃せない。勝頼が、諏方惣領家と高遠諏方家の当主として在城した高遠に信虎を置いたのは、彼にとって高遠しか信頼出来るところがなかったからではなかろうか。記して後考をまちたいと思う。

しかし信虎逝去は、諏方氏出

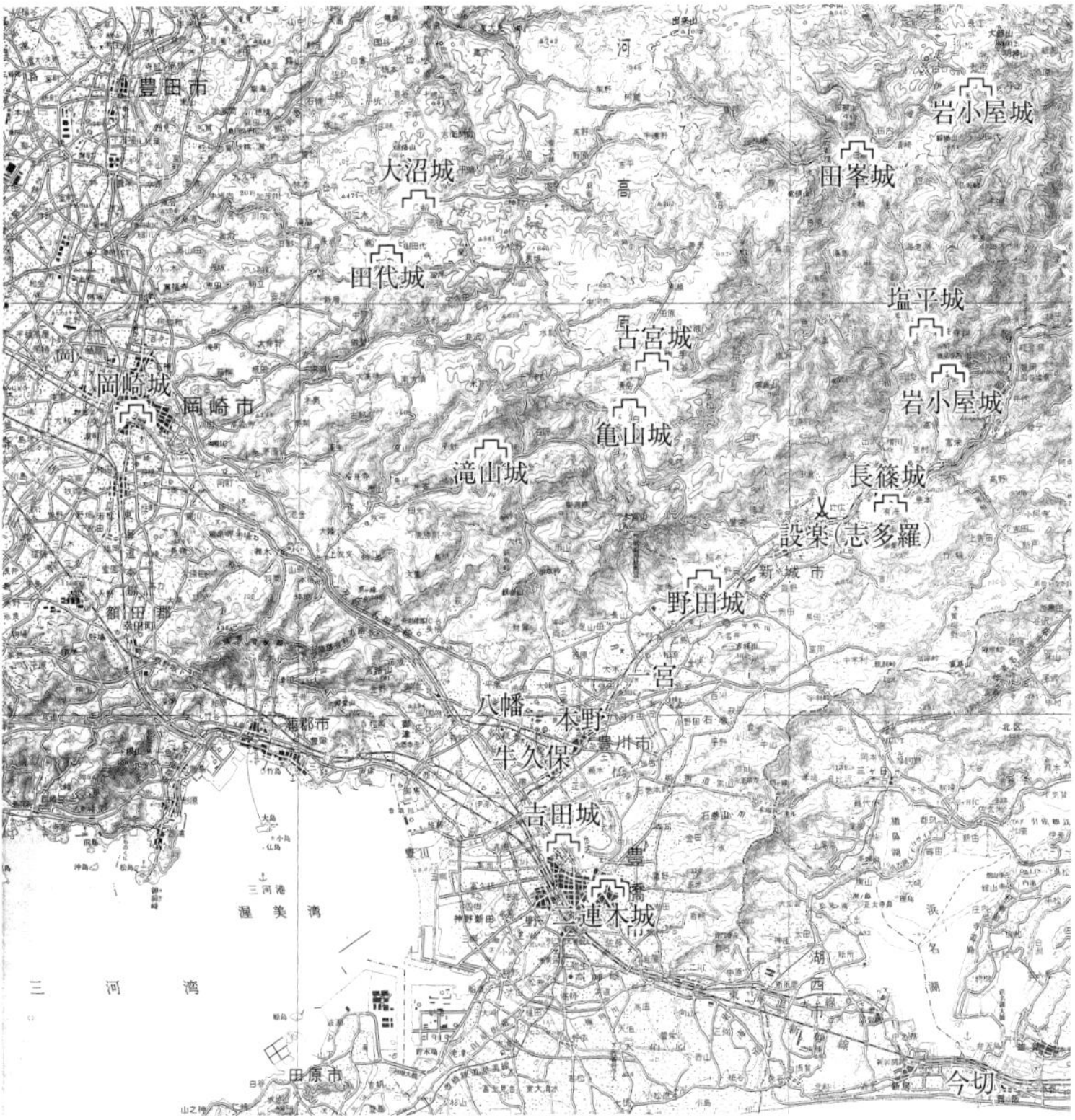

18―― 駿河・三河・

身のため武田惣領としての立場が弱い勝頼にとって、大きな懸念から解放されることになったことは間違いないと考えられる。

徳川家康、犬居谷で敗退

天正二年武田勝頼が東美濃に出陣したころ、越後上杉謙信が二月五日に上野国沼田に出陣した。すでに同年正月早々から、謙信と徳川家康の間で武田勝頼挟撃の交渉が行われており、両者間では家康が駿河、謙信が信濃・甲斐に出兵することで合意していたが、謙信は関東出兵を優先したのである。

家康は、謙信よりやや遅れて、天正二年三月十九日に出陣する予定であったが（「謙信公諸士来書」『上越』①一一九五号）、実際に動いたのは四月のことで、場所も駿河ではなく、遠江国犬居谷に向けてであった。この地域を支配する武田方の天野藤秀を攻略し、二俣城と信濃を繋ぐ補給路を遮断しようと目論んだのである。

19――武田信虎画像

徳川軍は、領家、堀之内、和田之谷《わだのや》（以上静岡県浜松市天竜区春野町）に進んで布陣し、天野藤秀の居城犬居城を攻めようとした。家康は本陣を瑞雲院（同市春野町）に置き、指揮を執ったが、折しも激しい降雨に見舞われ大水が発生したばかりか、腰兵粮しか支度がなかったため補給に苦しんだ。そこで家康は、四月六日に犬居侵攻を中止して、自身は三倉（森町）まで撤収した。ところが、犬居谷に進んでいた諸勢は天野藤秀の追撃を受け、地の利を心得た天野方のゲリラ戦に悩まされ、弓矢や鉄炮攻撃を受けて甚大な被害を蒙った。徳川軍は多数の犠牲者を出しつつ、ようやく天方城（森町）まで逃げ延びたという（『三河物語』）。

勝頼の高天神城攻略と遠江仕置

東美濃攻略を果たした武田勝頼は、一転して遠江に侵攻し、徳川方の要衝高天神《たかてんじん》城攻略を目指し、天正二年五月に出陣した。高天神城は、元亀三年十月に開始された武田信玄の西上作戦に際し武田方に下ったが、天正元年四月以後、徳川方に再び帰属していた。『浜松御在城記』によると、勝頼は五月三日に甲府を出陣し、四日に遠江国小山城に入り、六日に相良を経由して七日に高天神城に攻め寄せたという。武田氏は、五月九日に遠江国平田寺（静岡県牧之原市）に禁制を発給しているので（「平田寺文書」『戦武』二二八六号）、この記述は概ね妥当であろう。『軍鑑』などによると、勝頼自身は高天神城の包囲戦には加わらず、本隊を率いて「お山界」に在陣し、後詰にやってくるであろう織田信長・徳川家康軍に備えていたという。この「お山界」は「小山塚」とされ、高天神城に近い山岳地帯のどこかと思われるが定かでない。ただ『家忠日記増補』などは、勝頼本陣を塩買坂と記しており、当時の駿河や遠江小山方面から高天神城への交通を考慮すると、この記述は信頼出来る。勝頼は、高天神城を攻撃しつつも、織田・徳川軍との決戦を企図していたのは間違いなかろう。城攻めは、専ら一族穴山信君らによって実施されることとなった。

武田軍の高天神城攻撃は、五月十二日に始まった（「武州文書」『戦武』二二九五号）。そして早くも、五月二十三日以前には城主小笠原氏助が降伏開城に向けた交渉を武田氏と始めており、所領安堵などの諸条件を提示している。勝頼は穴山信君に対し、小笠原氏助宛の起請文作成と提示条件受諾の回答

東美濃・奥三河要図（2）へ続く

20── 東美濃・奥三河要図（1）

20── 東美濃・奥三河要図（2）

を報じ、氏助に伝達するよう指示した（「巨摩郡古文書」『戦武』二二八八号）。これで攻撃開始から十一日余りで高天神城の開城、降伏は早くも実現するかに思われたが、案に相違して城はまったく開城する様子がなく、なおも抵抗を続けた。勝頼は氏助に不信を抱いたらしく、五月二十八日には「（小笠原氏助が）昨今はいろいろと悃望しているが、許容しない」（真田信綱宛）と述べ（「真田文書」『戦武』二二八九号）、六月十一日にも「城主（小笠原氏助）が今日いろいろ懇望してきたが許容しない」（大井高政宛）と吐き捨てるように述べているからである（「武州文書」『戦武』二二九五号）。

　氏助が降伏交渉をしながら抵抗を続けていたのは、勝頼を騙《だま》して時間を稼ぎ、信長・家康の後詰を待ち続けていたためといわれている。氏助は家臣匂坂牛之助勝重を城から秘かに脱出させ、徳川家康のもとへ援軍要請の使者として派遣していた。匂坂牛之助は、武田軍の包囲網をかいくぐり浜松城に到着した。そこで徳川家康は、五月二十二日に使者の任務を全うしたことを賞し、匂坂牛之助に遠江国周智郡宇刈郷で百貫文の知行を給与し、武田氏を撃退出来たら望みの地を与えると約束した（「浅羽本系図」『静岡』⑧七五六号）。匂坂は、五月二十五日に城への帰還を果たし、小笠原氏助より武田軍を撃退したら知行を与えるとの判物を受けている（同、七五八号）。

匂坂は、織田軍の先陣が浜松に到着したら青田山に一番狼煙を、見付に到着したら二番狼煙《のろし》を、浜松へ信長自身が到着したら三番狼煙を上げるという家康からの伝言を氏助に復命した。ところが三番狼煙が上がったにもかかわらず、一向に援軍が到着しないため、城内は意気消沈し、匂坂牛之助は虚言を言いふらした不届き者と指弾された。氏助は匂坂を再び城から脱出させ、様子を探らせた。匂坂は、織田の先陣はすでに浜松に到着していることを確認し、城に戻ってきて報告したが、誰も信じる者がいなかったという（「高天神小笠原家譜」等）。

その間も武田軍の猛攻は続き、高天神城の曲輪《くるわ》は徐々に占拠され、五月二十八日までには、本・二・三の曲輪を残すのみとなった。勝頼は、あと十日ほどで落城させられるだろうと予想した。さらに六月十日には、「塔尾という立派な曲輪」（堂の尾曲輪）を乗っ取り、本・二の曲輪を残すのみとし、陥落まで三日と見積もっている。この段階で、小笠原氏助は抵抗を諦め既述のように、十一日には武田氏に降伏を打診している。そして遂に、六月十七日に高天神城は降伏、開城した（『朝野』第八九）。

ところで、『信長記』は高天神開城について「小笠原与八郎逆心を企て、惣領の小笠原を追出し、武田四郎を引入れたるの由」と記し、小笠原氏助が惣領小笠原氏を高天神城から追放して武田氏に降伏したと指摘している。ただ同書が、氏助を惣領ではないと記しているのは意図的な曲筆の可能性が高い。現在知られる高天神小笠原氏の系譜に関わる「高天神小笠原家譜」、『寛政譜』等でも、氏助が惣領と明記されている。ではなぜ、『信長記』は城を逐われた人物を惣領と記したのであろうか。それは、織田・徳川両氏が、武田方に帰属した氏助の惣領職を否定し、徳川方に残った人物を後に高天神小笠原氏の惣領に据えたためであろう。そしてその人物こそ、諸系図にみえる小笠原義頼（氏助の叔父）と推察される。いずれにせよ、このことは、城内で開城か籠城継続かで対立があったことを物語る。事実、城内では武田方に下ることを主張した氏助らと、徹底抗戦を主張した義頼らが鋭く対立し、氏助らは本丸に、義頼らは二の曲輪に拠って互いに鉄炮を撃ち合ったという記録がある（「高天神小笠原家譜」、『寛政譜』）。恐らくこれは事実であろう。あるいは、氏助自身は武田氏への帰属を早くから決定し、勝頼との交渉を進めたが、城内の総意を得られなかったため降伏の時期が長引き、勝頼の不信を買うことになってしまったのではあるまいか。徳川家臣大河内政局が氏助によって捕縛され、城内に監禁されたのも、内部対立が先鋭化していたことを示すものではなかろうか。

武田氏は高天神城を受け取ると、徳川方への帰属を決めていた諸士の退去を許し、人質を交換して生命を保証し、浜松へ去らせたという（「高天神小笠原家譜」、『寛政譜』）。

武田軍が高天神城を包囲している間、織田信長、徳川家康はどうしていたのであろうか。信長は、五月十五日、京都で武田勝頼の遠江侵攻を聞き、翌十六日四ッ時分（午前十時）に東下し、岐阜に向かった(『多聞院日記』他、なお『信長記』はこの間の信長の動向と日付を誤記している)。ところが、信長はそのまま岐阜から動かなくなり、一ヵ月近くを空費した。しかし信長が何もしなかったわけではなく、六月五日、遠江出陣のための兵粮を確保すべく、各方面に兵粮を岐阜へ送り届けるよう指示を出すとともに、佐治左馬允《さまのじょう》為平(尾張大野城主)に対し、尾張知多郡の商人たちに米を積んだ船を派遣するよう命じた(「反町文書」『愛知』⑪九五一号)。また六月八日夜、出陣で慌ただしい岐阜城内に敵が忍び入ったところを、織田家臣横井伊織時泰が発見し、これを討ち取るという一幕もあった(「横井文書」『静岡』⑧七六三号)。この敵方がどこかは定かでないが、勝頼が放った可能性もあろう。信長の本拠地岐阜にも、敵方の工作の手が伸びていたのである。さらに六月九日、一揆の蜂起で騒然としていた越前への備えとして、越前の国衆根尾右京亮《うきょうのすけ》らに、警戒を厳重にし、一揆が攻め寄せたならば防戦するよう命じた(「高尾文書」『信長』四五四号)。

そしてやっと信長は六月十四日の出陣を決定し、これを実行に移した。京都から帰還してから、実に約一ヵ月後のことであった。信長出陣が遅れた理由について、武田勝頼を恐れたためではないかとする説があるが(谷口克広・二〇〇六年)、信長の動向を勘案すると、兵粮と兵の召集に時間がかかったというのが実情であろう。とりわけ、越前失陥は信長にとって痛手で、その方面にも軍勢を割かねばならず、翌年の長篠合戦のように、越前方面の武将を引き連れていくことは出来なかった。このことは、高天神城後詰の織田軍は、長篠合戦時よりも寡兵であった可能性を示唆する。

徳川家康は、武田勝頼の様子を窺いながら、信長の援軍を待ち続けていた。しかし手を拱《こまね》いていたわけではなく、武田軍本隊が高天神城を攻めている間に、遠江二俣城の補給路を遮断すべく、五月、犬居谷に再び侵攻し、武田方の天野藤秀が守る篠ヶ嶺城（浜松市天竜区春野町）を攻めた。しかし天野方の抵抗は激しく、落石、弓矢、鉄炮に徳川軍は悩まされ、遂に攻略を諦めて撤退した。これをみた天野方は、徳川軍を追撃したが、殿《しんがり》軍大須賀康高の奮戦に阻まれ、家康に打撃を与えることは出来なかった（「大須賀記」）。この時家康は、徳川方として忠節を尽くした気多《けた》郷（春野町）の百姓たちを賞し、禁制を与えている（「気多村文書」『静岡』⑧七六〇号）。

六月十四日、ようやく岐阜を出陣した織田信長・信忠父子は、十七日に三河国吉田城に入り、徳川重臣酒井忠次に迎えられた。信長は、酒井先導のもと、六月十九日、遠江今切《いまぎれ》の渡に到達したが、ここで高天神城が開城したとの報に接し、むなしく吉田に引き揚げた。家康も浜松より吉田に出向き、信長と合流した。信長は後詰が間に合わず、武田勝頼との決戦が出来なかったことを無念に思ったという。そこで信長は、持参した皮袋二つに入れられた黄金を馬に付けさせ、家康に兵粮代として進上した。黄金の入った皮袋は、大人二人がかりでやっと持ち上がるほどのもので、酒井忠次以下、徳川方の人々は驚いたという（『信長記』）。『当代記』によると、天正二年春、遠江は飢饉であったといい、信長はこれに配慮し、家康に「合力」として進上したのだという。麦などが不作だったのであろう。

こうして、信長父子は六月二十一日、岐阜に帰還した（『信長記』）。織田信忠は、岐阜に帰還した同日、生母生駒氏に見舞状の返事を送り、「遠江へ出陣し高天神城を救援しようとしたのに、今少し持ちこたえればいいものを、降伏してしまったため合戦にならず残念です」と述べている（「真田宝物館所蔵文書」『静岡』⑧七七二号）。

しかし高天神城の小笠原氏助は、武田軍の包囲開始から三十日余も持ちこたえたのであり、後の長篠城主奥平信昌の二十一日間を凌ぐ善戦ぶりであった。勝頼は小笠原氏助をそのまま高天神に在城させ、穴山信君を当面の間配備し、後に山県氏（昌景かどうかは確定出来ない）を派遣して信君と交代させている（「稲葉文書」『戦武』二三〇一号）。また、武田方に帰属した本間八郎三郎、斎藤宗林、伊達与兵衛尉らに知行安堵状を発給し、西上野から遠路動員に従った国衆和田業繁、小幡昌高、浦野大戸新八郎らや、甲斐衆山県（三枝）昌貞、辻弥兵衛を始め、一門衆武田信豊らに遠江で知行を与えた（「本間文書」他、『戦武』二三〇六～八、一五～七、二〇、二二、二三号）。こうして武田氏の高天神城と城東郡の仕置はほぼ完了した。小笠原氏助は、武田氏より弾正少弼《だんじょうしょうひつ》の官途と偏諱を拝領して「信興」と称し、「高天神」の朱印を用いて領域支配を開始している（黒田基樹「遠江高天神小笠原信興の考察」〈同著『戦国期東国の大名と国衆』岩田書院、二〇〇一年所収〉、初出は一九九九年）。勝頼自身も、七月下旬に甲斐に帰国した（「西武古書大即売展目録」『戦武』二三三九号）。

いっぽうの徳川家康は、八月二日に浜松を出陣し、高天神小笠原氏の属城であった馬伏塚城を接収、修築し、高天神城への抑えとした。城将として大須賀康高を配備している（『家忠日記増補』等）。また家康は、徳川方に帰属した本間十右衛門尉に知行安堵状を発給しており、現在確認出来ないが、高天神開城後、徳川氏のもとへ来た多くの諸士に同様の安堵状を出したと推定される。しかし、城を二度にわたって脱出し、徳川家康に援軍要請を行った匂坂牛之助は、武田氏に内通したとの疑いをかけられ、切腹させられたという（『寛政譜』等）。これは城を持ちこたえさせるために、援軍到着の虚報を伝えた家康が、匂坂の口を封じるための措置だったとされている（高柳光壽・一九六〇年）。ただ、匂坂牛之助という人物は、その後も小笠原与左衛門らとともに大須賀康高に属している事実が確認出来るので（酒入陽子「家康家臣団における大須賀康高の役割」『日本歴史』六一二号、一九九九年）、切腹したとされるのは誤記か、彼の父の可能性がある。

この一連の勝頼の攻勢は、信長・家康の心胆を寒からしめただけでなく、勝頼への評価を一変させた。信長は、信玄死去の噂を聞いた直後、「甲州の信玄が病死した、その跡は続くまい」と述べ、後継者勝頼を完全に見くびっていた（「武家事紀」『信長』四〇一号）。だが勝頼による東美濃、遠江での攻勢後、信長は上杉謙信に宛てて、「四郎は若輩ながら信玄の掟を守り表裏を心得た油断ならぬ敵である。（謙信が）五畿内の防備を疎かにしてでも対処しなければ、武田勝頼の精鋭を防ぐことは出来ないというのはもっとものことだ」と述べた（天正二年六月二十九日、上杉謙信宛信長書状、「上杉文書」『信長』四五五号）。この信長の勝頼評は、上杉謙信が勝頼を高く評価したことを受けてのものであるので、謙信も同じ認識であったことを物語っている。

なお、勝頼が父信玄も落とせなかった高天神城を攻略したことが、彼の慢心に繋がったとの説が根強いが、同城は元亀三年十月に開始された武田信玄の遠江・三河侵攻戦において武田方に降伏しており(柴裕之・二〇〇七年)、事実に反する。ただし、東美濃、遠江での一連の作戦成功により、武田軍将卒の間では勝頼の評価は高まったと『軍鑑』は伝える。いっぽうで山県・馬場らの重臣たちは、力攻めを続ける勝頼の作戦を「強過ぎる」と危惧していたともいう。このことは、勝頼の作戦が、単なる領土拡大だけでなく、武田軍将卒に対する求心力、影響力強化という狙いもあったことを窺わせる。

勝頼の遠江侵攻

天正二年六月、高天神城を攻略した武田勝頼は、信長・家康の撤退を知ると、自身も甲斐に引き揚げたらしいが、その時期は定かでない。

信長は、六月二十一日岐阜に帰還すると、七月十三日には、伊勢長島一向一揆を攻撃すべく出陣し、尾張津島に着陣した(『信長記』)。一揆勢は善戦したが、次第に織田軍に押し詰められ、八月には苦境に陥った。石山本願寺は、八月、武田勝頼に後詰を要請した。勝頼は本願寺下間法眼《しもつまほうげん》に返書を送り、長島願証寺とは入魂《じっこん》の間柄でもあり、何とか支援したいが、七月下旬に帰国したばかりなので出馬が遅れていると述べ、近日中に必ず尾張、三河方面へ出陣すると約束した(「西武古書大即売展目録」『戦武』二三三九号)。

天正二年九月、武田勝頼は約束通り、遠江への侵攻を再開した(『大須賀記』)。『当代記』によると、勝頼は天正二年夏、浜松に向けて進軍し、馬込川に到達すると、諸処に放火し、天竜川東岸地域の麦を刈り取り、高天神城に莫大な兵粮として搬入した。さらに帰陣の際に徳川方への抑えとして諏訪原城を築城したと記されている。これは事実であるが、侵攻時期は九月から十一月にかけてのことで、武田軍の乱取りにあったのは麦ではなく稲であり、『当代記』に誤りが認められる。

21――浜松城跡

天正二年十一月四日付、天徳寺宝衍（下野国唐沢城主佐野房綱）宛の勝頼書状に「（武田軍は）徳川が立て籠もる浜松を始めとして、在々所々の民屋に一宇も残さず放火し、稲も悉く刈捨て目的を達したので安心されたい。しからば久野・懸川等の敵城への抑えとして佐夜《さや》郡に地利を築き、普請もほぼ終了したので、兵卒を入れ次第帰国する予定である」（「滝口文書」『戦武』二三七四号）と記しており、ほぼ『当代記』と内容が一致することがわかる。ここにみえる佐野郡の地利こそ、諏訪原城（静岡県島田市）のことを指す。実は『三河物語』にも勝頼が久野、懸川を脅かし国中に放火すると、天竜川の上の瀬を越えて浜松に侵攻し、馬込川に出て足軽が付近を荒らし回り、神増《かんぞ》（静岡県磐田市）の瀬を渡河し、社山を経て山梨に進出し、蠣《すく》田《もだ》ヶ原（小笠郡）に布陣した。その後、諏訪原に陣替をしたとの記事があり、大久保忠教はこれを元亀四年暮のこととしている。だが勝頼の動きを見ると、これも天正二年の誤記であろう。

この一連の攻勢で、徳川家康は武田勝頼にまったく手出しが出来ず、本拠地の浜松城下を始め、遠江の各所は乱取りと放火によって甚大な被害を受けた。勝頼は、伊勢長島一向一揆の救援を果たせなかったが（一揆壊滅は天正二年九月）、天正二年九月の時点で、勝頼の勢力は、東美濃に伸び、山岳地帯を抜け濃尾平野への出口にまもなく到達する勢いであったし、高天神城攻略と諏訪原城築城により、遠江の徳川領国は重大な危機にさらされた

信長は、東美濃の諸城が陥落したことを受けて、武田勝頼を滅ぼさなくては天下の大事に繋がると決意を新たにしたといい（『当代記』）、家康も領国を勝頼に三方から包囲される厳しい情勢下に立たされたのである。

Ⅳ　長篠合戦をめぐる諸問題

22 ── 二列射撃の様子（『長篠合戦図屛風』部分）
織田・徳川軍は攻め寄せる武田軍に対し，鉄炮隊を数列ならべて交替で射撃した．通説では従来の戦いを根本から覆した革命的戦法と評価されている．鉄炮隊を弓衆が援護している様子も描かれている．

1　長篠合戦をめぐる論点

まず最初に、長篠合戦の通説的理解を押さえておこう（以下は『国史大辞典』〈吉川弘文館〉、『日本史大事典』〈平凡社〉による）。

長篠合戦論争史

長篠合戦は、天正三年（一五七五）四月、三河国長篠城を奪回すべく、武田勝頼が大軍を率いてこれを包囲したことをきっかけに始まった。勝頼は、武田氏に叛いて徳川方に転じた城主奥平貞昌を攻略すべく、連日攻撃を仕掛けるがなかなか城を落とせず、転じて二連木《にれんぎ》城や吉田城の攻略に動き、吉田に入城した徳川家康を攻めたがこれも失敗に終わった。勝頼は、軍勢を返して、長篠城の攻撃を再開した。家康は単独で武田軍に対抗出来ず、同盟国織田信長の救援を仰ぎ、また長篠城から脱出した奥平家臣鳥居《とりい》強右衛門《すねえもん》の援軍要請を受けて、五月十八日に長篠郊外設楽原に到達した。この時、織田・徳川軍は、連吾川沿いに馬防柵を構築し、三千挺の鉄炮隊を配備して待ちかまえた。武田勝頼は、重臣らの反対を押し切って設楽原に進出し、決戦に踏み切った。

この間、信長は、家康重臣酒井忠次らに命じて別働隊を編制させ、五月二十日夜、秘かに山岳地帯を迂回させ、五月二十一日早朝、長篠城を包囲する武田方の付城群を奇襲攻撃し、これらを陥落させるとともに、長篠城の解放に成功した。

武田勝頼は、五月二十一日夜明けより織田・徳川軍への攻撃を開始した。織田・徳川軍は、三千挺の鉄炮を三段に構えて待機し、武田軍の騎馬隊による波状攻撃を撃退した。このため、馬防柵と鉄炮の攻撃に阻まれた武田軍は、多数の重臣と将兵が戦死し、遂に総崩れになった。

とりわけ注目されるのは「鉄砲の組織的活用の画期がこの戦いであった。信長は鉄砲隊を三段に重ねて、第一列の兵は射撃のあと後ろにさがり、第二列、第三列が撃つ間に弾を込めるというように、連続的に火縄銃を使用する戦法をあみだした。この戦法の大成功により、武田氏に代表される騎馬中心の戦法から鉄砲主体の戦法へと戦の主流が移った」(『国史大辞典』〈山本博文氏執筆〉)のように、長篠合戦が戦術革命、軍事革命と評価され、新戦法＝織田信長、旧戦法＝武田勝頼という図式が明示されていることである。

右の通説は、高等学校の教科書でもおなじみの内容で、学校の日本史で習った方も多いことだろう。しかし、長篠合戦の通説を厳しく批判する研究が一九九〇年代以降に出現する。それをリードしてきたのが、藤本正行・藤井尚夫・鈴木眞哉・太向義明の諸氏である。そこで議論の俎上に上がったのが、①長篠合戦に織田信長が投入した鉄炮三千挺は事実か、②さらに鉄炮三千挺の三段撃ちはあったのか(織田信長の天才的才能による、この戦法の発明を契機に軍事革命、戦術革命が起きたというのは事実か)、③武田勝頼の軍勢に騎馬軍団は本当に存在したのか、などであり、これが長篠合戦論争の論点となっていった。
この他にも、④武田勝頼の作戦は無謀で、自殺行為ともいえる突撃が繰り返されたがそれはなぜか、⑤武田氏は信玄以来鉄炮導入には消極的というよりも、むしろその有効性を軽視しており、これが長篠敗戦に繋がったというのは事実か、⑥武田勝頼は、味方の不利を説き、諫める家臣たちを振り切って決戦を決断したというのは事実か、⑦長篠古戦場には両軍の陣城跡が歴然としており、これが鉄炮と並んで合戦の帰趨に影響を与えたのではないか、⑧馬防柵は、織田信長が緻密な計画を立案し建設したとされるが事実か、などのように、様々な疑問が提示されたが、その殆どが明確になっていない。本書も、これらの検討を避けて通ることが出来ないが、紙幅の関係から①〜④に絞って検討してみたい。

すべての問題の震央

それでは、なぜこれほどまでに通説は多岐にわたる批判を蒙ることになったのであろうか。そして、その原因はどこにあるのだろうか。

実は、長篠合戦の通説は、戦前の一九三八年に発表された、渡邊世祐「長篠の戦」（『大日本戦史』第三巻所収）によって形作られた。しかし、この論文に先行して発表され、近年まで強い影響力を保持していたのが、参謀本部編『日本戦史・長篠役』である。この編著は、明治三十六年（一九〇三）に、当時の日本陸軍が、戦史と戦術研究を目的に編纂したもので、軍記物などを中心とした長篠合戦の史料を集成し、さらに戦術分析を行ったものである。この編著で、長篠合戦は、有力な騎馬隊を擁する武田軍が、鉄炮を多数装備し、三段撃ちの戦術を導入した織田・徳川連合軍に、撃破されたという通説が出来上がった。

これらの通説に対する再検証が開始されたのは、一九九〇年代以後のことである（但し、藤本正行氏はこれよりも早く、一九七五年以来、長篠合戦の通説に疑問を提示していたことは特筆すべきである）。

批判の対象になったのは、もちろん参謀本部編『日本戦史・長篠役』であるが、そもそも通説形成のもととなったものが、小瀬甫庵《おぜほあん》著『甫庵信長記』や小幡景憲《おばたかげのり》編『甲陽軍鑑』などの記述にあった。このため批判者たちは、これらの史料は信頼性が極めて低く、史実を確定する材料たりえないと指摘し、長篠合戦を知る最も信頼できる史料として、太田牛一著『信長記』（『信長公記』）を対置した。そして『信長記』をもとに、少ないながらも当事者である織田信長、武田勝頼らの文書などを用いながら、通説批判を重ね、長篠合戦像を書き換えていったのである。

つまり、長篠合戦の通説批判は、根拠とされる諸史料の批判から始まったわけである。ところが、一九九〇年代は、戦国史研究だけでなく、国文学の分野でも軍記物研究の革新が始まっており、『甫庵信長記』『甲陽軍鑑』などについて、その成立事情や言語研究などが進められ、歴史学での史料評価に対して疑問が提示されるに至った（柳沢昌紀「甫庵信長記古活字版の本文訂正」『軍記と語り物』四号、二〇〇八年、酒井憲二『甲陽軍鑑大成　研究編』汲古書院、一九九五年等）。このことは、長篠合戦を始め、戦国合戦史を論じる際に、依拠すべき史料に対する認識や態度を再考しなければならない時期に来ていることを示している。

本書も、長篠合戦について、耳目をひくような新史料が発見されているわけではない現状に鑑みれば、『信長記』『甫庵信長記』『甲陽軍鑑』などを利用しなければならない状況にある。

このうち、長篠合戦の基本史料とされているのは、織田信長の家臣太田和泉守牛一《いずみのかみぎゅういち》(大永七年〈一五二七〉~慶長十八年〈一六一三〉)が著した、いわゆる『信長公記』『信長記』である(以下の記述は、特に断らない限り金子拓・二〇〇九年による)。同書は、実は正式な書名が定かでなく、伝本によっては『原本信長記』『織田記』『安土日記』『安土記』『太田和泉守日記』『惣見記』など多様の表題で呼称されている。その内容は、永禄十一年(一五六八)に織田信長が足利義昭を奉じて上洛を果たした事件を起点に、天正十年六月、信長がその生涯を終えた本能寺の変を終点とする十五年間に及ぶ事績を、一年一巻(一帖)を原則に詳細に記録したものである。全十五巻(十五帖)で構成され、信長上洛以前の事績を簡潔にまとめた首巻がつき全十六巻とする伝本もある。

太田牛一は、自らが折々の「日記」(覚書、記録)として書きためていた信長の事跡に関するメモを手掛かりに、『信長記』を完成させたといい、このため記述の信憑性については、谷口克広氏らが極めて正確であることを実証しており、歴史史料としての信頼性は高い(谷口克広・一九八〇年)。本書でも基本史料として使用する(なお『信長記』で統一)。

2　武田氏と騎馬

武田「騎馬隊」虚構説

長篠合戦といえば、騎馬隊あるいは騎馬軍団を主力とした武田軍が、鉄炮隊を主軸にした織田・徳川連合軍に撃破された一大事件であり、それは騎馬隊による突撃戦法＝旧戦法を、鉄炮の組織的かつ大量投入と連射法の創設＝新戦法（軍事革命、戦術革命）が圧倒した典型として語られる。ところが、武田軍には騎馬隊なるものは存在せず、それは近代以降に徐々に形成され、戦後になって映画、テレビなどの影響もあって広まった虚像であるという説が主張されるようになっている。

このことを、早くから主張し、数多くの著作を世に問うているのが、鈴木眞哉氏である（鈴木眞哉②③④・二〇〇三、一〇、一一年）。また太向義明氏は、そのイメージ形成は、参謀本部編『日本戦史・長篠役』とそれを受けた渡邊世祐氏の論文「長篠の戦」（『大日本戦史』第三巻所収）が震央であり、さらに遡ると『甫庵信長記』にたどり着くと指摘した。とりわけ戦後にそのイメージが増幅され、武田氏の研究書の多くに、検証されることのないまま記述されたことで定説化していったと指摘している（太向義明・一九九九年）。

ここで鈴木氏が批判の対象にする「騎馬軍団」「騎馬隊」とは、厳密には同義語ではなく、「騎馬軍団」とは騎馬民族のように戦闘員の多くが馬に乗っている軍隊を指し、「騎馬隊」とは全軍に占める騎乗者の比率はともかく、騎馬の兵士だけで編制された部隊を指すと定義されている。その上で鈴木氏は、「武田騎馬軍団」「武田騎馬隊」ともに実在していなかったと強調される（この他に、日本馬の体高や去勢問題を根拠に、馬が戦闘に不向きだったと主張する小佐々学氏の研究がある。詳細は小佐々学「日本在来馬について―城郭や合戦と関連して」『城郭史研究』二七号、二〇〇七年）。

その論点を掲げると、①戦国期の騎馬兵と徒歩兵の違いは、単なる兵種の相違ではなく、地位・身分の相違であり、騎乗出来たのは指揮官ないし士官クラスだけである、②戦国大名は、家臣の知行に応じて軍役を賦課しており、武田氏や北条氏などの軍役定書、軍役着到などの事例を検討しても、騎馬の割合は極めて低い、③そう考えると、戦国の軍隊においては、騎馬兵の比率はそれほど高くはない、すなわち絶対数が少ないうえ、彼らはいずれも将校クラスなのだから、彼らだけを抜き出し、騎馬だけを集めて一隊を編制しようという発想はありえない、なぜなら将校＝指揮官クラスをひとまとめにしてしまったら、兵士たちを指揮する者が不在となってしまう、④長篠合戦では「騎馬隊の密集突撃」のイメージで語られることが多いが、近代騎兵の「密集突撃」とは、一塊の騎兵たち相互の長靴が密着するほど密着したうえで実施され、「散開」とは隊伍を組む間隔が約馬一頭分（約三歩）である、武田軍では軍役賦課で徴兵される騎馬数がもともと少ないのだから、武田の騎馬隊が仮に存在し、密集隊形をとったとしても、近代騎兵の「散開」ほどの密度も持ち得なかった、⑤そもそも日本の戦国期には、騎馬戦闘は存在せず、すべて下馬して戦うのが常識であった、これはヨーロッパの宣教師によって記録されている、⑥武田側の『軍鑑』にも、長篠合戦では下馬戦闘を行ったとあり、騎馬は敵を追撃する時か、退却を余儀なくされた場合など極めて限られた戦闘場面に投入された、などである。これら学説は首肯できるのか。検討を加えていくことにしよう。

軍役定書にみる武田軍の騎馬武者

それでは、武田氏の騎馬武者について、管見の限りの史料を用いて紹介していくこととする。なお武田・北条両氏の史料には、「馬上」「馬武者」「馬之衆」「乗馬之衆」「馬上衆」などと記載されるが、本書では便宜上、単独の馬武者を「騎馬武者」、複数の集合体を「騎馬衆」の呼称で統一することにしよう。

現在、戦国大名の軍隊研究が最も進んでいるのは北条氏である。北条氏の場合、知行貫高百貫文につき騎馬三騎、同じく二十貫文前後の小領主にも本人自身は馬上が割り当てられるのが原則であったと指摘されている（佐脇栄智『後北条氏と領国経営』吉川弘文館、一九九七年）。それでは武田氏はどうであったろうか。武田氏が発給した軍役定書（北条氏の軍役着到に相当する）をもとに検討してみよう（表1）。

詳細は紙幅の関係から割愛せざるをえないが（平山『武田信玄』〈歴史文化ライブラリー、吉川弘文館、二〇〇六年〉、「武田氏の知行役と軍制」〈平山・丸島和洋編『戦国大名武田氏の権力と支配』岩田書院、二〇〇八年〉参照）、武田氏の軍役定書を分析すると、武田氏は、家臣の知行（所領）貫高を調査し、その

持鑓	長柄	弓	鉄炮	小旗持	指物持	持道具	甲持	具足	手明	出典1	出典2
—	—	—	—	—	—	—	—	40	—	戦武 742号	県外1782号
2	30	5	1	1	1	—	1	—	4	戦武 803号	県外 913号
—	31	5	1	1	—	2	—	—	—	戦武 804号	県外 914号
—	18	4	1	1	1	3	1	—	5	戦武 892号	県外 915号
1	1	—	1	1	—	—	—	—	—	県外 441号	県外 441号
23	—	—	—	—	—	—	—	—	—	県外 273号	県外 273号
—	—	—	1	—	—	—	—	—	—	戦武 1468号	県内 223号
5	10	2	5	3	—	—	—	—	—	戦武 1672号	県外 387号
45	—	—	—	10	—	—	—	—	—	県外 273号	県外 273号
1	1	—	—	1	—	—	—	—	—	戦武 1788号	県外 308号
6	〈19〉	6	6	3	—	—	—	—	—	戦武 2580号	県外1733号
2	4	1	1	1	—	—	—	—	—	戦武 2618号	県外1669号
1	—	1	—	1	—	—	—	—	—	戦武 2639号	県内 312号
1	—	—	1	—	—	—	—	—	—	戦武 2645号	県外3121号
5	—	1	1	1	—	—	—	—	—	戦武 2646号	県内 467号
1	1	—	1	1	—	—	—	—	—	戦武 2647号	県内1405号
1	2	—	1	1	—	—	—	—	—	戦武補遺46号	—
2	6	1	2	1	—	—	—	—	—	戦武 2654号	県外1009号
2	1	—	1	1	—	—	—	—	—	戦武 2658号	県外 138号
15	21	10	10	5	—	—	—	—	—	戦武 2810号	県外3086号
4	12	4	5	3	—	—	—	—	—	戦武 3014号	県外 63号
?	4	?	1	1	—	—	—	—	—	戦武 3015号	県外1763号
1	1	—	1	1	—	—	—	—	—	戦武 3016号	県外 700号
—	1	—	—	—	—	—	—	—	—	戦武 3017号	県外1684号
—	1	—	—	—	—	—	—	—	—	戦武 3018号	県外1613号

武田家印判状の数値．また島津泰忠の上司貫高は，天正6年7月27日の島津泰忠知行書立目
遺文武田氏編』，『戦武補遺』は『戦国遺文武田氏編補遺』（『武田氏研究』45号所収）を示す．

表1── 武田氏軍役定書一覧

番号	年月日				家臣名	区分	上司	定納（定所務）	総計	騎馬
1	永禄 4	1561	5	10	桃井六郎次郎	信濃衆	—	177貫240文	40	—
2	永禄 5	1562	10	10	大井高政	信濃衆	—	—	45	—
3	永禄 5	1562	10	19	大井高政	信濃衆	—	—	45	5
4	永禄 7	1564	5	24	大井高政	信濃衆	—	—	38	4
5	永禄 9	1566	9	21	(宛名欠)	?	—	—	〈 5〉	1
6	永禄10	1567	7	1	後閑信純	上野衆	—	—	〈30〉	7
7	永禄12	1569	11	2	沢登藤三郎	甲斐衆	—	(増分)23貫332文	〈2〉	1
8	元亀 2	1571	3	13	武田信実	親類衆	—	※397貫350文	〈28〉	3
9	元亀 2	1571	10	1	後閑信純	上野衆	—	—	〈70〉	15
10	元亀 3	1572	2	5	下源五左衛門尉	上野衆	—	35貫文	〈 4〉	1
11	天正 4	1576	2	7	小田切民部少輔	信濃衆	—	—	46	6
12	天正 4	1576	3	27	大日方佐渡守	信濃衆	—	—	9	—
13	天正 4	1576	5	2	古屋八左衛門	甲斐衆	—	—	3	—
14	天正 4	1576	5	12	小尾新四郎	甲斐衆	—	—	2	—
15	天正 4	1576	5	12	初鹿野伝右衛門尉	甲斐衆	—	—	8	—
16	天正 4	1576	5	12	大久保平太	甲斐衆	—	—	4	—
17	天正 4	1576	5	12	山本十左衛門尉	甲斐衆	—	—	5	—
18	天正 4	1576	5	19	市川助一郎	甲斐衆	—	—	12	1
19	天正 4	1576	5	25	大滝宮内右衛門	信濃衆	—	—	5	1
20	天正 5	1577	5	26	岡部正綱	駿河衆	2465貫文	968貫285文	〈70〉	9
21	天正 6	1578	8	23	西条治部少輔	信濃衆	1450貫文	451貫300文	〈32〉	4
22	天正 6	1578	8	23	島津泰忠	信濃衆	(875貫文)	120貫400文	20	1
23	天正 6	1578	8	23	原伝兵衛	信濃衆	—	49貫700文	〈 5〉	1
24	天正 6	1578	8	23	玉井源右衛門尉	信濃衆	—	21貫文	〈 2〉	1
25	天正 6	1578	8	23	勝善寺順西	信濃衆	36貫文	11貫400文	〈 1〉	—

注：—は記述なし．〈　〉内の数値は軍役定書の総計．※の武田信実の定納貫高は，同日付の
録による．出典のうち，『県外』は『山梨県史』中世資料編県外文書，『戦武』は『戦国

総計を「上司」貫高と定め、ここから荒地などの控除分を差し引き、残った貫高を「定納」貫高とし、これを軍役賦課の基準と定めていた。

騎馬が占める割合に焦点を絞って検討してみると、上級家臣の場合、百貫文につき一騎という傾向が読みとれる（表1No.8・20〜22）。また下級家臣では、二十貫文につき一騎という傾向がある（表1No.7。なおNo.23の原伝兵衛は四九貫七百文で騎馬一騎しか負担していないため、原則に外れるようにみえるが、原はその代わりに長柄、鉄炮などを装備しており、これらが考慮されているのであろう）。これを北条氏と単純に比較した場合、下級家臣が要請される二十貫文につき一騎という負担率では共通するが、上級家臣の場合、同じ百貫文を基準にしつつも、武田氏は北条氏に比べて騎馬の負担は三分の一でしかない。つまり、武田氏の軍役定書は北条氏のそれよりも騎馬の割合が少ないことになる。そして二十貫文以下の者には騎馬の負担がないので、二十貫文が一つの目安になっていたと考えられ、北条氏との共通性が認められる。

この点を、家臣一人あたりが負担する騎馬の割合をもとに他大名と比較して確認してみよう。北条氏の場合、動員される軍役員数のうち、騎馬は約四・七人につき一人（一人一疋）であった。いっぽう、越後上杉氏の場合、天正三年の『上杉氏軍役帳』をみると、登録されている上杉景勝・山浦（村上）国清ら三九名が負担する、軍役員数の総計は五五一四人であった。このうち、騎馬の総計五六六人となり、総人数に占める騎馬の割合は約一〇％で、九・七人に一騎の負担という計算になる。これは表1の武田氏の軍役定書のうち、騎馬を保持する者（表1№3～11・18～24）の軍役員数だけを合計して算出した数字（総計四一四人に対し騎馬六一人）を積算根拠にすると、騎馬の比率は約一四・七％で、約六・八人に一騎という数値が得られる。つまり、武田氏の軍役員数に占める騎馬の比率は、北条氏よりもわずかに低いが、上杉氏を凌駕するという傾向が看取できる。

ところで、武田氏、北条氏ともに、騎馬負担の目安は二十貫文と指摘したが、この推定は、後掲の元亀四年（一五七三）十月一日付の軍法（【4】⑪）に「（定納貫高）二十～三十貫文の者は黒付朱紋金の馬介《うまよろい》、三十貫文以上の者はすべて金の馬介を装備すること」とあることからも確かめられる。これによると、定納貫高二十～三十貫文の者は、黒付朱紋金の馬介（馬鎧）を用意することが義務づけられていた。そして、ここでは二十貫文以下には、馬鎧に関する規定が存在していない。つまりそれ以下の定納貫高の者が騎馬で出陣することを、武田氏が想定していないことを示している。ここから、武田氏の軍役規定において、騎馬を負担するのは、二十貫文以上の定納貫高を保持する者のみであり、この該当者は騎乗で参陣することになっていたと考えられる。ただし、この規定は、元亀四年以後のものであるため、それ以前にはそのまま適用できない可能性もあるが、少なくともそれ以後の軍役定書の内容とは一致している（表1では、勝善寺順西のみが定納貫高二十貫文以下であり、彼は歩兵として参陣する規定であった）。

知行貫高と騎馬武者との相関関係は、武田信玄が永禄八年十一月に、諏方大社の神事再興を指示した判物にも明記されている。信玄は、諏方大社上社の十二月一日神事の用途銭（三貫文）について、従前からその対象と指定されていた神領を、武田氏が家臣山田若狭守・同新右衛門尉・源兵衛の三人に給恩地として与えてしまったため、退転していたことを知り、彼らに三貫文を諏方大社上社に納入するよう義務づけた。彼らは「乗馬にて軍役を勤め来た」武士であったことから、信玄は諏訪大社への年貢納入（彼らにとっては事実上の知行喪失）の代償として、来年からは歩兵として陣参するよう「騎馬免許」を通達している（「諏訪大社文書」『戦武』九六〇号）。

このように、武田氏の軍役において、家臣の負担率は定納貫高と連動しているが、武装内容については、武田氏が必要に応じて変更する場合も少なくなかったらしい（表1№2・3）。

最後に注意する必要があるのは、軍役定書では騎馬武者は、次のような記載がなされていることである。

【1】武田（河窪）信実（信玄異母弟）宛（「陽雲寺文書」『戦武』一六七二号）

一乗馬　三騎
付、甲・手蓋・喉輪・宮具足・脛楯・指物・持鑓、法の如くたるべし

【2】小田切民部少輔（信濃衆）宛（「君山合偏」『戦武』二五八〇号）

一乗馬　自分共　六騎
甲・立物・具足・面頬・手蓋・喉輪・脛楯
指物・四方かしなへにて馬介法の如くたるべし

【3】岡部正綱（駿河衆）宛（「岸和田藩志」『戦武』二八一〇号）

一乗馬　押立物・具足・頬当・手蓋・脛楯・喉輪　指物・しないか四方、馬介法の如くたるべし　九騎

以上の事例が明確に示すように、軍役定書からでは徴兵された騎馬武者の身分については実は殆ど明らかにしえない。わずかに、武田信実麾下の騎馬武者の中に、長刀を把持する「一手役人」が存在したことが確認出来るに過ぎない（【1】の省略部分に「持鑓長刀共ニ五本」という記述がある。武田軍では「一手役人のほか長刀禁制のこと」という規定があるので、信実の家来には「一手役人」＝下級指揮官がいたことは間違いなかろう）。武田信実隊の中で、ただ一人長刀を携えることを許された名前も伝わらぬ人物は、信実の家来の中で、唯一指揮権を与えられた武士であろう。つまり、軍役定書に記載される騎馬武者は、軍役負担者（武田家臣）の家来（被官、悴者など）で、武田氏から見れば陪臣であり、実は決して高い身分の者ではないばかりか、その多くが指揮官クラスでももちろんないことが指摘できる。鈴木眞哉氏が主張する騎乗＝指揮官・士官クラスという説は、まったく成立しえない。この点については、また後ほど再説したい。

軍法にみる武田軍の騎馬武者

武田信玄・勝頼は、全軍の寄親に対し、軍事に関する厳格な方針（軍法）を定め、しばしば通達している。その初見は、永禄十年であり、同十二年にも規定され、さらに勝頼の家督相続直後の元亀四年（天正元年）にも父信玄の方針を踏襲した軍法を出し、天正三年には長篠敗戦後、その戦訓を活かし改定された軍法を発給している。これらの中から、騎馬武者についての規定をすべて抜粋してみよう。

【1】「各々江」宛（永禄十年十月十三日付軍法、「古文書纂」『戦武』一一九八号）

①一馬武者、具足・甲の儀は書き載せるに及ばず、手蓋・頬当・脛当、その外諸道具着けるべきのこと

付、射手ならびに自身鉄炮を放つ人の頬当は、随意たるべきのこと

②一物主ならびに老者・病者のほか、乗馬すべからざるのこと

付、物主の存分により、右の外の人に候共、乗馬にくわわるべきのこと

③一物主の外、一切閉口のこと

付一手五騎・三騎宛、奉行をもって下知すべし

【2】「市川新六郎（信濃衆）」「駒井肥前守（甲斐譜代）」宛（永禄十二年十月十二日付軍法、「本間美術館所蔵文書」他、『戦武』一四六一～六三、四二二三号）

④一烏帽子・笠を除て、惣て乗馬・歩兵共に甲のこと

付、見苦しく候共、早々に支度のこと

⑤一乗馬の衆、貴賤共に甲《かぶと》・喉輪《のどわ》・手蓋《てがい》・面頬当《めんぽうあて》・脛楯《はいだて》・差物《さしもの》専用たるべし、此内一物も除くべからざるの事

付、歩兵も手蓋・喉輪相当に申し付けらるべきのこと

⑥一定納二万疋所務の輩、乗馬の外、引馬弐疋必ず用意のこと

【3】「浦野宮内左衛門尉（西上野衆）」宛ほか（元亀四年十一月一日付軍法、「新編会津風土記」他、『戦武』二二〇二・三号）

⑦一定納百五拾貫所務の人は、乗替一疋支度すべし、況んやその上の者、人体により馬数あるべきのこと

付、百五十貫所務より内の衆は、乗替支度せしめば、忠節たるべきのこと

⑧一定所務二百貫知行衆は、忰者《かせもの》一騎、此外乗替一疋支度すべし、其上は分量にしたがうべきのこと

⑨一乗馬の人、手蓋・脛楯・面頬・甲・指物、先法のごとくたるべきのこと

【4】「駒井肥前守」宛（元亀四年十一月一日付軍法、「駒井治左衛門文書」『戦武』四二五三号）

⑩一馬武者、具足・甲の儀は書き載せるにおよばず、手蓋・頬当・脛楯・脛当、其外諸道具着けるべきのこと

付、射手ならびに自身鉄炮を放つ人の頬当は、随意たるべきのこと

⑪一弐拾貫より三拾貫に至る者、黒付朱紋金の馬介、三拾貫より上は、惣て金の馬介たるべきのこと

⑫一物主ならびに老者・病者の外、乗馬すべからざるのこと

付、物主の存分により、右の外の人に候者、乗馬に加わるべきのこと

⑬一物主の外、一切閉口のこと

付、一手より五騎・三騎宛、奉行をもって下知すべし

⑭一過身の分限、乗馬嗜のこと

【5】「宛名欠」（天正三年十二月十六日付軍法、「秋田藩家蔵文書」他、『戦武』二五五五・五六号）

⑮一近年は、諸手共馬介不足の様に見及び候、堅く穿鑿ありて、分量相当の嗜候様に申付らるべきのこと

⑯一乗馬・歩兵共、一統の指物申付、戦場において剛憶歴然候様に申付らるべきのこと

付、指物・小幡の紋は随心たるべきのこと

武田氏が、全軍を対象に、武装などについての詳細な指示を与えるようになったことが確認できるのは、【1】の永禄十年以後のことである。つまり、それ以前の武田軍の各々の装備はまちまちであったと推察される。信玄はこれを改め、武装の統一化・規格化を推進し始めたのである。最初の永禄十年の軍法において、馬武者は、具足と甲の着用が従前通り義務づけられ、これに加えて新たに手蓋・頬当・脛当などの着用が初めて要請された（【1】①）。このうち、頬当だけは、騎馬武者が鉄炮か弓を扱う者であれば、邪魔になるので強制せず、自由意志に任せるとある。このことは、騎馬武者の得物は実に多様であったことが推定され、このうち、鉄炮と弓については照準を合わせる際に邪魔になることが予想される顔まわりの武装が自由意志とされたわけである。この条文は、その

後の武田氏軍法を貫く基本（「先法」）と位置づけられた（【3】⑨、【4】⑩）。

ところで興味深いのは、この永禄十年の軍法によれば、騎馬武者の中には、鉄炮を自身が射撃することになっていた者がいたことである（【1】①）。この騎馬武者が、どのような形で鉄炮を扱うのかは、この史料からだけでははっきりしない。しかしながら、武田軍の騎馬武者の中に、騎馬鉄炮が実在していた可能性は否定できない。もしそうであるなら、鉄炮後進国というイメージがつきまとう武田氏が、規模の差はあれ、実は大坂の陣における伊達氏の如き騎馬鉄炮を配備するなど、きわめて高度な軍事編制を行っていた可能性を示唆するものといえる。記して後考をまちたい。

ところが、武田軍では騎馬武者でさえ、甲の着用が徹底していなかったらしい。【2】の永禄十二年の軍法で武田氏は、今後は騎馬武者と歩兵ともに、烏帽子や笠の着用を止め、甲を着用するよう厳命した（【2】④）。つまり、甲を用意して出陣する者はこれまで決して多くなく、烏帽子や笠で誤魔化していた者が少なくなかったらしい。武田氏は、こうした出で立ちを見苦しいと嫌悪していた。そこで、「乗馬之衆」には、身分の上下を問わず、甲・喉輪・手蓋・面頬当・脛楯・指物の着用を義務づけ、このうちの一つも省略してはならないと厳命した（【2】⑤）。この部分は、永禄十年の軍法（【1】①）を再確認し、厳命したものなので、なおも指示を守らぬ騎馬武者が後を断たなかったのであろう。実は北条氏も、備の中に交じる甲を着けぬ武士を「裏武者」と呼び、雑人風情で見苦しいとして、馬上・歩兵ともにたとえ皮笠でもいいから着けるよう厳命している（「桐生文書」『戦北』三八一八号)。この事実は、甲を着用していることが、武士と雑兵とを区別する指標として重視されていたことを示唆する。当時の武士が、装備を簡略化していたことについては、ルイス・フロイスも「われわれの間では完全に武装具を着けなければ戦に赴くこととは見えない。日本では武装したというのに、首に首当を着けただけで十分である」と証言しており、日本ではかなり普通だった可能性がある(『日欧文化比較』)。

この他に、永禄十二年の軍法で初めて武田氏は、定納貫高二百貫文の家臣に、乗馬の他に引き馬二疋(【2】⑥)、それ以上の知行貫高の場合は、それ相応の数量(二百貫文=替馬二疋を基準に対応させたものか)の替馬を義務づけている(【3】⑧)。

この条文から、武田軍の騎馬武者(「乗馬之衆」)には「貴賤」(身分の高い者と低い者)が混在しており、それが「乗馬之衆」(騎馬衆)を構成していることを武田氏ははっきりと認識している。そのうえで、身分の上下にかかわらず、装備は同じような完全装備にせよと述べているわけである。このことは、永禄末期まで、武田軍の騎馬武者の装備はまちまちであった可能性があり、騎馬武者でも、身分によって身なりが違っていたことを窺わせる。それは彼らの経済力の格差が背景にあるとみてよかろう。

その後、武田勝頼が家督相続後に制定した【3】の元亀四年の軍法において、定納百五十貫文以上の所領を保持する者は、乗替の馬一疋を支度することが規定された(【3】⑦)。それ以上の所領を持つ者は、それに応じて馬数を準備するよう要請した。なお百五十貫文以下の者に対して、乗替の馬の用意を義務とはしないが、自身で支度をすれば忠節であると述べている。さらに定納二百貫文の者には「倅者一騎」と乗替一疋を支度することとし、それ以上の定納貫高を保持する者には、分限に応じた負担を求めている（【3】⑧）。この元亀四年の軍法は、永禄十二年の軍法と比較して「乗馬之衆」の規定がいっそう詳細となり、百五十貫文と二百貫文を基準に、それぞれ乗替馬の頭数が設定され、さらに二百貫文の者が負担する替馬（引き馬）は、負担すべき頭数二疋に変更はないが、一疋は倅者が騎乗し、空馬は一疋とすることに改定された。そして、「乗馬之衆」は、先法の通り、身分を問わず、手蓋・脛楯・面頬・甲・指物の着用が義務づけられていた。また【3】と同日に発給された【4】では、二十貫文〜三十貫文の定納貫高を保持する者には、黒付朱紋金の馬介（馬鎧）、三十貫文以上の者はすべて金の馬介の準備が求められた（【4】⑪）。

なお、乗り替えの馬とは、あらかじめ鞍が装着されておらず、轡《くつわ》、面懸《おもがい》、手綱《たづな》だけを付け、馬取が管理していた「はだせ馬」（肌背馬、裸馬）だったと思われる。播磨国で毛利軍と対決した際に、織田信忠本陣の危機を知った騎馬武者が、あわててこの肌背馬に乗って駆けつけたという記録があるが（『甫庵信長記』）、これは自分の馬が見あたらなかったため、近くにまとまって繋がれていた替馬に慌てて飛び乗ったものであろう。

筆を戻そう。既述のように、武田氏は定納貫高二十貫文以上の者に馬の負担を求めていることがわかるが、そのうち馬介の色彩を二十～三十貫文の小身の者と、三十貫文以上の者とに区別することで、分限の差異を一目でわかるようにしたのであろう。だが、馬介の支度は重い負担であり、多くの者は、武田氏の厳命があるにもかかわらず、準備できない者が少なくなかったらしい。【5】の天正三年の軍法で武田氏は、近年どこの部隊でも馬介が不足しているようなので、厳しく調査し、今後は「分量相当」に準備するよう厳命している（【5】⑮）。この場合の「分量相当」とは、【4】⑪の元亀四年十一月の馬介規定を指しているのであろう。馬介の準備不足は、戦争での馬の損耗率上昇につながり、武装や軍事力の低下に直結するものとみなされていたと思われる。また天正三年の軍法では、自分の分限を超えてでも、乗馬して出陣することが要請されている。これは知行貫高に対応した負担を家臣に求めていたこれまでの原則を一新して、分限に関係なく、馬を準備するよう指示した武田勝頼の新政策と考えられる（【5】⑭）。これらの規定は、長篠合戦において馬の消耗が激しかったことを窺わせる規定といえよう。

以上をまとめてみると、武田軍の騎馬武者は、「貴賤」（身分）に関わりなく、鎧兜や手蓋、脛楯、指物などを着用した完全武装の出で立ちであった。このことは、騎馬武者だけを一見しただけでは、武田軍では彼らの身分が判然としなかったことがわかる。また、知行貫高百五十貫文以上～二百貫文未満の家臣は乗替馬一疋、それ以下の家臣は随意、二百貫文以上の家臣は悴者一騎と乗替一疋の計二疋の準備が指示された。また馬の消耗を防ぐべく、馬鎧の準備も指示されており、知行貫高二十～三十貫文の家臣は黒付朱紋金の馬鎧、三十貫文以上の家臣すべてには金の馬鎧の準備が義務づけられた。このことは、武田軍の騎馬武者は、馬鎧の色彩で大身と小身を区別していたことを推測させる。

武田軍の騎馬衆

それでは、武田軍の騎馬武者は、貴賤混合とはいえ、知行貫高に対応した軍役によって集められた正規軍だけで編制されていたのであろうか。鈴木眞哉・太向義明両氏は、そのように認識しているようであるが、まったくの事実誤認である。

鈴木・太向両氏ともに完全に見落としているのは、戦国大名の軍隊には、軍役衆や一騎《いっき》合《あい》という騎馬武者が多数存在していたという点である。とりわけ武田・上杉・北条氏の軍隊には、「一騎相」「一騎合」「一揆相」という身分の低い武士が多数おり、彼らは文字通り騎馬にて参陣した人々であった。このことは、現在残されている戦国大名の軍役定書、軍役着到だけで、その軍隊構成全体を類推することがいかに危険かを示している。

では一騎合とは、どのような騎馬武者であったのか。その構成は、騎乗の武士とその従者（鑓《やり》、弓などを持つ歩兵）の組み合わせ二人であり、それが語源である（則竹雄一・二〇〇七年）。彼らの一例として武田氏の家臣では孕石主水佑《はらみいしもんどのすけ》（駿河衆）、城所道壽（三河衆）などが『軍鑑』に記録されているが、北条氏の事例などをみると、北条氏邦麾下の秩父衆では、合計一三九人（現存部分による。文書が一部欠損している）のうち、一騎合衆は六騎であり、また伊豆清水新七郎の麾下には、一〇六騎もの一騎合衆が存在していた（「清水一岳氏所蔵文書」『戦北』一二三三号）。これらを参考にすれば、実際には数多くの一騎合衆が存在していたとみて間違いあるまい。こうした一騎合衆のうち、武田軍では孕石主水佑（駿河衆）などに代表される、とりわけ武勇にすぐれた武辺巧者は、「采配御免衆」（下級指揮官）と認定された（『軍鑑』）。これは「采配御免」とあることから、武田氏より直接任命されたと思われ、実際に前掲の武田氏の軍法にその規定がみられ（【1】③、【4】⑬）、一手（部隊）の中では、物主（寄親＝部隊指揮官）以外は、騎乗し、さらに声を発してはならないのが原則であった。ただし武田氏が奉行を通じて、特に任命した三〜五騎の騎馬武者は例外とされ、物主とともに一手の兵卒の下級指揮権が委ねられていたのである。彼らこそが「采配御免衆」の一騎合衆であろう。

だがその他の多くの一騎合衆は、従者を連れてはいたが知行貫高も低く、軍事指揮権も持たぬ、一介の騎馬武者に過ぎなかった。しかし知行は少なくとも、一騎合衆が有姓の武士身分であることに変わりはなく、従者を連れていることがその証でもあった。『信長記』首巻の一節に、次のような記述がある。

人をもめしつれ候はで、一僕《いちぼく》のもの、ごとく馬一騎にて懸けまはり候事、沙汰の限り比興なる仕立なり

これは戦場を疾駆する騎馬武者の様子を論評したものであるが、ここでは従者を連れずに一騎で動き回る者は、「一僕者」（しもべを一人だけ召し抱えている小身の侍のこと）のような振る舞いで見苦しいと酷評されている。武士身分は、日常的に従者を連れて歩くことが当然であり、それをしない者は

嘲笑の的となった。これは『軍鑑』に、かの山本勘助が今川家臣に馬鹿にされ、差別されていた理由の一つに「勘介は牢人ものにて、ざうりとり《（草履取）》をさへ壱人つれねば、そしる人こそおほけれ共、よく申たつる人もなし」と記していることに通じる（『軍鑑』巻三）。戦国から近世初期には、従者を連れぬ者は武士に悖るという考え方が明らかに存在したのであろう。このように、一騎合衆とは、「一僕の人」「一僕の身」「一僕者」と同義語であった。

　武田氏の軍法のうち、【2】⑤は、騎馬を負担する多くの家臣を対象にしたものだが、同時に一騎合衆をも含めた騎乗の武士身分を想定した規定であろう。この条文は、貴賤を問わず「乗馬之衆」の武装を統一化し、その装備の遵守を指示したものであるが、付帯事項では歩兵にも手蓋と喉輪を装備させるように命じている。一見して「乗馬之衆」との関係が不明確に見えるが、これは彼らに付属する従者（歩兵）の規定と考えれば合点がいく。

　この他に、物主たちは武田氏の御家人衆、軍役衆を預けられ、自らの指揮下に置いた。彼らは、郷村に居住する土豪・地下人《じげにん》層で、身分的には百姓であり、居住村の地頭への年貢・公事負担義務は負うが、武田氏より賦課される諸役や、検地増分（踏出分）を免除され、知行として与えられることで参陣する義務を負った者たちである。彼らは、武田氏の直参《じきさん》衆として直接の主従関係をもつものではあったが、多くは武田氏重臣（寄親）の同心として預けられていた（黒田基樹・二〇〇八年）。これは寄親にとっては、直接の主従関係を持つ者ではないから「当座の同心」と呼ばれていた（平山前掲論文・二〇〇八年)。この軍役衆の装備は雑多で、鑓・弓などであった(「上野文書」『戦武』一六八七号)。現在のところ、武田氏の発給文書では確認出来ないが、騎馬で参陣した軍役衆も当然いたと思われ、『軍鑑』には、武田信玄が甲斐の村々(「甲州在郷」)から「新衆」(新規に参陣した軍役衆)を募集し、その中から馬乗二十騎を選抜したとの記述がある(『軍鑑』巻九)。ここに登場する「新衆」については、甲斐国岩手郷の棟別日記に「新衆宮内右衛門」という実例があるので(「上野文書」『戦武』一六八七号)、馬上の軍役衆は存在したと考えてよかろう。北条氏では、秩父衆のうち折原衆のなかに、有姓ながら従者を連れずに鑓などを装備して参陣する「一騎」「壱騎之衆」が確認される(「彦久保文書」『戦北』二三一六号)。彼らは折原郷(埼玉県大里郡寄居町折原)の土豪とみられ、武田領国の軍役衆に相当するであろう。

この他に、戦国大名の軍隊には、「無足」=知行地を与えられていない者も自由意志で参加している事例が多くみられ、そうした者でも戦功さえ上げれば、恩賞を与えられ、知行地や給分の給与を受けられる可能性があった。実際に無足で戦功を上げて褒賞されている事例も少なくない。この中に、騎馬で参戦した者も当然いたことであろう。

また、寄親が自分の知行地の一部を宛行って参陣を命じ、同心衆に編制する「恩顧の同心」も存在している(平山前掲論文・二〇〇八年)。彼らの武装内容については武田氏の史料からは明らかでないが、騎馬で参陣した者もいたと推察される。

先に『信長記』首巻の記述を紹介したが、そこでは従者を連れぬ一騎駆けは「一僕者」として嘲笑されていた。しかしながら、逆にいえば、「一僕者」（一騎合衆）以外ならば、従者を連れぬ一騎駆けも当然視されていたわけであり、騎馬武者には武士身分ではない者も多く含まれていたと考えられる。

そこで注意したいのは、『軍鑑』などにしばしば登場する「馬足軽」「馬上足軽」である（巻九・十二・十三など）。それによれば、「馬足軽」とは、通常の騎馬武者ではなく、明らかに格下と認識されている。彼らの実態はなお検討しなければならないが、可能性として、まず家臣たちが軍役定書によって引き連れた家来たちのうち、騎乗の「被官《ひかん》」、「悴者《かせもの》」を「馬足軽」と呼んだことが想定される。先の武田氏の軍法に「悴者一騎」という記述があったことを想起すれば、武田氏や家臣の家中に属する悴者のうち、騎乗して参戦した者を「馬足軽」と呼んだ可能性は高い。この他に、傭兵のうち騎馬武者として参加した者も「馬足軽」の範疇に含まれた可能性もあろう（西股総生・二〇一二年）。『軍鑑』には、諸手の足軽衆の中から、過去五年間の合戦で実績を挙げ、感状などを受けたことのある者を選抜し、戦功の上中下を評価して、これに応じた知行を与え、馬に騎乗させて三百騎を編制したと記されており（巻九）、馬足軽の性格と編制について示唆を与えるものといえる。

いずれにせよ、武田軍では、騎馬武者は侍身分や一騎合衆のような小身の侍などのみで構成されていたわけでなく、被官、悴者、傭兵、軍役衆など、実に多様な身分の人々によって構成されていたと推察される。

このように考えると、鈴木・太向両氏が力説する、武田軍をはじめ戦国大名の軍隊で、騎馬は指揮官クラスだけであり、しかもそれが軍隊の中で少数派であるとの主張は、明確な事実誤認であることは瞭然であろう。

最後に、鈴木氏が、武田氏の騎馬は身分の象徴とし、自説の根拠として提示している史料について触れよう。それは前掲【1】②と【4】⑫である。この史料をもとに、鈴木氏は、武田軍では馬に乗ることを許されたのは、物主（指揮官）と老人、病人だけであったと主張されている。だがこれが鈴木氏の誤読もしくは意図的な史料操作であることは明確であろう。なぜなら鈴木氏は、付帯事項を故意に見逃しているからである。それには、「物主存分」＝指揮官が必要に応じて騎乗を命じた場合についてはこの限りではないと規定されている。このことは、武田軍には物主指揮下の騎馬武者が多数存在しており、通常は下馬して物主の命令を待っていたことをはっきり示すものである。しかも下馬していたのは、何も身分の問題や下馬戦闘の常態化が理由ではなく、戦闘の決定的局面で参戦命令が下るまで待機していたからに他ならない。恐らく騎馬武者は鎧兜で完全武装しているため、乗り続けていると馬がそれだけで疲れてしまい、いざという時に動かなくなるリスクを回避するため、それまでは休ませる必要があったからであろう。ここでも、鈴木説の根拠は崩れたといえる。

近年まで戦国大名研究において、軍隊の研究は最も遅れていた分野であった。このことが、騎馬衆の実在をめぐる混迷を引き起こしていたといってよい。だが、近年、こうした閉塞状況は打破されつつあり、山田邦明・黒田基樹・則竹雄一・荒垣恒明・西股総生の各氏らや筆者によって戦国大名軍隊の構造は少しずつ解明が進んでいる。

東国戦国大名の軍隊編制と騎馬衆

これらによって明確にされたことは、①武田・北条・今川・上杉各氏の東国戦国大名軍隊が、家臣の知行貫高に対応して定量的軍役の整備を始めるのは、家臣の知行貫高を大名が掌握する「分限帳」「所領役帳」と連動していること、②それは、天文末から永禄初期にかけてであり、③その後、永禄末から元亀初期に各大名ともに大規模な軍役整備を実施し、④軍法も数度の改定を重ねながら発展したこと、などである。

また武田・北条・上杉各氏の軍隊は、①乗馬（馬上・馬武者・馬乗）と歩兵（鑓歩兵）を基本構成とし、②これに弓・鉄炮を使用する歩兵が加わり、③そのうち鉄炮は時期を下るに連れて増加する傾向にある、という点でほぼ共通していることが明らかにされた。

さらに特筆されるべき成果は、知行貫高に基づいて家臣が負担、引率することを義務づけられた将兵は、戦国大名当主の待つ場所に集合すると、その員数や装備が軍役定書・着到状通りであるかの点検がなされる。それが終了すると、家臣（主人）の率いてきた兵卒（小者・手明・旗持ちなどを含む）は、一部が家臣（主人）の供廻りを編制し、残る多くは主人から引き離され武器ごとに編制された、ということが明らかにされたことである。これはもちろん、一騎合衆をはじめ、軍役定書・着到状を大名から直接発給されて指示されることのない軍役衆や馬足軽なども含めてである。このことは、黒田基樹氏が指摘し、その後の研究もこの学説を確認している（その可能性を藤本正行氏はすでに一九八八年に指摘していたが、研究は深められないままであった）。

この事実をとりわけ明確に示す事例として、北条氏の岩付衆の史料は重要である。岩付太田氏は、北条氏康の息子源五郎が相続した武蔵国衆で、後に御一門衆の待遇を与えられている。この岩付衆は、天正五年七月に北条氏政より軍役に関する詳細な指示を受けた（「豊島宮城文書」『戦北』一九二三号）。その指示は、岩付衆の備について、武装ごとに区分されたうえで行われていた。

史料によると、岩付衆は総人数千五百八十人余を数え、その内訳は、①小旗百二十余本（奉行三人）、②鑓六百余本（奉行五人）、③鉄炮五十余挺（奉行二人）、④弓四十余張（奉行二人）、⑤歩者二百五十余人（奉行三人）、⑥馬上五百余騎（奉行六人）、⑦歩走二十人（奉行一人）という構成になっていた。この他に、陣庭奉行四人、篝奉行六人（一夜三人ずつ）、小荷駄奉行六人（二番編制）、尺木結の指揮監督五人が定められていたが、その多くは一人の有力家臣が複数の奉行を兼任している。

以上のことから、岩付衆は、武器ごとの兵種別編制が採用され、それぞれの兵種には指揮官（奉行）が複数任命されていたことがはっきりする。騎馬衆は、渋江・太田・春日・宮城・小田・細谷六氏の「馬上奉行」によって五百余騎が統括されており、その兵力は岩付衆では、鑓六百余人に次ぐ規模であり、全体の約三二％を占めている。実は、岩付衆の馬上奉行のうち、宮城四郎兵衛尉泰業については、遡ること五年前の元亀三年一月九日付で、北条氏より軍役着到状が発給されており、知行貫高二百八十四貫四百文に対して、大小旗持三本、指物持一本、弓（歩侍）一張、鉄炮（歩侍）二挺、鑓（二間半）十七本、馬上八騎（宮城泰業自身を含む）、歩者四人、合計三十六人の軍役賦課が定められていた（「豊島宮城文書」『戦北』一五七〇号）。天正五年七月の岩付衆への軍役指示の時も、恐らくさほどの変更はなかったと思われるが、ここでは宮城泰業率いる家来たちは、馬上を除いて彼の側にはいないのである。宮城泰業は、自身と家来の騎馬武者八騎とともに、馬上（騎馬衆）を構成し、泰業自身は同輩の渋江ら五人とともに、その指揮に当たったのである。これこそ、「全軍に占める騎乗者の比率はともかく、騎馬の兵士だけで編制された部隊」（鈴木氏）である「騎馬隊」の実在を明確に証明するものといえよう。この岩付衆は、武田氏でいえば、穴山・小山田・武田信豊・武田信綱・武田信実ら御一門衆に相当するものである。

では武田氏の場合はどうであろうか。近年、武田信玄の旗本衆の様子を記した「武田信玄旗本陣立図」が発見され、黒田基樹氏によって紹介された（黒田・二〇〇四年）。この文書は、現在山梨県立博物館に所蔵されている（「狩野文書」『戦武』三九七二号）。

これによれば、武田信玄の旗本は、①先頭に鉄炮衆を配備（これを城景茂・本郷八郎左衛門尉・玉虫定茂ら十人が統括）、②徒弓衆、③「馬之衆」（騎馬衆）、④代々の旗、⑤長柄衆、⑥鉄炮衆、⑦持鑓衆、

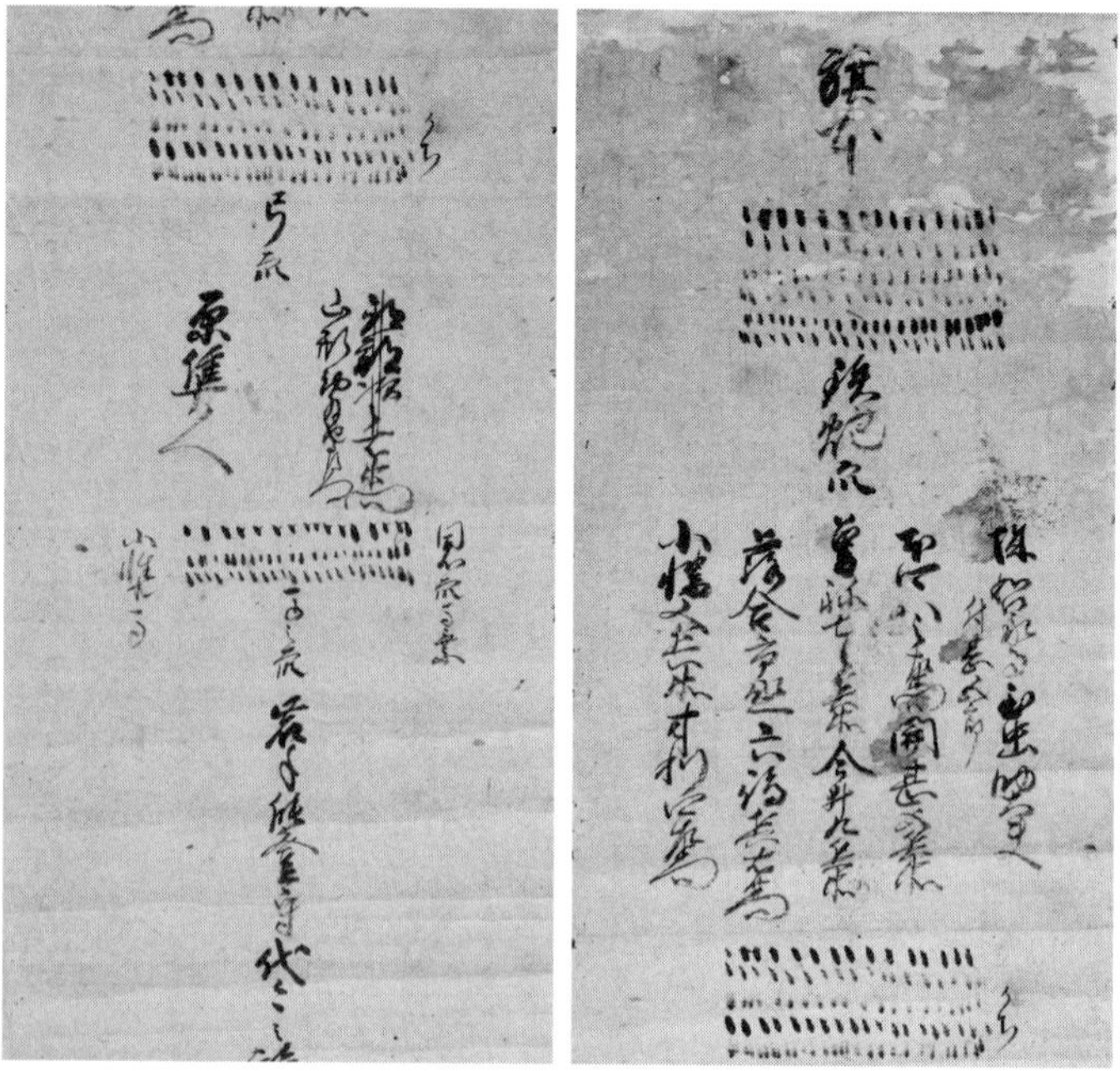

23――武田信玄旗本陣立図（部分）

⑧馬鎧・指物・甲、⑨御伽衆、医者、薬師、押太鼓など、⑩毛鑓、⑪廿人衆、⑫武田信玄本陣、⑬騎馬衆（親類衆、小姓衆など）、などによって構成されていた。この陣立図により、武田軍も武器ごとの編制（兵種別編制）が行われていたことが明らかとなる。そして、騎馬だけで編制される「馬之衆」「同心衆馬乗」「小姓共馬」（騎馬衆）の実在が確定できるだろう（写真23）。

この「武田信玄旗本陣立図」については、記載されている人物のうち、本郷八郎左衛門尉が登場していることから（彼は駿河侵攻の際に、駿河国興津で戦死したと『軍鑑』にみえる。ただしその時期は明記されていない）、永禄十〜十二年のものと推定される。この発見により、武田軍の備（一手衆）も、武器ごとに内部編制がなされていたことは確実と考えられるようになった。つまり、北条・武田両氏の事例をみてもわかるように、家臣に命じた軍役員数だけでなく、一騎合衆、軍役衆を始めとする同心・寄子衆にも騎馬武者は相当数存在しており、これらを集めてさらに馬足軽も加えて編制したことにより、かなりの密度を誇る騎馬衆（「騎馬隊」）が成立したことは否定出来ない（岩付衆では五百余騎の規模にのぼった）。

このように戦国大名の軍隊に、弓衆、鉄炮衆、長柄衆と並んで、乗馬衆（騎馬衆）が実在したことはもはや動かし難い事実といえるだろう。

長篠合戦の武田軍騎馬衆

それでは、武田軍にいたはずの騎馬衆は、長篠合戦には存在しなかったのであろうか。また、鈴木眞哉氏が主張する下馬戦術が原則という説は首肯しえるか。そこで『信長記』の記述をもう一度確認してみよう。

まず、長篠合戦で武田軍に騎馬衆が存在していたことは、織田信長がそれを警戒し、「馬防」の柵を構築させたことで簡単に証明できる。鈴木氏は様々な理由をあげているが、そもそも長篠合戦で最も重視すべき史料は『信長記』であると本人も繰り返し主張しているのだから、自らもその原則を堅持して立論すべきである。繰り返しになるが、信長が柵を構築させたのは、単に武田の軍勢を警戒してというだけでなく、騎馬衆にとりわけ注意を払っていたからに他ならない。だから単なる「柵」ではなく「馬防の為柵」なのだ。『信長記』などを読むと、信長は、西国の戦国大名や本願寺などとの対決では遭遇することがなかった、多数の騎馬衆を擁する東国戦国大名との戦闘を警戒したとみられる。つまり、東国の戦国合戦では、軍隊構成がそうであったように、騎馬と歩兵が主軸であり、多数の騎馬衆を投入した戦闘が実施されていたと推定される。ところが畿内や西国を主戦場としていた信長の経験した合戦では、鉄炮などの大量使用が目立ち、多数の騎馬衆を揃えた軍勢との戦闘はなじみがなかったのではなかろうか。

さて、鈴木氏は、武田軍は関東衆（西上野の小幡一党）だけが「馬上の巧者」であって、武田軍全般をいっているわけではないと述べている。ところが、『信長記』に記録される長篠合戦の模様をよく読むと、武田軍は一番山県昌景、二番武田逍遙軒信綱、三番西上野小幡信真一党、四番武田信豊、五番馬場信春と攻撃を仕掛けてきたとある。このうち、山県、武田信綱に続く小幡信真一党について、同書は「三番に西上野小幡一党、朱武者にて入替り懸り来る、関東衆馬上の巧者にて、是又馬入るべき行《てだて》にて、推太鼓《おしだいこ》を打つて懸り来る」と記録している。注目すべきは、小幡らも「是又」馬で攻めてきたとある部分である。このことは、山県、逍遙軒なども同様に騎馬で攻め寄せたことを明示するものといえる。「行」とは、作戦や企図などを意味し、馬で突入する作戦で攻め寄せたことがはっきりとわかる。この事実は、すでに桐野作人氏が指摘しているが、その通りであろう（桐野・二〇一〇年）。

武田軍が、長篠合戦で騎馬衆を投入する作戦を実際に展開していたことは動かないであろう。ただ戦闘の描写があまりにも簡略すぎて、如何なる経緯をたどったうえで騎馬衆の戦場投入がなされたのか、その詳細は『信長記』では明らかにしえない。馬防柵と鉄炮衆が配備されている敵陣に向かって、最初から遮二無二突入したというのは、当時の合戦の作法からしてなかったわけではないが、あまり想定できない（後述）。しかしながら、武田軍の騎馬攻撃が結局は、織田・徳川軍鉄砲衆に阻まれ、うまくいかなかったということだけは首肯されよう。

「騎馬隊」問題の核心と課題

さて騎馬衆の実在は証明されたが、最後に問題となるのは、前節とも関わるように、戦国期の合戦でどのように運用されていたかであろう。この課題については、戦国の合戦で騎馬武者は下馬し歩兵として参戦するのが常態であったことを、ポルトガル人宣教師ルイス・フロイスの証言や『軍鑑』の記述をもとにした、鈴木眞哉氏の主張に対して、良質な史料をもとに反論することは一見困難に思える。

ただルイス・フロイスの証言として重要視される「われらにおいては、馬（上）で戦う。日本人は戦わねばならぬときには馬からおりる」（『日欧文化比較』）であるが、彼が見聞した日本とは、主に九州、中国、畿内の西日本であり、馬が多数飼育され、活用されていた東国、奥羽の状況ではないことに注意する必要がある。馬産と馬使用については、牧などの存在や、『看羊録』の記述から、圧倒的に東高西低であったとみられ、また『雑兵物語』に、西国の武士は下馬戦闘が長らくの伝統となり、東国侍のような騎馬を用いた合戦はほとんど出来ず、馬に乗っている敵に攻められたら防ぎようがなかったと記録されていることは、極めて重要である。フロイスの証言が普遍的なものなのかどうかは、今後慎重な検証が必要である。

だが、鈴木氏と同じく「騎馬隊」の存在に懐疑的な藤本正行氏も、長篠合戦の騎馬攻撃について「地形や織田軍の陣地の状況からみて、一部にはこういうこと（下馬戦闘：引用者註）もあったかも知れないが、武田軍全体がこのようにしたと考えるのは早計であろう。とくに戦線の南側の平坦な場所で、徒歩で柵から押し出して来た徳川軍を攻撃するのに、馬を下りる必要は全くない」と指摘しており（藤本①・一九九三年）、桐野作人氏も賛同している（桐野・二〇一〇年）。

これに対し鈴木眞哉氏は、『軍鑑』を使用し、武田軍の騎馬武者はすべて下馬して戦うのが常態であったと力説している。ところが、『軍鑑』には、武田軍の騎馬武者の戦い振りについて、下馬戦闘でない部分がたくさん記されているにもかかわらず、これを故意に無視しておられるようである（この点は太向義明氏も同様で、特に氏は『軍鑑』の研究と再評価に積極的であるにもかかわらず、騎馬武者に関する記述にはほとんど触れていないのは不審である）。確かに『軍鑑』によると、長篠合戦では地形的に不利で、とてもではないが騎馬武者が縦横に疾駆《しっく》して戦うような状況にはなかったと、ところどころで記述している。

では、長篠合戦以外のところで、武田軍の騎馬武者や騎馬衆の運用について、『軍鑑』はどのように記録しているであろうか。確かに『軍鑑』も、馬上の武士は、歩兵と対峙すると不利であることを指摘している。今井伊勢守は、上杉軍が撤退するのをみて「馬にて乗ころばそう」と思ったところ、越後兵は鑓を持ち直し、今井を突き落とそうと反撃の構えを見せた。その時今井は「おりたつ侍はかち《歩行》にてはたらきじゆふ《働自由》なり、馬上ハふじゆふ《不自由》なり、馬を乗てにぐれ《逃》ばひきやう《卑怯》なり」と思い迷い、偽って味方の振りをして相手を油断させ、今井の「かせもの」（「悴者」、「内衆」ともいう）たちが集まってくるまで時間を稼ぎ、彼らに命じて敵兵を討たせたという（『軍鑑』巻十五）。このことは、確かに騎馬武者は歩兵と戦うには、付き従う歩兵の「悴者」との連携が不可欠であったことを示している。だが、馬で敵兵を突き転ばすという運用方法も常態であったことも知られる。

また関東の武士は、「馬しやう《上》のたゝかひよくして、馬を入のりきり、足軽上手」だと指摘しており、東国の平原を戦場とした人々は、騎馬武者が馬を疾駆して敵陣に乗り込み、続く足軽に働きどころをつくることにかけては、実に巧みだったという（『軍鑑』巻十六）。

騎馬武者が、家来（悴者、内衆）や指揮下に置く足軽衆との共同で戦ったことについては、『軍鑑』の随所に記述がみられる。小幡豊後守昌盛（甲斐衆、信濃海津城に在番、小幡景憲の父）は、鉄炮衆三人を連れて敵陣に近づき、備えの甘いところに向けて三回一斉射撃をさせ、敵がひるんだところを、自身が騎乗のまま刀を抜いて敵中へ乗り込み、弓衆二、三人を乗り転ばせた。その間に、鉄砲足軽が援護射撃を行い、大いに敵を破ったという。小幡を援護すべく続いて馬上で突入した只野治部右衛門は、馬の首を敵兵に突かれたため、これを乗り捨て、歩兵として戦い、その敵兵を討ち取ったという（『軍鑑』巻二十）。ここでも、騎馬と歩兵の戦いは、歩兵有利ではあったが、敵兵が混乱しているさなかの合戦では、さらに敵の連携を分断し混乱を助長する作戦として、騎馬武者の乗り込みは有効だったようだ。

また騎馬武者の一団が、敵と渡り合う時には、一人が馬を操って敵を誘い込んだり、追い詰めたりする駆け引きを行い、他の騎馬武者は下馬してこれに協力し、敵兵を討ち取る動きをするという戦法もあったらしい。この時は、騎乗している武士は、敵を討つ戦闘には参加しないのが原則だったという。これは武田軍と徳川軍が、三河国吉田城下で競り合った戦いで、山県衆広瀬郷左衛門尉が、酒井忠次を追い回したり、逆に敵兵に追われたりするなどの駆け引きを展開し、これを見た小菅五郎兵衛ら八人が下馬して参戦し、徳川方を大いに破った戦闘でみられた戦法である（『軍鑑』巻十二）。

小幡昌盛の父山城守虎盛は、下馬した後に味方の足軽を率いて敵と三度にわたって戦い、四度目に自身は馬に乗って突入（「乗入」）したという（『軍鑑』巻九）。原美濃守虎胤も同様で、鑓を携え、歩行で同心や足軽とともに、味方の動きに配慮しながら敵陣に攻め懸かり、散々敵を混乱させ、頃合いを見計らって騎乗し、敵の騎馬武者を切り落としたりする活躍をみせたという（『軍鑑』巻九）。

最後に、武田信玄は、敵と四度に及ぶ合戦を行い、敵陣の崩れが目立つようになったのを看取すると、「信玄公御旗本衆の惣馬にて入くずし」を命じたといい、これを見た前線の武将たちも負けじと「馬を以多勢の中へ乗入レ」たという（『軍鑑』巻十六）。

以上の『軍鑑』の事例から読み取れることは、①武田軍は騎馬衆は原則として指揮官以外は下馬し、歩兵として戦うか、命令あるまで待機するのが常態であり、②騎馬武者は敵歩兵と単独で戦うことは、行動の自由が制約されていたため不利と認識されていた、③騎馬武者の戦闘は、自分の家来（悴者、内衆）や同心と共同で行うことが原則であり、④しかも戦闘の最初の段階から騎乗突入（「乗入」「乗崩」）を行うことはなく、⑤まずは指揮官自身も戦闘が本格化すると下馬して指揮をとりつつ、武器を持って家来、同心らとともに敵陣に攻め込むことが原則であった、⑥その目的は、敵陣の連携を崩し、敵兵の動揺を誘うことにあり、これが確認できたところで、騎馬武者は馬を引き寄せて騎乗し、乗り込みをかける、⑦また騎馬武者同士も、一人が敵を誘い出したり、追い込んだりする役目を引き受け、他は下馬してこれに協力し、敵兵の乱れを誘い、一気にこれを討つ戦法が採用されていた、この時、騎乗した武士は参戦しないのが作法であった、⑧また騎馬武者は、敵の馬上と組み討ちしたり、打ち落とすという馬上打物戦を行っていた、⑨そして武田信玄は、戦場の様子を観察しながら、敵陣に動揺がみられ、連携が乱れてきた段階で、旗本の騎馬衆全員に乗り込みを指示した、これをみた前線の騎馬武者も呼応して参戦することになっていた、などにまとめることが出来るだろう。

つまり、武田軍の騎馬衆の突入は、敵の備えが万全で乱れがない時には実施されることはなく、合戦のとば口からいきなり乗込をかけるような運用法は存在しなかった。また、武田軍の騎馬衆が下馬戦闘だけを常態にしていたわけではないことは、如上の事例検討からだけでも理解出来よう。

『軍鑑』と同様の事例は、『雑兵物語』からも読みとることが可能である。まず、馬上の武者は歩行の槍と個々で戦うのは不利であり、逆に槍は相手の馬の胴腹を突いて馬を跳ね上がらせ、武者が落馬した隙にこれを突き殺すのが常道であった（「槍担小頭長柄源左衛門」）。また戦闘が佳境に入ると、馬上の主人が敵に向かって乗り込みを行うことになるが、その時まで馬取は口を取り、主人が馬を馳せて乗り去ると口を放し、自身は両手が空いたので腰刀を抜いて敵と渡り合った（「馬取藤六」）。そればかりか、今こそ勝負の分かれ目となった時、東国侍のうち馬上巧者の選りすぐり三十人ほどが一組となり（「騎馬をひつ勝て卅騎」）、刀、槍、鉄炮など自分の得意とする武器を携え、敵陣から見て右側から攻め込む（「三十騎が一度に敵の右から馬を乗込んだ」「馬をおつ込む」）のが常態であった。敵の右側から突入する理由は、鉄炮、弓、鑓などほとんどの武器は、左側からの攻撃にはすばやく対抗出来るが、右からの攻撃に対処するには、体勢を入れ替え構え直さねばならず、動作が遅れがちになるからである。この結果、敵は大混乱に陥り、加えて騎馬衆の後から鉄炮衆などが支援したり、敵と正対していた鑓が突き込みをしたりすることで、敵を追い崩すことが出来るのだという（「並中間新六」）。

この事例は、戦国大名の軍隊では、参陣が終了するとただちに武器ごとに内部編制がなされていただけでなく、合戦のさなかに、軍勢の中から特に選抜された騎馬武者による騎馬衆が臨時編制され、攻撃が実施されていたことを窺わせる。同様の事例は、上野国里見郷出身の武士里見内蔵丞《くらのじょう》吉政が、寛永五年（一六二八）に息子里見金平・源四郎に宛てて書き残した「里見吉政戦功覚書」にも、天正四年、結城晴朝・太田三楽斎・梶原政景らと北条方が合戦に及んだ時、北条軍では「人馬をゑらび拾三騎乗込申候」と記されている(「館山市立博物館所蔵文書」館山市立博物館・二〇〇〇年)。

いっぽうで下馬戦闘という場合も確かに存在し、主人が下馬して合戦に身を投じた時には、馬取の足軽は馬の口を取りながら、主人の行方や動きを逐一把握し、見失わないよう注意せねばならず、頃合いを見計らって、主人のもとへ馬を牽いていって乗せるよう心がけねばならなかったという。その機微がいかにも難しく、主人を戦場で見失わないようにするのが精一杯だったとされる(「馬取彦八」『雑兵物語』)。

つまり、馬で敵の備を攻撃する時は、状況に応じて乗り込みか、下馬戦闘かが選択されたことをよく示すものである。このように、敵の状況に応じてではあるが、味方が有利と判断された場合に、敵を混乱に陥れることを目的とした馬上衆の突入は、常態であったとみたほうが自然であろう。

以上、戦国の合戦では、騎馬は戦闘の展開が有利になった状況下で、それをよりいっそう確実なものにするために、集団で戦場に投入された場合が確かにあったとみられる。それは、馬上打物戦や下馬打物戦の混合という形態であったのだろう。

このように騎馬衆の集団運用法は、いくつかのパターンがあったのであり、戦局によって変動した。すなわち下馬戦闘が不動の原則で、後は敵の追撃、味方の退却時に騎乗しただけという説は実態にそぐわない。しかしながら、戦国合戦における騎馬衆の運用法については、今後も慎重な検証が必要であろう。

戦国合戦での突撃は愚策か

では最後に、敵陣への突撃は愚策であったかという点を検討しよう。柵を構え、鉄炮を多数装備していた織田・徳川軍に、攻撃を仕掛けた武田勝頼は愚将であったという論点を点検してみたい。『軍鑑』によると、武田軍では、敵の激しい攻撃をかいくぐり、矢弾の飛び交う「場中《ばなか》」で勝負をかけ、さらに敵陣に切り込み戦功を上げることこそ、一番鑓に次ぐ名誉だったと記録されている。では、これは武田軍だけの考え方であったのか。鉄炮や弓の攻撃を恐れ、躊躇することは果たしてなかったのだろうか。またそれに向かって、攻撃を仕掛けるよう命じる大将の指揮を疑問に思わなかったのだろうか。

まず、外国人宣教師の証言をみてみよう。ルイス・フロイスは、『日本史』西九州篇第五三章（第二部五二章「野戦が行われ、隆信が戦死し、その軍勢が壊滅した次第」）において、天正十二年の龍造寺隆信と島津家久との会戦（いわゆる沖田畷《なわて》合戦）の模様を「敵はふたたび我ら（の味方）の柵塁を攻撃してきた。薩摩勢はこれに応戦したものの、すでにいくぶん疲労しており、彼我の戦備は極度にちぐはぐであった。すなわち隆信勢は多数の鉄砲を有していたが弓の数は少なく、長槍と短い太刀を持っていたのに反し、薩摩勢は鉄砲の数が少なかったが多くの弓を持ち、短い槍と非常に長い太刀を備えていた。（中略）そして戦闘が開始された。それは熾烈《しれつ》をきわめ、両軍とも槍を構える暇もなく、手当り次第に（刀で）相手の槍を切り払った。薩摩勢は、敵の槍《やり》など眼中にないかのように、その（真只）中に身を投じ、鉄砲も弾を込める間がないので射つのをやめてしまった」と伝えている。周知のように、この合戦で龍造寺軍は大軍であるにもかかわらず、寡兵の島津軍に惨敗し、隆信が戦死するという事態に至っている。

またこの合戦の前哨戦で、龍造寺軍の強力な鉄炮衆の銃撃に直面していた有馬晴信軍は、大将の晴信とその弟が、鉄炮隊の真っ直中に切り込もうとしたため、家臣たちが慌てて抱きつき、これを制止している（フロイス『日本史』西九州篇第五三章）。

次に同じく『日本史』豊後篇第七〇章（第二部八七章「豊後の最後の破壊、および本年当初の出来事について」）をみよう。これは天正十四年十二月、豊臣秀吉の九州出兵に伴い、大友宗麟、仙石秀久、長宗我部元親・信親父子が、島津軍と激突した豊後戸次川《へつぎがわ》合戦の模様を「（豊後勢が）渡（河）し終えると、それまで巧みに隠れていた（薩摩の）兵士たちは一挙に躍り出て、驚くべき迅速さと威力をもって猛攻してきたので、土佐の鉄砲隊は味方から全面的に期待をかけられていながら鉄砲を発射する時間も場所もないほどであった。というのは、薩摩軍は太刀をふりかざし弓をもって、猛烈な勢いで来襲し、鉄砲など目にもくれなかったからである」と記録している。

九州で行われた二つの合戦の記録によれば、多数の鉄炮を眼前にしながらも、島津軍の武士たちはそれに目もくれず、命を惜しまずに敵陣に身を投じていることがわかる。しかも、あまりにも早く島津軍に接近されたため、敵方の鉄炮衆は弾込めの余裕がなくなり、鉄炮は完全に無力化されている。それればかりか、鉄炮だけでなく、鑓も有効に機能せず、刀で次々に切り払われ、陣中への突入を許し、大混乱に陥っている。いっぽう島津軍が敵陣に接近する際の援護射撃は、鉄炮が少なく、おもに弓であったという。このような状況下で、多数の鉄炮が待ち受ける中、火器で劣勢を承知で突撃が行われている。

織田信長も、同様の作戦を採用した事実がある。『信長記』巻九には、天正四年五月七日、信長と石山本願寺軍とが激突した際、多数の鉄炮を擁する敵に織田軍は苦戦した。だが信長は先手の足軽衆を励ましながら馬で駆けまわって指揮を執り、自身も足に鉄炮疵を受けた。本願寺軍は、数千挺の鉄炮で打ち立てたが、織田軍はこれを凌ぎ、ついに本願寺軍を切り崩したという。これは兵力と火器で劣る織田軍が、鉄炮数千挺の攻撃を受けながらも、これには目もくれず、必死の突撃を敢行して切り崩したわけで、信長は打物戦に持ち込んで勝利を収めたことがわかる。

いっぽうで、織田軍が長篠合戦で武田勝頼と戦うために採用したのと同じ作戦を敵に取られ、敗退した意外な記録がある。『信長記』巻一〇には、天正五年二月二十二日、雑賀《さいか》攻めに踏み切った織田軍のうち、堀秀政の軍勢が、小雑賀川を前に当て、川岸に柵を敷設し、鉄炮で待ち構える雑賀衆に対し、馬で渡河攻撃を仕掛けた。だが岸が高く馬が上がれずにもたもたしているところを、鉄炮で狙い撃たれ、多くの武者が戦死し敗退したという。雑賀衆の戦法は、川を前に当てて柵を構築し、鉄炮で待ち受けるというもので、長篠合戦の織田軍とまったく同じであることが確認出来よう。にもかかわらず、織田軍は柵とその背後の鉄炮衆に向かって、何らの工夫をすることもなく、いきなり騎乗攻撃を仕掛けているのである。

また、北関東で戦国の戦場を生き延びた野口豊前守の軍功覚書（『牛久市史料』中世Ⅰ）には、天正十一年九月、谷田部《やたべ》城攻撃に赴いた際、退却する牛久衆を騎馬で追撃していたところ、鉄炮五、六挺で狙撃されたとの記述がある。幸い弾は命中しなかったが、銃声を聞いた味方が続々と野口に追いついてきて、馬で乗りかけて敵を攻め崩したという。ここでも、鉄炮をものともせず、有利と見るや躊躇せず敵陣に突撃を仕掛けていることがわかる。

以上の事例を見ると、鉄炮や弓矢などを装備して待ち構える敵陣に対し、突撃を仕掛ける攻撃法は、当時としては正攻法であった可能性がある。鉄炮があるのに、それをものともしないで突撃を仕掛けたという記録は、意外に多くみられる。つまり、武田勝頼が軍勢に攻撃を命じ、武田軍将兵がそれを実行に移したのも、当時としてはごく当然の戦法だったからであろう。武田軍が敗れ去ったのは、織田・徳川軍の鉄炮装備が、東国戦国大名間で実施された合戦では経験したことのないほどの数量であったことや、敵陣に接近するまでに多くの将兵が戦闘不能に陥り、肉薄して織田・徳川方の鉄炮を沈黙させるに至らなかったことにある。それは恐らく、武田軍の兵力が少なかったことが、織田・徳川軍の火器による被害を乗り越えて、鉄炮を制圧出来なかった原因と推察される。戦国合戦の常態から推察すると、長篠合戦で武田勝頼が採用した作戦は、当時の人々からみて極めて常識的な正攻法であったと思われる。だからこそ、長篠合戦の戦法そのものを批判する記録は一切ないのであろう（『軍鑑』は大軍を擁する信長・家康との決戦に反対だったと記しており、突撃そのものを批判してはいない）。後に武田勝頼は、上野国善城を武装も整わないまま攻略し、俗に「素肌攻め」と讃えられたことを受けて「自分が先頭に立っていれば、長篠合戦で敵の三重の尺木どころか、十重であっても負けなかったであろう」と述べたと『軍鑑』は伝える。これを鈴木眞哉氏は「勝頼も懲りないやつだ」と評しているが、現代人の常識で判断することがいかに危険かを物語る。

長篠合戦での武田勝頼の戦法を無謀と捉える一般の考え方は、戦国合戦の正攻法を理解していないことに由来するとみてよかろう。なお、突撃はその活用法など形態こそ違えど、古今、洋の東西を問わず、常に作戦の常道に位置していたことを忘れてはならない。

3　織田軍の「三千挺三段撃ち」問題

織田軍の鉄炮数は三千挺か千挺か

長篠合戦で織田信長が投入した鉄炮の数量については、かつて三千挺が定説とされ、今日でも日本史の教科書にはそう記されているほどである。ところがこの三千挺説は、その根拠が乏しいとされ、厳しい批判にさらされることとなり、ついにはほぼ否定されるに至った。その先鞭をつけたのが藤本正行氏であり、それを敷衍したのが鈴木眞哉氏であった（藤本①〜④、鈴木①②）。

以上の如き長篠合戦の決戦における鉄炮数に関する藤本・鈴木両氏の学説を支える根拠は、最も信頼性が置ける史料とされる『信長記』の記述である。そこには次のように記されていた。

> 信長は家康陣所に高松山とて小高き山御座候に取上られ、敵の働を御覧じ、御下知次第働くべき旨兼てより堅く仰含められ、鉄炮千挺ばかり、佐々蔵介・前田又左衛門・野々村三十郎・福富平左衛門・塙九郎左衛門御奉行として近々と足軽懸けられ御覧候

ここには信長が佐々成政・前田利家らを奉行とし、その麾下に配備した鉄炮衆の数は千挺であったと明記されている。では、そもそも三千挺説とは何に由来するものなのか。

これは小瀬甫庵が著述した『甫庵信長記』がもとになっている。同書には、次のように記されている。

> 信長公先陣へ御出あって、家康卿と御覧じ計らはれ、兼て定め置かれし諸手のぬき鉄炮三千挺に、佐々内蔵助・前田又左衛門尉・福富平左衛門尉・塙九郎左衛門尉・野々村三十郎、此の五人を差添へられ（後略）

ところで藤本・鈴木両氏はともに、この『甫庵信長記』は、江戸時代に成立したものであり、その内容についてはフィクションが目立ち、到底『信長記』に比肩しうる史料と評価することは出来ないとする点で一致している。つまり、信長が決戦場に投入した鉄炮数を三千挺としたのは、『甫庵信長記』であり、その内容は小瀬甫庵が面白おかしく脚色したいわば小説のようなものであって、太田和

泉守牛一の『信長記』が明記していた「千挺」を「三千挺」に膨らませたというわけである。

確かに藤本・鈴木両氏の指摘する通り、『信長記』の「千挺ばかり」を、『甫庵信長記』は「鉄炮三千挺」と誇大に記したと判断することが出来る。小瀬甫庵の手になる『甫庵信長記』は、近世を通じて広く読まれ、やがて『総見記』(『織田軍記』、遠山信春著、貞享二年〈一六八五〉成立)、『四戦紀聞』(根岸直利編・木村高敦校、宝永二年〈一七〇五〉成立)などの軍記物の内容に多大な影響を与えたという。この結果、鉄炮三千挺説が拡散することとなり、やがて参謀本部編『日本戦史・長篠役』にも明記され、これが歴史学者にも受容されることで定説として位置づけられることとなった。だが藤本・鈴木両氏の研究により、近年では長篠合戦における鉄炮数を、決戦場においては千挺であったとする考え方が定着してきており、三千挺説は影を潜めつつある。

ところで注意したいのは、三千挺説に批判を加えた藤本正行氏は、『信長記』の諸本研究を行っており、その一環として、岡山大学池田文庫所蔵にかかる岡山藩池田家伝来の太田牛一自筆本『信長記』(以下、池田家本と略記)の調査を行い、長篠合戦の記述の中で、鉄砲衆の数を記した「千挺計」には、その横に「三」が書き加えられていることを確認、紹介していることである。

この事実をどう評価するかについて、藤本氏は一九八〇年の段階では「この加筆が牛一自身によるものか否か、また、いつ頃、何を典拠としてなされたものであるかについては詳らかでない」と慎重な姿勢を示しているが(藤本正行③)、二〇一〇年になると「これは正確な情報に基づいて加筆訂正したというよりも、江戸初期に流布した『甫庵信長記』の三千挺三段撃ちの記事を読んだ者が勝手に改変した可能性の方が高い」と評価を変更している（藤本正行②）。また鈴木氏は「（藤本氏は――引用者註）三千挺の「三」は後人が書き加えたものであることを確認された。これで決着がついたというべきだが、旧説固執派のなかには、書き加えたのは牛一本人かもしれないなどと、往生際の悪いことをいった人もいて、いまだに〈三千挺説〉は健在である」と記し、加筆が明確に後世の人物によるものであるとして「三千挺」説を一蹴しておられる。だが、藤本氏が当初慎重に結論を保留されていたように、「三」の加筆が後世の人物であると断言できる根拠はなく、牛一自身による可能性もまた否定出来ないのである。

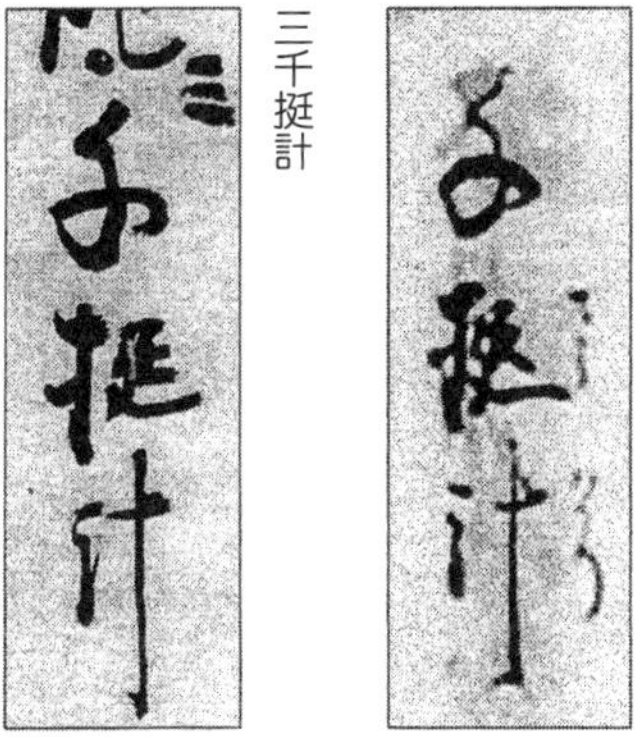

千挺計

三千挺計

24――太田牛一自筆本『信長記』における長篠合戦鉄炮数記述部分（藤本正行氏による）
右　建勲神社蔵
左　岡山大学附属図書館池田文庫蔵

なぜなら、『信長記』の写本には、鉄炮数を「千挺」ではなく「三千挺」とするものも存在するからである。すでに『信長公記』の写本『原本信長記』（内閣文庫蔵）には「三千挺」と明記されていることは紹介されていた。ただしこの『原本信長記』は、寛延三年（一七五〇）に池田家本を書写したものである。このことは、先に藤本氏が確認した「千挺計」の肩に加筆された「三」を取り込んで書写したことを推測させる。

では「三千挺」と明記した『信長記』は他に存在しないのだろうか。近年、桐野作人・和田裕弘両氏が、新たな『信長記』写本を発見しこれを紹介した（桐野作人・和田裕弘、二〇〇七年）。しかもその中の長篠合戦の記述には、従来の自筆本、写本には見られない部分が存在することが明らかとなった。発見された『信長記』は、加賀前田家に伝来した十五冊本で、現在尊経閣文庫に所蔵されている（以下、尊経閣本）。その内容分析から、尊経閣本は、太田牛一がごく初期に構想した『信長記』の稿本の一つが親本（祖本）であり、それは前田家に仕えた牛一の子孫（牛一の子太田小又助の系統）である加賀太田家に伝来したもので、尊経閣本はそれを書写したものと指摘されている。また加賀太田家に伝来していた太田牛一オリジナルの稿本（「和泉守編輯之信長記」、宝暦九年〈一七五九〉焼失）をもとに、牛一自身が記事の校訂や削除などの推敲を行いつつ浄書したものが、池田家本であるとされる（金子拓・二〇〇九年）。このことから、太田牛一が当初叙述した尊経閣本の記述が、後に整理されていき、池田家本や建勲神社本などの自筆本が成立したことになるわけである。もちろん、当初書き記していた記事を如何なる意図で削除、整理していったかについては今後も検討しなければならないが、古態の長篠合戦の記事とは如何なるものか。注目すべきは次の部分である。既出の『信長記』の記述と見比べていただきたい。

信長ハ家康陣所之に高松山ハとて小高キ山有也、是へ被取上、敵之働を御覧し、御下知次第に可仕之旨被仰含、鉄炮三千余挺に御弓之衆を被加、作之内《サクミノ》に備置、佐々内蔵佐・前田又左衛門尉・塙九郎左衛門尉・福富平左衛門尉・野々村三十郎、御下知之ことく近々と足軽被懸候処に如案之御敵も人数を出シ

尊経閣本『信長記』によると、馬防柵の内側に信長が配置したのは、鉄炮三千余挺と弓衆であったと明記されている。このうち弓衆は「御弓之衆」とあるので、信長直属の旗本から選抜されて鉄炮衆を援護すべく配備したのであろう。鉄炮衆に弓衆が組み合わされることは珍しいことではなく、戦国・織豊期の史料に弓・鉄炮衆として一体化した衆編制として数多く登場する。このことについて桐野作人氏は「鉄炮の場合、射撃してから次弾の装填に時間がかかるため、弓衆でその脆弱点を補う工夫といえよう」と指摘しているが、まさにその通りであろう（桐野、二〇一〇年）。

太田牛一は『信長記』の稿本を執筆し、それを推敲し浄書していく際に、当初「鉄炮三千余挺に御弓之衆を被加」と記していた部分を大幅に書き縮め、「鉄炮千挺計」にしたわけである。これは牛一が鉄炮数の誤りを認めて「千挺計」としたか、もしくは書き落としたかのどちらかということになるわけだが、可能性として自筆本の池田家本にいくつも認められる訂正を示す書き込みは、牛一が浄書後、誤記に気づき自ら加筆したことも想定されよう。この点は今後の検討課題である。

しかしながら、尊経閣本という『信長記』の古写本に、「鉄炮三千余挺」との記述が認められることが明らかになった以上、『信長記』を根拠にして『甫庵信長記』の「鉄炮三千挺」を否定すること

はもはや困難になったといえよう。このことは、小瀬甫庵の記述も、何らかの根拠にもとづいていたのではないかと想定させるものである。

『甫庵信長記』の射撃場面をどう読むか

次に、長篠合戦をめぐる問題として取り上げられるのは、信長が鉄炮放（銃兵）を三列に並べ、三段撃ちをさせたことが事実かどうかということである。

三段撃ち戦法は、射撃の都度、弾薬の装塡をしなければならない火縄銃の弱点を補い、間断なく射撃を行うことを可能にしたもので、これは織田信長が考案した画期的戦法であったとされている。

藤本正行・鈴木眞哉両氏は、この点についても厳しい批判を加えている。両氏が三段撃ちが虚構ではないかとする根拠として指摘しているのは、三段撃ちが行われたことを示す史料は『甫庵信長記』しかなく信頼できないことや、織田軍の鉄炮衆は、家臣が所持していた鉄炮と銃兵を急遽集めた「諸手抜」という編制方法であったのだから、このような高度な動きを必要とする射撃方法を、長篠の戦場で唐突に命じられて事前の訓練もなしに出来るはずがないということに尽きる。

しかしここで立ち止まって考えてみたい。『甫庵信長記』には鉄炮衆の射撃の模様が次のように記されている。

（1）千挺づゝ放ち懸け、一段づつ立替り〳〵打たすべし……

（2）家康卿より出し置かれたる三百人の鉄炮足軽渡し合せ、爰《ここ》を先途と込替へ〳〵放し懸けたる……
（3）彼の（鉄炮奉行の）五人下知して、三千挺を入替へ〳〵打たせければ……
これらの記述から、三列に配置された鉄炮衆が交代で射撃する「三段撃ち」という概念が成立したわけである。筆者もそう考えてきた一人である。しかし果たしてそうであろうか。ここでもう一度考えてみたい。

まず最も著名な（1）の記事であるが、ここから果たして交代射撃を想定することが可能であろうか。実は「立替り」という語句には、ある場所を明け渡し、そこに入れ替わるという意味、つまり輪番射撃を想定させる意味は含まれていない。「立替り」とは「交代する」という意味しかなく、ここでは他方にいる銃兵に替わって射撃するということでしかない。もし射撃を終えた銃兵が、後列の者に場所を明け渡して背後にさがるという移動を前提とした輪番射撃を表現するとすれば、「入替わり立ち替わり」とすべきであろう。しかし甫庵はこれを「立替り〳〵」とのみ表記しているのであり、これは場所を移動することなく「三段」の銃兵が代わる代わる射撃したと理解すべきなのであろう。

では（1）に関連する（3）の記述はどうであろうか。これは三千挺を「入替へ〳〵」と表記しており、一見すると（1）の記述と関連させ、移動を前提とした輪番射撃と解釈出来なくもないと思われよう。

「入替へ〳〵」という言葉には、通常は確かに「入れ場所をかえること、交替させること」という意味があり、移動を前提とした輪番射撃を実施したという解釈に軍配があがるかにみえる。しかし『羅葡日辞書』には「予備の兵、イレガエノムシャ（入替えの武者）、スケゼイ（助勢）、ドウゼイ（動勢）」とあり、援護のために予備として控える軍勢が参戦することが、当時の「入替へ」の考え方なのである。つまり、三千挺の銃兵は、次弾の装填に時間がかかる脆弱点を補いつつ、武田軍の攻撃を防ぐべく、互いに助け合いながら交代で射撃したということを意味するのではないだろうか。そしてここには、移動を前提とした輪番射撃という意味は含まれていないのである。

また（2）は、あまり取り上げられることはないが、徳川軍の鉄炮衆は、足軽と協力して弾薬を装塡しながら射撃を続けたとある。この解釈は難しいが、「込替へ〳〵」という次弾の装塡行為を足軽が手伝いつつの射撃と考えることも可能である。『甫庵信長記』における鉄炮衆は、ただ「鉄炮」「諸手抜の鉄炮」としか記述されておらず、足軽が続いて書かれる事例はほとんどない。したがって（2）は「鉄炮足軽」ではなく、鉄炮衆と足軽という別の組み合わせと考えるべきで、それらが協力し合うという記述に続けて、弾薬の装塡行為を極めて動的に「込替へ〳〵」と書いたのは、鉄炮衆は射撃に専念し、足軽が弾薬の装塡を行って手渡す「烏渡し」「取次」などと呼ばれる装塡法で対応していたということを表現したのではなかろうか。特に徳川軍の鉄砲隊は、「爰を先途」（ここが勝負の分かれ目だ、生か死かだ）と思い、必死になって弾込めをしたことが生き生きと描写されている。鉄炮の装備数が少なかった徳川軍は、織田軍のような余裕のある射撃は困難だったのであろう。『甫庵信長記』の記述を見る限り、織田軍の鉄炮衆と徳川軍のそれとでは、射撃方法が異なるという点で特徴があり、その背景には装備数の圧倒的な差があると思われる。

しかしながら、これまでの検討で、織田軍の鉄炮衆は、三千挺ほどが互いに助け合いながら、武田軍の攻勢を防ぐために交代で射撃していた（ただし移動を前提とした輪番射撃ではない）とすれば、最後に立ちはだかる問題は、「三段」をどう解釈するかであろう。

「三段」とは何を意味するか

長篠合戦の模様を視覚的に伝える史料として、『長篠合戦図屛風』（以下、『屛風』）は著名である。この『屛風』は、武田軍の配置については『甲陽軍鑑』の、織田・徳川連合軍は『甫庵信長記』の記述にもとづいて描かれていることが指摘されている（内田九州男・一九八〇年・二〇一一年、高橋修・二〇〇九年）。だがこれにはいわゆる三段撃ちの様子は描かれていない。織田軍の鉄炮衆は、別々の場所に配備された三隊として描かれ、それらが交互に射撃しているのである。このことは何を意味するか。結論をいえば、この『屛風』の作者をはじめとする近世前期の人々には、「三段」を三列と解釈する考え方は存在しなかったのである。

では、そもそも「段」とは何を意味するか。それは『甫庵信長記』の事例を検討することで判明する。

（1）浅井が勢に向つて、先陣は坂井右近、二の目は池田勝三郎、信長卿、御旗本迄は已上十三段なり（姉川合戦の事）

（2）家康卿はころみつ坂の上、高松山に野陣を懸けらる、秀吉卿、滝川左近将監一益、丹羽五郎左衛門尉長秀は、あるみ原に向うて陣を張り、其の外十三段の備々、悉く山取りをして待ちかけたり（長篠合戦の事）

（3）扨て勝頼は大河を後にあて十三段に備へて居たりける（同）

まず（1）は、姉川合戦の際に、織田軍が浅井長政軍に対抗するために陣を敷いた時の記述で、先陣が坂井政尚、次いで池田恒興であり、信長本陣と旗本衆を入れて十三の部隊が展開したことを「十三段」と表現している。続く（2）（3）は長篠合戦の記事であるが、（2）も織田軍のうち、有海原に展開した羽柴秀吉・滝川一益・丹羽長秀を除く十三の部隊（備）が、山々に布陣したことを「十三段の備々」と表現しており、これは武田軍の状況を記した（3）も同様である。

念のため、太田牛一『信長記』を検索してみると「駿河衆三川の国正田原へ取出し、七段に人数を備へ候」（首巻）との記事があり、『甫庵信長記』と同様の用例といえ、戦国人にとって「段」とは将兵を列に配備することではなく、羽柴秀吉や滝川一益などの部将が指揮する部隊（備、頭、首などとも呼ばれる）を、来るべき合戦に備え、しかるべき場所に配置することを意味していたといえるだろう。「段」が部隊（備、頭、首）を作戦上の要所に配備する意味だとの推定については、例えば右の事例（3）は、『信長記』では次のように書かれている。

武田四郎滝沢川を越来り、あるみ原（有海）三十町ばかり踏出し、前に谷を当て、甲斐・信濃・西上野の小幡・駿河衆・遠江衆・三州のつくで《作手》・だみね《田峰》・ぶせち《武節》衆を相加へ、一万五千ばかり十三所に西向に打向ひ備へ（後略）

小瀬甫庵は、太田牛一のこの記述をリライトして（3）の文章を書いたとみられるが、武田軍の部隊が十三ヵ所に布陣し戦闘態勢を整えたことを、「十三段」と解釈していることが明確である。以上のことから、「段」とは部隊の将兵を列に配置することを意味せず、「三段」を三列に並べるというのは、明らかな誤解、誤読だということになる。『甫庵信長記』や『信長記』の記事を検討する限り、鉄炮衆を「三段」に配置したというのは、『屏風』の作成に関与した近世前期の人々が解釈し、絵で表現したように、鉄炮衆だけで編制された三個の部隊を、三ヵ所に配置したということを意味するのである。

つまり定説となっていた「三段撃ち」という概念は、そもそもは『甫庵信長記』の誤解、誤読により成立したもので、それは根拠を持たぬいわば空中楼閣だったのである。その始まりは参謀本部編『日本戦史・長篠役』であり、これが『大日本戦史』などにも継承され、研究者はもとよりやがて教科書の記述にも採用されることで一般にも流布されていき、定説となっていったわけである。私たちは、「三段撃ち」という存在しない亡霊を実像と見誤り、これに向かって批判を浴びせかけていたといえようか。

長篠合戦について、なにがしかの知識をお持ちの方であれば、これまでの指摘は衝撃的であるだろう。もはや「三段撃ち」（以下、これまで通説となっていた三段撃ちは、いわゆる三段撃ちという意味で「　」で括ることとしたい）などは、検討するに値しない虚構であると思われるだろう。しかしここでまたもや立ち止まってみたい。実は『屏風』をみると、「三段撃ち」はないが、二段撃ちならぬ二列射撃ならば描かれているのである（本章扉参照）。これは近世前期には、連射が出来ない火縄銃の弱点を補う運用の工夫として、銃兵を二列に並べて配備することが当然という観念があったことがわかる。では、こうした工夫はどれほど時代をさかのぼることが可能なのであろうか。

「三段撃ち」は虚構か

このことについて最近発表された、久芳崇『東アジアの兵器革命』（吉川弘文館、二〇一〇年）は極めて重要な指摘を行っており注目される成果である。久芳氏は同書で、中華帝国である明朝は、西洋の火縄銃にはほとんど無知で、中国で使用されていた脆弱な火器しか保持しておらずそのため豊臣秀吉の朝鮮出兵に直面した時に、日本軍の火縄銃の威力に悩まされるとともに脅威を覚え、その導入を推進したことを詳細に明らかにした。

久芳氏によると、明は投降日本兵や捕虜らを厚遇したが、その理由は彼らの日本刀や鉄炮などに習熟し巧みな戦いを行える戦闘能力を重視したためだという。とりわけ鉄炮やその操作方法、運用方法は、明の注目するところであり、それを積極的に投降日本兵から学び、鉄炮隊の編制を行うまでになったという。その成果はすぐに現れ、朝鮮の役の最中には投降日本兵による明軍鉄炮隊が成立し、地方の叛乱などの鎮圧に大いに活躍したという。明軍が日本軍が駆使する火縄銃に苦戦したのは、特にその運用方法によるものであった。そのことを、明の記録『経略復国要編』巻六「議乞増兵益餉進取王京疏」（万暦二十一年〈一五九三〉二月十六日）に「もし倭奴が分番休迭の法を用い、ときに遊撃の騎兵を出して我が軍を搔き乱せば、我が軍は進んでも退却できない」と記している。この「分番休迭の法」とは、射手の交代による、鉄炮を輪番に連続して射撃する輪番射撃のことを指しており、日本軍の鉄炮運用法こそが明軍を大いに苦戦させたことがわかる。

　では日本軍が火縄銃を駆使した輪番射撃とは、如何なるものなのか。その絵図が残されている（図25）。これは崇禎十一年（一六三八）に明朝で刊行された畢懋康『軍器図説』に「輪流放図・輪流進銃図・輪流装銃図」として掲載されているもので、日本兵が朝鮮の役で行い、明朝に衝撃を与え、まもなく投降日本兵を通じて導入が図られた鉄炮射撃法である。これは明確に三列に配列された銃兵が、交互に射撃をしている様子が瞭然であろう。

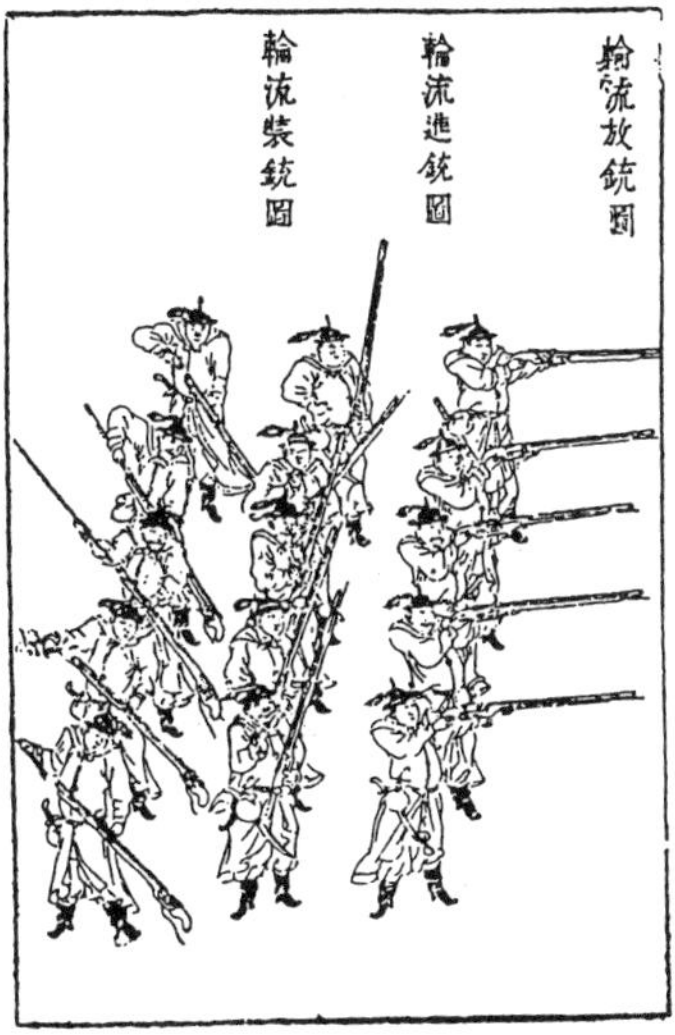

25――三列射撃の図（『軍器図説』）

　このことは、日本の戦国合戦において、やはり火縄銃は次弾の装塡に時間がかかる弱点を補うために、三列に配列し輪番射撃を行わせる戦法が存在していたことを間違いなく示す貴重な記録である。

問題は、かつて長篠合戦の鉄炮運用法で説明されていたような、三列が動いて移動しつつ射撃をしたかである。冒頭で紹介したように、『屏風』には、銃兵が二列に配列されている様子が描かれていた。ところがそれを見ると、銃兵の先頭は折り敷き、後列は立射であり、彼らが動いて互いに発射場所を譲り合うような描き方をしていない。これはすなわち、移動を前提とする輪番射撃は、やはり実戦では不向きで採用されていなかったからであろう。実際の輪番射撃とは、三列に配置された銃兵はその場を動かぬことが原則であり、まず最前列だけが折り敷き、戦闘中は決して立ち上がらぬよう指示され、後の二列は交互にずれて立ち位置を決め、同じく動かぬように命じられていたのではなかろうか。こうすれば、かつて藤本・鈴木・名和弓雄の各氏が指摘した「三段撃ち」の問題点である、後ろから撃たれる危険性や狙いを味方が阻害するなどの課題は解消されよう。そしてこの輪番射撃が、長篠合戦でも使用されていた可能性は高いと思われる。

以上のことから、織田軍の鉄炮衆三千余挺は、三部隊（備）に分割され、五人の奉行の指揮のもと、三ヵ所（「三段」）に配備された。そしてその部隊内部で銃兵は、複数列に編制され、輪番射撃が実施されていたと思われる。さらに火縄銃の連続射撃にあたっては不可避であるミスファイア（不発）、次弾装塡の遅れ、銃身内部に溜まった残滓の除去、火縄の火の再点火などの不備を補うために、信長直属（旗本）の御弓衆が彼らの脇を固め、射撃が出来なくなった鉄炮衆に代わり、武田軍の接近を防ごうとしていたと推察されるのである。

V

長篠合戦前夜

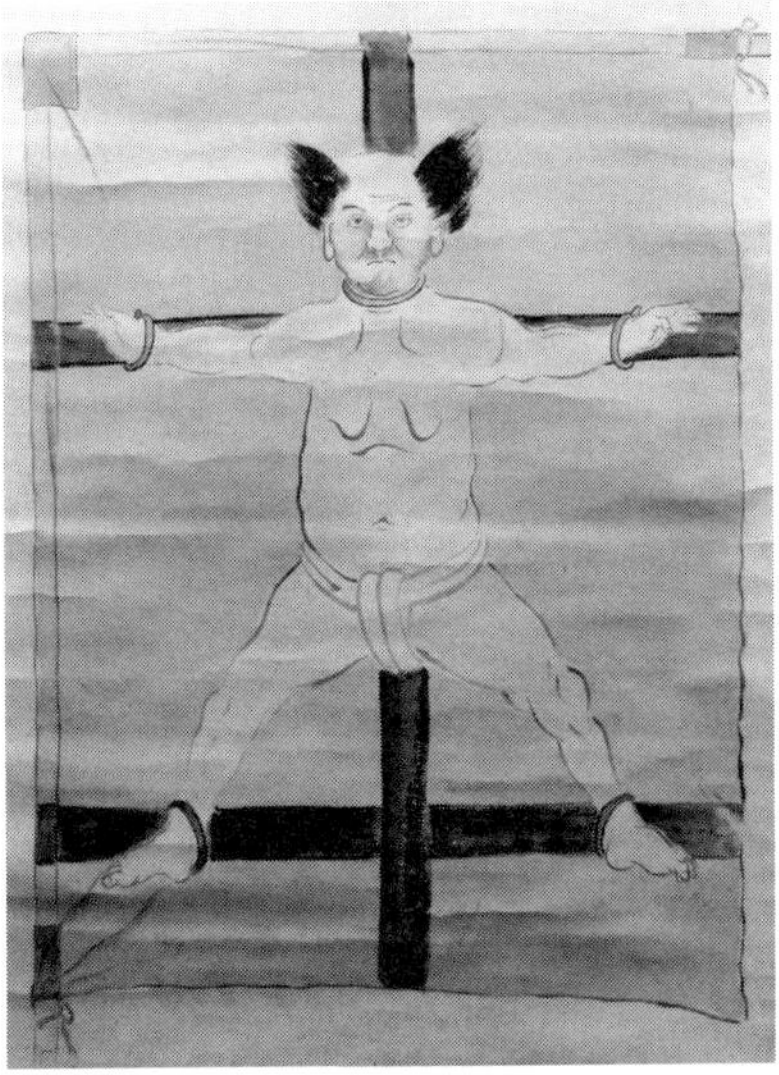

26―鳥居強右衛門尉磔死図

鳥居は武田軍に包囲された長篠城から抜け出して，徳川家康のもとへ使いし，援軍を確認して城に戻る手前で武田軍に捕らわれた.「援軍は来ない」と叫べば助命すると言われたが,「すぐに援軍は来る」と言ったために，磔（はりつけ）で処刑された.

1　勝頼、三河に出陣す

徳川家康の長篠仕置

天正元年（一五七三）九月八日、武田氏の拠点三河長篠城を奪回した徳川家康は、そこに松平景忠を配備し、遠江へ転進した（『松平記』）。

そして天正三年二月二十八日、徳川家康は奥平信昌を長篠城へ入城させた。信昌は、天正元年九月以来、三河国宮崎瀧山城（亀穴城、愛知県岡崎市額田町）に在城し、武田軍に備えていたが、家康は長篠城防備を固めるべく、信昌を異動させたのである。長篠城に入った信昌は、破損したまま見苦しい有様となっていた長篠城の大改修に乗りだし、これを実現させ家康を喜ばせた（『当代記』他）。

奥平信昌による長篠城改修は、発掘調査によって確認されている。発掘調査の結果によれば、長篠城は十六世紀中葉以降に大規模な改修が実施された痕跡があるという（鳳来町教育委員会・新城市教育委員会、二〇〇四〜〇七年、岩山欣司・二〇一〇年）。長篠城は、十五世紀代に築城されたことが発掘調査でも確認され、この時期の遺構は地山が掘削されていて、主郭内部からは堀状遺構が、帯曲輪《おびくるわ》からは薬研堀《やげんぼり》や柱穴などが確認された。その後、十六世紀中葉以降に、地山を加工した遺構の上に盛土造

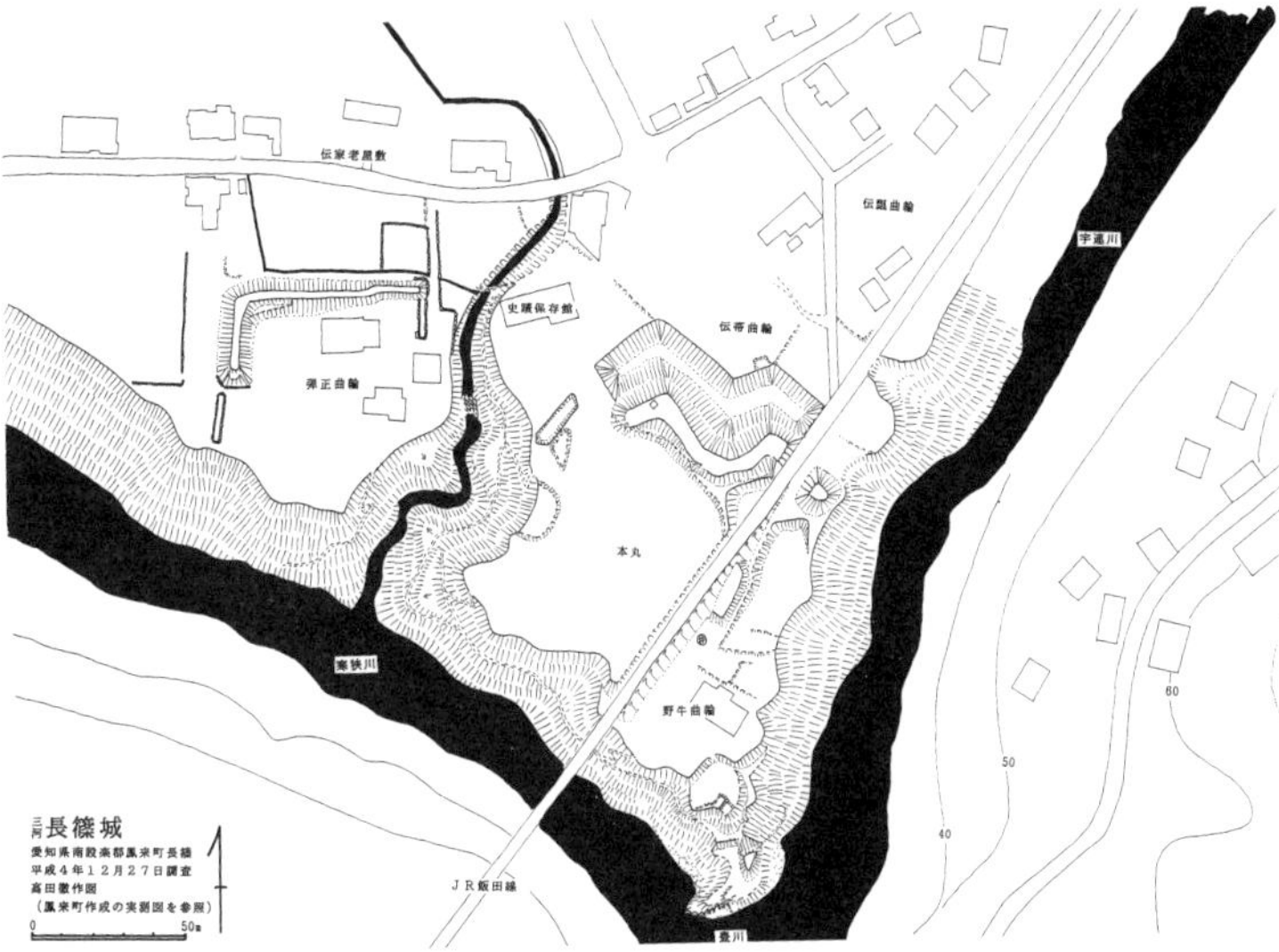

27――長篠城現状図

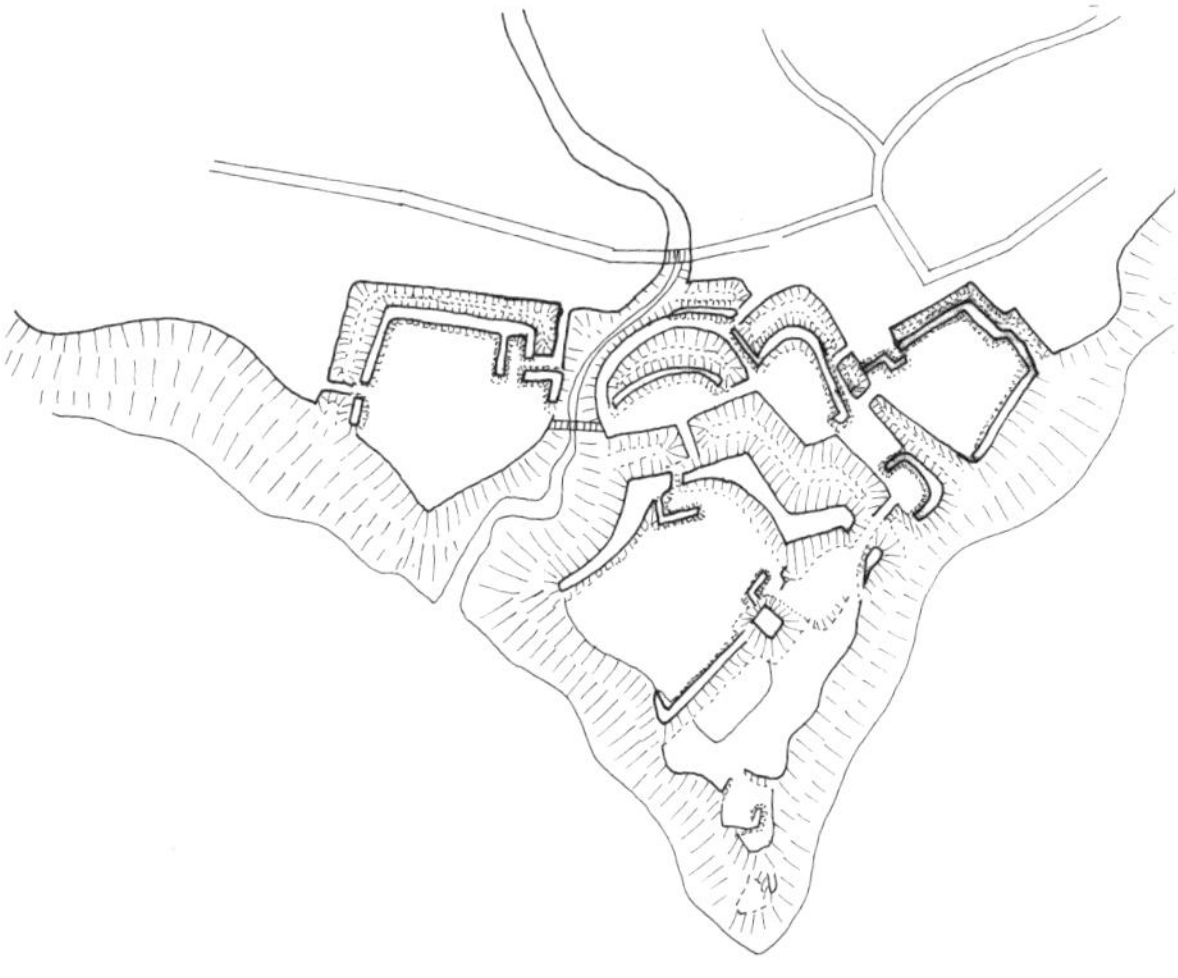

28――長篠城復元想定図

成がなされ、縄張《なわばり》の改修が行われている。とりわけ重要なのは、帯曲輪に三日月状の空堀と土塁がつけられ、丸馬出《まるうまだし》のような施設が増設されていることであるという。いっぽうで、野牛曲輪には土塁の痕跡が見いだせなかったといい、長篠城攻防戦の際に、柵や塀しかなかったという諸記録の記述を裏づけている。なお、調査結果を総合すると、長篠城は、地表から観察できる土塁や空堀のほかに、埋没した堀や土塁が存在し、それを総合的に復元すると、天明二年（一七八七）に地元で作成された「長篠城図」（口絵参照）とほぼ一致するという。信昌が改修した長篠城は、武田方の築城技術などを応用しながら、武田時代と比べ規模もいっそう堅固な縄張となっていたのである。

また、天正三年三月、織田信長は武田軍の侵攻に悩む徳川家康を支援すべく、近江国坂田郡鎌刃城に備蓄されていた米二千俵を家康に贈った。鎌刃城は近江国衆堀次郎秀村の居城であったが、彼は同郡長比城主樋口直房とともに、前年に信長から突如改易処分を受けていた。信長は、堀氏から取り上げた城に蓄えられていた米を徳川氏に与えたわけである。家康は、これらを三河・遠江の境目の諸城に搬入し武田軍の侵攻に備えた。とりわけ長篠城には三百俵を配分したという（『当代記』他）。この記録は事実で、三月十三日に徳川家康が織田信長に過分な兵粮を頂いたことに感謝する礼状が残されている（「大阪城天守閣所蔵文書」『愛知』⑪一〇七二号）。この時信長は、重臣佐久間信盛を派遣し、兵粮の引き渡しと、徳川方諸城の検分などを行わせている。

そしてまもなく、武田勝頼の奥三河侵攻が開始される。信長と家康は、勝頼の来襲を予想していたのであろう。長篠合戦の幕が切って落とされようとしていた。

武田信玄の三回忌

武田勝頼は、天正三年四月、三河出陣を前に父信玄の三回忌法要を営んだ。元亀四年（天正元年、一五七三）四月十二日に信濃国駒場で死去した武田信玄の遺骸は、そのまま甲府に運ばれ、勝頼ら近親者のみの手で塗籠の壺の中に移され、封印された。遺骸を納めた壺が安置されていたのは、躑躅ケ崎《つつじがさき》館の一角であった。俗説として、信玄の遺骸が駒場で荼毘に付されたというものがあるが、これは『天正玄公仏事法語』の記述から完全に否定できる。

実は勝頼が執行した亡父信玄の法要は、これが初めてではない。天正元年四月、武田軍が甲府に凱旋した直後、遺骸を奉じた勝頼が躑躅ケ崎館において密葬を行った形跡がある。その記録は、『天正玄公仏事法語』『快川和尚法語』に正当六七日忌の際に、雪岑光巴（甲府法泉寺住職）が「恵林寺殿塔婆銘」を唱えたとあるのがそれにあたる。その後、天正二年三月二十七日に、信玄が死去する直前の元亀四年に特に命じて造らせた大聖不動明王を、勝頼が恵林寺《えりんじ》に安置し、安坐開眼供養を行っている（『禅林雑記』、横山住雄『武田信玄と快川和尚』戎光祥出版、二〇一一年）。この不動明王こそ、恵林寺に現存するいわゆる「武田不動尊像」であろう。

この「武田不動尊像」は、信玄が京都の仏師康清を招き、自らの体を模刻させ、等身大にしたばかりか、剃髪した髪の毛を漆に交ぜ像の胸部に塗り込めたと伝わる（『甲斐国志』）。この像がいつ造立されたかは明らかではなかったが、作者と伝わる康清は京都七条大仏師宮内卿法印《くないきょうほういん》康清と同一人物と推定されており、しかも彼は天正十一年（一五七三）に造立された織田信長木像（京都総見院）の作者として知られ（『山梨県史』文化財編）、時期的にも一致する。『禅林雑記』の記録に見える、勝頼が恵林寺に安置した「大聖不動明王」が「武田不動尊像」を指すとすれば、この造立は信玄が死を明確に意識した元亀四年であったということが出来よう。

その後、天正三年四月十二日、長篠に出陣する直前の勝頼は、春国光新（甲府長禅寺住職）を導師、快川和尚《かいせんおしよう》を副導師として招き、三回忌法要を営んだ（『天正玄公仏事法語』）。またこの法要に備えて、重臣たちに四月十二日までに甲府に来るよう勝頼は通達を出している。現在判明するのは、西上野箕《み》輪《わ》城代内藤昌秀に対して、勝頼が天正三年四月五日、来る十二日までに麾下の軍勢を率いて甲府に参着するよう要請した書状である（「工藤文書」『戦武』二四七九号）。現存しないが、恐らく他国に在国する多数の重臣層にも同様の文書が出されたことであろう。

なおここで重要なことを指摘しておきたい。従来、武田信玄の葬儀は、菩提寺恵林寺で行われたとの誤解が流布していることである（例えば、小林計一郎『武田軍記』『武田・上杉軍記』の他、新田次郎の小説『武田信玄』も同様である。しかしながら恵林寺は、葬儀を正しく躑躅ヶ崎館で行ったと『恵林寺略史』に明記している）。このことについては、『天正玄公仏事法語』に「府第」「府殿」（甲府の邸、居館のこと）、「荘厳府第」「荘厳私第」「荘厳華第」（壮麗に飾られた邸のこと）などと明記されており、明らかに躑躅ヶ崎館（武田氏館）で執行されていることがわかる。

さて、この法要には、一門・重臣層も参加していたはずであるが、はっきりしたことはわかっていない。ただ『軍鑑』が記す葬儀の模様は、この時のことである。従来、信玄の葬儀は天正四年四月に行われたことが明確であったから、天正三年四月十二日と記した『軍鑑』の記述は致命的な誤記とされ、同書の信憑性の低さを証明する事例として指摘されてきた。ところが『天正玄公仏事法語』などの確実な記録を精査すると、この時に勝頼が葬儀を営んでいることは間違いなく、『軍鑑』の記述は誤りでないことが判明する。『軍鑑』によると、恵林寺快川和尚を導師とし、信玄の龕《がん》（棺）の周囲には喪主勝頼の他、武田信豊（信玄甥）・穴山信君（信玄甥・娘婿）、仁科盛信（信玄五男）、葛山信貞（信玄六男）、望月左衛門尉（信玄甥、信豊実弟）、武田逍遙軒信綱（信玄実弟）、一条信龍（信玄異母弟）、武田（河窪）兵庫助信実（同）、武田左衛門佐信堯（信玄甥）をはじめ御親類衆が囲み、龕に手をかけて供をしたという。信玄の位牌は、当時九歳であった嫡孫武王丸信勝が持ち、稲掃筵の上に布を敷き、さらに絹を敷いた道を進んだとある。この光景は天正四年の本葬とほぼ同じで、上野晴朗氏は、これを天正四年本葬の風景と混同したものだと指摘しているが（『定本武田勝頼』）、『軍鑑』を注意深く見ると、この絹を敷き詰めた道の両側には、虎落《もがり》が結われ、外からは見えないよう配慮されていることや、この行列には武田一門の他は重臣層（侍大将衆・直参衆）のみが従い、被官衆は虎落の外で見送ったとされているので、あくまで躑躅ケ崎館内部を舞台に形ばかりの野辺送りに留めた可能性が高いのではないかと思われる。この天正三年四月の葬儀を終えて、勝頼と一門、重臣層は慌ただしく長篠へと出陣し、そして戻らなかった者が多かったのである。

なお、この法要に先立ち、勝頼は重臣山県昌景を高野山に派遣し、成慶院に信玄の位牌を奉納させた（『高野山成慶院供養帳』）。昌景は、三月六日に成慶院に参詣しているので、四月の法要に間に合ったかどうかは微妙である。あるいは昌景は、高野山からの帰途、甲斐には帰国せず、そのまま三河で軍事行動を開始した武田軍に合流した可能性もある。

大岡弥四郎事件

武田勝頼の攻勢により、三河・遠江・東美濃の戦線で、織田・徳川氏は守勢に立たされ、とりわけ徳川方は、本拠地浜松に攻め込まれたばかりか、三河岡崎も脅かされる事態となった。こうした情勢下で発生したのが、大賀（大岡）弥四郎事件である。

この事件が、武田勝頼の三河侵攻の契機となり、結果として長篠合戦を引き起こすことになったと初めて指摘したのが、柴裕之氏である〈柴裕之・二〇一〇年、但し、古くは山路愛山『徳川家康』〈独立評論社、一九一五年〉がすでに指摘している〉。以下、大賀弥四郎事件を紹介しよう。この事件に関する最も古い記録は『三河物語』である。それによると大賀弥四郎は、家康譜代の中間《ちゅうげん》で、三河国奥郡二十余郷の代官を務めていた。ところが彼は徳川氏に謀叛を企て、岡崎衆小谷甚左衛門尉・倉地平左衛門尉・山田八蔵を味方に引き入れ、岡崎城を乗っ取り、武田軍を引き入れる計画を立てた。大賀らは連署で武田勝頼に内通を申し入れ、その了承を受けたという。大賀らの計画は以下のようなものであった。大賀弥四郎は、自分の立場を利用して、岡崎城乗っ取りと城主である徳川家康の子次郎三郎信康暗殺を目論んだ。というのも、家康が岡崎城に入城するときに、弥四郎が必ず馬前に立ち、開門を命じる役割だったからだという。そこで武田軍の先陣二、三隊を派遣してくれれば、疑われることなく城内に入れるだろう。城内に突入したら、城主信康を討ち取り、城を乗っ取れば、城内のほとんどは武田方に降参するだろうと考えた。もし、あくまで家康に忠節を尽くそうとする者がいても、あらかじめ岡崎から尾張に通じる矢作川の河岸に、小谷と山田を待機させれば、女子供もろとも捕縛できよう。そうすれば、武田方に妻子を人質に取られた徳川家臣は、家康に従う者が少なくなり、およそ百騎ばかりに減るだろう。これでは武田氏に対抗するのは到底無理だろうから、家康は浜松城に在城することを諦め、舟で尾張か伊勢に脱出せざるを得なくなる。そこへ攻め寄せれば、家康の首を取ることが出来よう。家康・信康父子の首級は、「念し原」(根石原、愛知県岡崎市)に曝《さら》されることだろう。

ところが、山田八蔵は、この計画は成功の可能性が高いが、もし家康を打ち損じた時に自分が一味になっていると不都合だと思い直し、秘かに謀叛を家康に報じたという。家康は内偵のうえ、大賀弥四郎らの計画が事実と確認すると、ただちに一味

29—岡崎城跡

の逮捕を命じた。大賀は計画の成功を露ほども疑わず、自分の女房にまで打ち明け、驚いた女房に押しとどめられ、夫婦喧嘩に発展したという一幕もあったが、まもなく岡崎城内で逮捕され、倉地平左衛門尉は計画の露見に気づき逃亡しようとしたところを斬殺された。小谷甚左衛門尉は岡崎を逃亡したが、遠江国領《こくりよう》（浜松市）で服部半蔵に追いつかれた。だが小谷はすんでのところで天竜川に飛び込み、泳いで二俣城に逃れ、やがて甲州へ亡命した。こうして大賀弥四郎の謀叛は阻止され、大賀は鋸《のこぎり》引きとなり、彼の妻子は「念し原」で磔《はりつけ》となったという。

以上が『三河物語』の記録する大賀弥四郎事件であるが、これには事件を身分の卑しい者たちが私欲で計画したものだと、事実を矮小化しようとする大久保忠教の作為が多分に含まれていると指摘されている（新行紀一・一九八九年、柴裕之・二〇一〇年）。

事件の顚末を記した『岡崎東泉記』や「伝馬町旧記録」によると、大賀弥四郎は大岡弥四郎であり、岡崎町奉行を務めた上級家臣で、当時は信康家臣団の有力な一員であったことが確認されている。当時、岡崎町奉行は、大岡のほか松平新右衛門、江戸右衛門七の三人が務めていたが、このうち何と大岡、松平の二人が謀叛の中心メンバーだったという。これに信康家臣山田・小谷・倉地が加わり、さらに信康傅役兼家老石川修理亮《しゆりのすけ》春重（三河国小川城主、愛知県安城市）とその子豊前守も参画していたという。また武田氏の調略によって、家康正室築山殿も加わっており、「一揆」を結成したとされる。つまり、大岡弥四郎事件とは、信康家臣団の中心メンバーが武田勝頼に通謀し、家康排除と信康擁立を図ったクーデター計画だったことが推察される。

この事件の背景には、家康と築山殿《つきやまどの》の不和、信康家臣を構成する西三河衆（おもに安城松平家譜代家臣団）と家康麾下の浜松衆（本多・大久保・榊原ら）との対立など、徳川氏内部の矛盾と、武田勝頼の圧倒的優勢という政治・軍事情勢があり、これらが複雑に絡んで発生したのであろう。しかし事件は発覚し、大岡弥四郎と妻子は処刑、倉地は斬殺、小谷は逃亡、松平新右衛門と石川春重・春久父子は切腹を命じられ、松平清蔵親宅《ちかいえ》（念誓《ねんせい》、長澤松平氏、三河長澤で代官を務める）は致仕させられた。なお岡崎町奉行江戸右衛門七は、この計画には加わらなかったが、同僚二人までもが謀叛を計画していたことに気づかなかったことなどが咎められ、浜松で切腹させられたという（『岡崎東泉記』「伝馬町旧記録」）。ただし、事件が天正三年のいつ頃発生したのかについて、『三河物語』『岡崎東泉記』「伝馬町旧記録」などは一切記録していないが、武田軍の足助《あすけ》侵攻と連動して発生したとあるので、天正三年三月であると考えられる。なお『寛政譜』には、大賀（大岡）弥四郎を生け捕りにしたのは大岡伝蔵清勝であり、返り忠した山田八藏重英《しげふさ》は新知加増を受けたといい、事件は天正三年に発生したと記されている。

このように見てくると、この事件から四年後の天正七年八月～九月に発生した松平信康切腹と築山殿殺害という衝撃的事件（松平信康事件）は、この問題の延長線上にあると考えるべきであろう。ちなみにこの事件も、信康謀叛が直接の原因であったことが近年指摘されている（新行紀一前掲、谷口克広・二〇一二年)。この時の謀叛も、武田勝頼が関与していたとの説がある。これが事実かどうかは明らかでないが、岡崎(信康とその家臣)と浜松(家康とその家臣)の間に、対立が永く伏在していたことだけは間違いなかろう。

そして武田勝頼は、大岡弥四郎らの一揆結成と内通を好機と捉え、徳川氏の本拠岡崎城攻略に向けて動き出すのである。

武田軍、動き出す

武田勝頼は父信玄の三回忌法要の準備をしつつ、徳川方を調略し、岡崎衆大岡弥四郎らの内応を好機と捉え、三河出陣を企図した。折しも、織田信長は天正三年二月二十七日に岐阜城を出陣し、三月三日に入京し(『信長記』他)、来る四月六日に大坂表に進んで石山本願寺を攻撃するとの廻文を家臣たちに発していた。これは六角承禎も察知しており、若狭武田光昭や武田勝頼にこれを知らせ、後詰の依頼を行っている(「尊経閣古文書纂」『戦六』九九三号)。信長は、四月六日に京都を出陣し、七日に河内国若江に着陣すると、本願寺の出城を攻略したうえで、八日には三好康長の拠点河内国高屋城を攻めた(『信長記』他)。このため、この時の信長には家康を救援する余力はないと考えられたのであろう。

勝頼は、三月下旬、先衆を三河国足助に派遣した。織田方はこれを察知し、武田勝頼が足助口に侵攻してきたと記録している(『信長記』『当代記』)。だが実際には、この軍勢に勝頼はおらず、彼はまだ甲府で法要の準備と軍勢の召集に忙殺されていた。

現存する史料をみると、勝頼は三月二十四日付で上野国衆安中《あんなか》景繁に宛てた書状で、「計策之首尾」が整ったので、来る四月一日に出馬する予定なので、三日には諏方上原に参陣するよう指示し、あわせて今度の出陣は重要なので規定の軍役人数よりも多くの兵卒を引率するよう求めている（「慈雲寺文書」『戦武』二四七三号）。勝頼が安中景繁に伝えた「計策之首尾」とは、三河方面への調略が成就したことを指す可能性が高い。また四月五日には、上野国箕輪城代の重臣内藤昌秀に、同心衆や直参衆を引率して十二日までに甲府に来るよう指示している（「工藤文書」『戦武』二四七九号）。これは四月十二日の信玄三回忌法要参列のため、十二日までの着府を命じたのであろう。

いっぽうすでに武田軍の先陣は、三月下旬には足助口で盛んに行動を起こしており、織田信長は岐阜に残留させておいた息子信忠に尾張衆を率いての出陣を命じている（『信長記』）。この時信忠がどのような動きを見せていたかは、残念ながら定かでない。

また徳川方も、武田軍の動きを黙止していたわけではない。奥平定能・信昌父子と歩調をあわせて、武田氏から離叛していた名倉奥平信光は、津具《つぐ》（愛知県設楽町）筋に独自に侵攻し、後藤九左衛門ら多数を討ち取った。家康は四月十二日に奥平信光の戦功を賞している（『譜牒余録』『愛知』⑪一〇七八号）。この時奥平信光に討たれた後藤氏とは津具城主で、この地域には武田氏の支配する津具金山があり、金堀奉行屋敷も配置されていたと伝えられている（『三河国二葉松』等）。信光は、武田軍襲来の情報に接し、急遽浜松から帰還した家康重臣石川数正からも、四月十四日付で戦功を賞されている

（『譜牒余録』『愛知』⑪一〇八一号）。だが徳川方の積極的な反攻も緒戦だけで、まもなく武田軍に圧倒されることとなる。

武田軍先陣は、四月十五日に足助城を包囲した（以下は「孕石文書」『戦武』一七〇四号による）。城主鱸《すずき》越後守父子は抵抗を諦めて降伏した。武田方は鱸父子の命を助け、十九日にはこれを甲府に送り、足助城には伊那国衆下条伊豆守信氏を配備した。なお、この軍勢には、重臣山県昌景や信濃国衆小笠原信嶺が加わっていた。下条信氏と小笠原信嶺はともに信濃下伊那の有力国衆なので、三月下旬に足助口で活動していた先勢とは、彼らのことであろう。これに山県昌景だけが参加しているのは、やはり彼は高野山からの帰途、そのまま先陣に加わったためとみてよかろう（内藤昌秀

30── 足助城跡

らは十二日に甲府に滞在しており、時間的に十五日の攻撃には参加していない可能性が高い）。またこの先勢に、山県衆の小菅五郎兵衛尉（甲斐衆）、孕石源右衛門尉（駿河衆）ら山県同心衆も参加しているのは、下伊那衆に駿河江尻在城の山県衆が加勢として派遣されていたからであろう。

足助城陥落を知った浅賀井（浅谷（あざかい））・阿須利（阿摺、円山城のことか）・八桑（八桑城、以上愛知県豊田市足助町）・大沼（大沼城）・田代城（以上同県豊田市下山村）といった近辺の小城は自落し

た。『菅沼家譜』は、浅谷城主奥瀬太郎左衛門（道悦）、阿須利城主原田弥五平、八桑城主鈴木甚五右衛門、大沼城主木村道顕、田代城主松平五左衛門近正であったと伝える。武田軍先勢は東三河を席巻して作手古宮城に入り、勝頼本隊の到着を待った。

武田軍、三河を席巻す

いっぽう信玄の三回忌法要を済ませた武田勝頼も、四月十二日の数日後には甲府を出陣したとみられる。ところで勝頼の三河侵攻ルートであるが、遠江国平山越で三河国二連木へ進んだとの記録があり（「大沢基進軍忠覚」『静岡』⑧一四〇一号）、また『軍鑑』にも勝頼は諏方に出陣し、諏方大社で戦勝祈願をした後に、信濃から遠州平山越をして宇利に進んだとある。このことから、勝頼は甲府→諏方→高遠→青崩峠→犬居谷→二俣→平山（浜松市三ヶ日町）→宇利峠（愛知県新城市）というルートを経由して長篠方面に進んだと推定され、これは信州街道（秋葉街道）を主要路に、浜松城の家康を牽制しつつ移動したのであろう。勝頼は、作手で山県・小笠原ら先勢と合流したと推定されている（柴裕之前掲論文、二〇一〇年）。徳川方も、四月十四日には勝頼自身が本隊を率いて襲来するとの情報を摑んでいる（『譜牒余録』『愛知』⑪一〇八一号）。

勝頼は全軍を率いて作手を夜間に出陣し、山家三方衆（田峯菅沼氏、長篠菅沼氏）を案内者として野田に侵攻した。ここは、元亀四年武田信玄に逐われた菅沼定盈が舞い戻り、城普請を行っていたが、武田軍先勢の接近を知ると抵抗出来ずと見て、定盈は城を捨てて逃亡した。山県衆と小笠原信嶺はこれを追撃し、百余人を討ち取ったが、定盈は討ち洩らしてしまった（以下は「孕石文書」『戦武』一七

31――吉田城跡

〇四号、「水野文書」同一七〇二号による）。なお、この時菅沼定盈が築いていた城は、野田城ではなく、大野田城（浄古斎砦）であるという（『菅沼家譜』）。武田軍は四月二十九日に吉田へ進み、山県昌景・山家三方衆・小笠原信嶺らが二連木城を攻めて宿城に放火し、これを陥落させたが、ここでも城主戸田康長を吉田へ取り逃がしてしまった。

いっぽうの徳川軍は、岡崎城から出陣してきた松平信康が山中法蔵寺に布陣し、家康は四月二十九日に浜松から吉田城に入城を果たし、薑原《はじかみはら》（豊橋市）で武田軍と小競り合いを繰り返したという（「大沢基遒軍忠覚」）。武田軍は、家康がやってきたのをみて色めき立ち、吉田城に入る前に捕捉し討ち取ろうと、二連木城から攻め寄せたが果たせなかった。勝頼は、吉田城攻略を試みたが、家康本隊ら二千余が籠城する同城を攻め落とすことは出来なかった。勝頼が二連木城と吉田城の攻略に懸命になったのは、ここを手中に収めれば、徳川領国を東西に分断出来たからであろう。大岡弥四郎らの内通と岡崎城攻略がうまくいっていれば、徳川領国の分断が実現できたであろうが、それを果たせなかった勝頼は、東三河の拠点である吉田城を攻略することでその失敗を挽回しようとしたのではなかろうか。

だが家康が吉田城に籠城したまま動かなかったため、勝頼は力攻めを諦め、全軍を率いて転進した。そして戦略目標を、天正元年九月以来、徳川方に奪還されていた長篠城攻略に切り替えたのである。こうして長篠合戦の火ぶたが切って落とされた。

2 追い詰められる長篠城

武田軍、長篠城を包囲

武田勝頼は、天正三年五月一日に奥平信昌・松平景忠らが籠城する長篠城を包囲した（『当代記』他）。すでに武田軍襲来は設楽郡全域を震撼させており、徳貞郷（新城市徳定）は四月晦日に武田氏に申請して禁制の発給を受けている（「渡辺文書」『愛知』⑪一〇八五号）。東三河の村々では、武田方に靡《なび》く動きが出ていたことを示すものである。

武田軍は、竹束をもって仕寄せをつけ、また金掘を所々から入れて昼夜を分かたず城を攻めた（『当代記』他）。武田軍が金掘を動員して城を掘り崩したり、坑道を伝わって城内に攻め入ろうとしたというのは、『信長記』（池田家本、太田牛一自筆本）にも「（武田軍は）長篠を見下し金ほりを入、既二の丸へほり入候」とあり、事実と確認できる。ただし、金掘衆を動員して城を攻めるのは、金山を豊富に擁していた武田氏特有の戦法だと人口に膾炙されているが、織田軍も天正六年に但馬国竹田城を攻めた際に「かねほりを入れ、城楼を上げ大鉄炮を以て塀・矢蔵打ちくづし」（『信長記』巻十一）

と記録されているので、当時の城攻めにおいて金掘衆の投入は極めて常識的な戦術であったと考えられる。

勝頼は、医王寺砦を本陣とし、長篠城を見下ろす大通寺（『信長記』〈池田家本〉には円通寺山とあるが誤記）、天神山、篠場野、岩代、有海などに軍勢を展開させ、城を完全に包囲した。また付城の構築も実施した。それらは鳶ケ巣山砦（武田〈河窪〉信実ら）、姥が懐砦（三枝昌貞ら）、中山砦（那波無理助ら）、久間山砦（和気《わき》善兵衛ら）、君ケ伏床砦（和田信業ら）であったといい（高柳光壽、一九六〇年）、このうち、中山砦と久間山砦は、既述のように天正元年に家康が長篠城を攻撃した際に徳川方が構築した砦跡であり、武田軍はこれを再興したのであろう。

『当代記』によると、武田勝頼は五月六日、長篠城包囲網から相当数の軍勢を割いて牛久保に侵攻し、所々に放火したばかりか、帰陣の際に橋尾の堰《せき》を破壊したという。この堰は東三河一帯を灌漑する用水路であったため、天正三年の同地域の稲作は旱損し壊滅的打撃を受けたという。

勝頼は、吉田城に在城する徳川家康・信康父子を牽制すると、再び長篠城包囲陣に戻り、五月十一日から猛攻撃を加えた（以下は特に断らない限り『当代記』による）。武田軍は、渡合（寒狭川〈豊川〉と宇連川〈大野川・三輪川とも〉の合流点）にある門（野牛門であろう）に竹束を連ねて攻め寄せた。これに対し城方が切って出て反撃したため、武田方は竹束などを捨てて谷下の川まで逃れ去った。武田方を撃退した城方は竹束などを焼き捨てたという。しかし武田方は再び竹束を押し立て、仕寄せを再

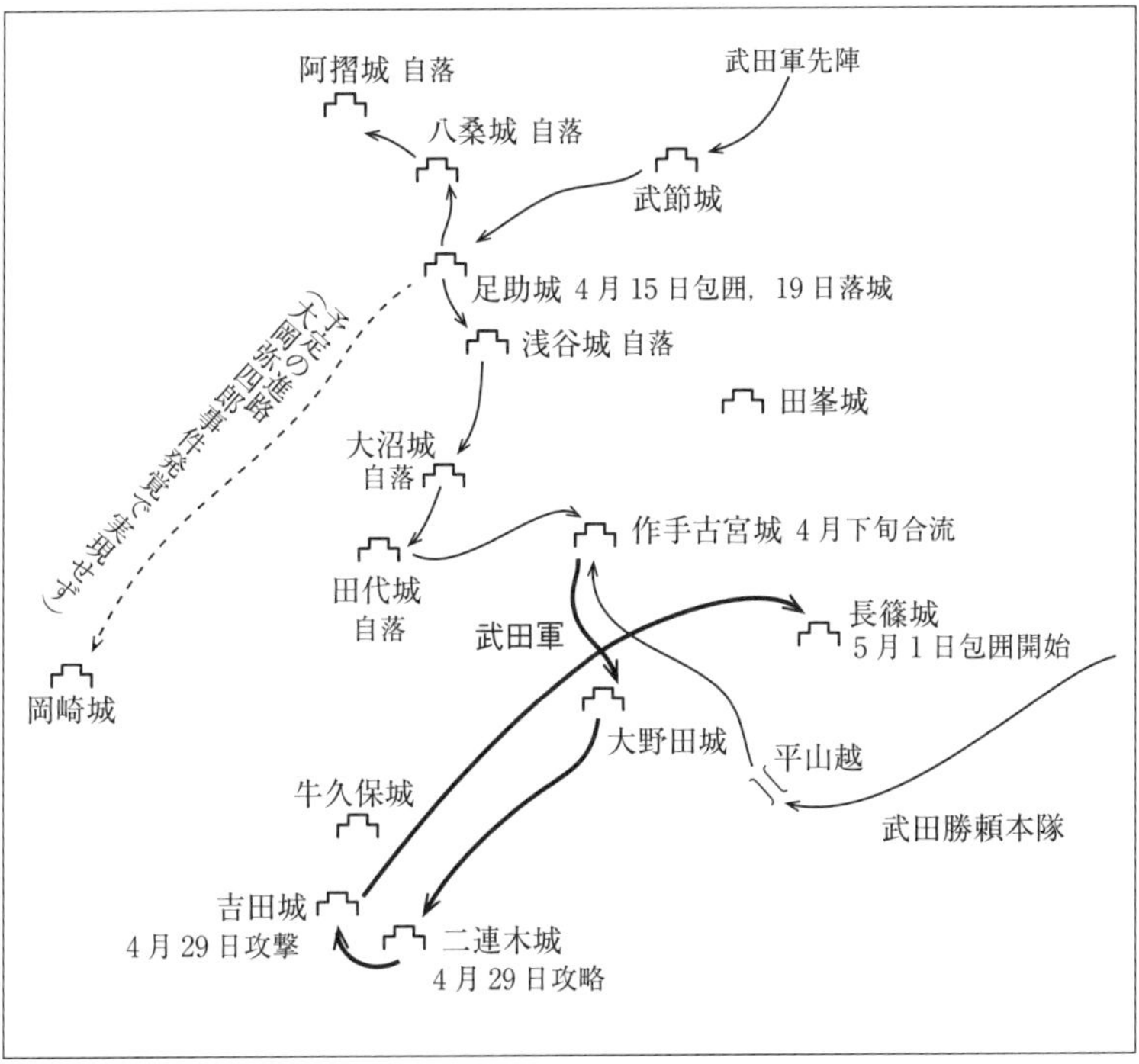

32── 武田軍侵攻路想定図

構築した。この時、長篠城を包囲した武田軍の軍勢は一万五千余であったとされる。

織田信長・徳川家康の動向

武田勝頼が三河侵攻を開始した頃、織田信長は河内で三好氏、石山本願寺と対戦していた。この時信長が動員した兵力は、畿内近国から十万余にも及んだといい、四月十四日には石山本願寺を攻撃した。だが信長は力攻めにはせず、同十七日には和泉国堺に近い新堀城を陥落させ、三好家臣香西《こうさい》越後守・十《そ》河《ごう》因幡守・三木五郎大夫ら百七十余人を討ち取った。このため高屋城に籠城していた三好康長は抵抗を諦め、織田家臣松井友閑を通じて降伏した。信長はこれを容れ、康長を助命し、塙九郎左衛門尉に命じて高屋城を始めとする三好方の諸城をことごとく破却させた。こうして長期に及ぶと予想された本願寺・三好氏との合戦は、わずか半月余で終了し、信長は四月二十一日には京都に撤退したのである。

この間、武田軍の猛攻が三河で続いていた。武田軍が三河の諸城を攻め落とし、戦局が優位であるとの情報は畿内近国にも届いており、六角承禎は五月四日付の穴山信君宛書状でこれを喜んでいる（「長浜城歴史博物館所蔵文書」『愛知』⑪一〇八九号）。

信長は畿内の仕置を行うと、四月二十七日に京都を発し、二十八日には岐阜に帰陣した（『信長記』）。信長は畿内に釘付けにされ、家康救援は困難であろうとの予想はここで覆された。さらに高天神城攻防戦の際に信長は越前を失い、そちらへの手当のため兵力を割かざるを得なかった。だが越前の一揆勢は今回の武田軍の動向に呼応せず、ほとんど動く素振りを見せなかった。そのため信長は、越前方面から前田利家らを召集し、長篠後詰に動かすことが可能となった。浅井・朝倉両氏を滅ぼした信長は、相当の兵力を対武田戦に投入することが出来たのである。一方の勝頼は、父信玄以来の強敵上杉謙信を背後に抱え、その抑えとして武田軍では最大規模を誇る川中島衆のほとんどを海津《かいづ》城代春日虎綱とともに残留させたまま、織田・徳川軍と対決しなければならなかった。

いっぽうの家康は、吉田城に在城したまま勝頼の動向を注視していたと推察される。そして信長に援軍を要請すべく、五月早々重臣石川数正と奥平定能を岐阜に派遣し、武田軍が三河を席巻している様子を報じた。信長はただちに軍勢の召集に入り、「三河が滅べば織田家も危機にさらされると常々考えている。早速軍勢を整えて中旬には出馬する」と返答したという（『当代記』）。また『松平記』には、五月十日に家康は早馬を岐阜に送って注進したとある。この他に、『軍鑑』には、家康が小栗大六を三度岐阜に派遣して、援軍を要請したと記している。小栗大六重常は、家康と信長の通交に際し使者としてしばしば派遣された人物で、『軍鑑』が長篠の戦況報告や援軍要請の使者として派遣したというのは事実であろう（但し、信長が二度にわたって後詰を拒否したというのは信じられない）。

　信長は、五月十一日に熱田社祝部に対し近日三河に出陣すると述べた（「熱田神宮文書」『愛知』⑪一〇九一号）。すでに先陣は出陣させていたらしく、奈良多聞院英俊《たもんいんえいしゅん》は、五月十二日に武田軍に対抗すべく尾張国熱田に織田軍先陣が到着したらしいとの風聞を書き留めている（『多聞院日記』）。信長は、岐阜に帰陣後か、もしくは京都滞在中には、武田勝頼に対抗すべく準備を開始していた。それは、織田領国各地の家臣、国衆に対し、鉄炮放（銃兵）の派遣を要請したのである。この要請に応えて、長岡藤孝は鉄炮放と玉薬を信長のもとへ派遣したことを五月十二日付の書状で報じた（「永青文庫所蔵文書」『愛知』⑪一〇九三号）。また大和国衆筒井順慶も、五月十七日に鉄炮衆五十余人を岐阜に送っている（『多聞院日記』）。信長は全領国から鉄炮放と玉薬を募り、その目途がついたことから、五月十三日に息子信忠とともに岐阜を出陣したのである。信長父子は、その日のうちに尾張国熱田神宮に到着し戦勝祈願を行った。これは桶狭間合戦に勝利した吉例を踏まえたものであろう。そして翌十四日、信長父子は三河国岡崎城に入城した（『信長記』他）。

陥落寸前の長篠城

長篠城は、五月十一日以降、昼夜を分かたぬ武田軍の攻撃にさらされていた（以下『当代記』による）。

五月十三日子刻（午前零時頃）、武田方は曇天のため月明かりもない夜陰に乗じて、長篠城の瓢丸《ひさごまる》（瓢曲輪）を乗っ取ろうと企てた。この瓢丸は、出入口が狭いことから名付けられた曲輪であったが、土塁はなく、沢の岸の上に塀を構えただけの防御であった。そこで武田方は、鹿の角をくくりつけた縄で塀を引き倒そうと試みた。だが城方もこれを予想しており、塀には内側から縄を結い付け、これを控え柱にくくりつけて補強してあったという。このため、懸命に塀を引き倒そうとした武田方は、城方の横矢にさんざん悩まされ多数の死傷者を出した。しかし塀はやがて引き倒されたため、奥平信昌は瓢丸の確保を諦め、城兵を「升方の丸」（場所不明、巴城郭《はじよう》〈帯曲輪〉か）に撤収させた。

いっぽうで武田軍は、牛枠に竹束を立て掛け、その背後で夜明けまでに井楼を組み上げようとしたが、それに気づいた城方は、これが完成すれば大手門の通路などが敵の攻撃にさらされ不利になると思い、鉄炮を打ち掛け、本丸からは大鉄炮を放ち竹束を粉砕した。このため、武田軍は井楼の構築を諦めざるを得なかった。

また本丸西角では、武田方の金掘が土塁の掘り崩しを懸命に行い、大石を掘り崩して谷に投げ落とし、土塁の内側まで掘り崩したが、そこで作業を中断し数日が経過することになったという。城方の抵抗が激しかったためであろう。なお、戦後本丸西角の土塁の場所を調べてみると、そこは岩盤で到底掘り崩すことが実現できるような所ではなかったといい、武田方は城方の戦意を削ぐため、大石を夜陰に紛れてわざわざ運んできて、谷下にわざと落としたのだと噂し合ったという。

このように、武田軍は夜陰に乗じて様々な作戦を試みたが、城方の抵抗に阻まれ、やがて夜が明けてしまい、すべて失敗に終わった。武田軍の死傷者は七、八百人に及んだという。だが城方の死傷者も増えるいっぽうであった。それでも奥平信昌以下は、信長と家康の後詰が来ると期待して抵抗を続けた。

なお、『寛永伝』『譜牒余録』の奥平信昌伝によれば、武田軍は五月十四日にも攻め寄せたといい、これを長篠城攻略のための総攻めに踏み切ったとしているが、これを裏づける史料は何もない。『当代記』も五月十三日を最後に、武田軍の長篠城攻撃の記事は途絶える。しかしながら、断続的な攻撃が試みられたのは十分想定できよう。

鳥居強右衛門尉の活躍

本丸にまで追い詰められた長篠城では、一向に織田・徳川方からの後詰が到着しないことに不安を抱くようになり、城主奥平信昌は使者を脱出させて、家康に援軍要請を行うことを決めた。その使者になったのが、奥平家臣鳥居《とりい》強《すね》右衛《え》門尉《もんのじょう》である。

鳥居の活躍を記録した史料は、『三河物語』と『甫庵信長記』が最も古く、しかも後者は寛永元年（一六二四）版の際に増補加筆されていることから、徳川家臣（武田遺臣を含む）の間では有名だったのだろう。

『三河物語』の記述は比較的簡略で要領よくまとめられている。それによると、武田軍に攻められ窮地に陥った長篠城では、鳥居強右衛門尉を城から脱出させ、信長が出陣したかどうかを確認させようとした。鳥居は首尾よく城を抜け、岡崎城にたどり着き、家康に城の様子を言上すると、彼は鳥居を伴って信長のもとへ行き報告した。すると信長は大いに喜び、確かに長篠城を救援するため出陣すると確約したという。そこで鳥居は岡崎を発ち、武田軍の長篠城包囲陣に雑兵を装って紛れ込み、武田逍遙軒信綱の部隊に潜り込んで、竹束を背負いながら城へ走り込もうと様子を窺っているところを捕縛され、武田勝頼の前に引き出された。

勝頼は「私の言う通りにするなら、助命し国へ連れて行き十分な知行を与えよう。まずは磔にしてみせるから、その時城内の知人を呼び出し、信長は出陣しないので開城せよと言え。そうしたらお前を下に降ろしてやろう」と言った。すると鳥居は「忝《かたじけ》なく存じます。命さえ助かるなら何でもいたしましょうに、それればかりか知行まで下さるとの御意をいただき、これ以上のことがありましょうか。早々に自分を城近くで磔にしていただきたい」と返答した。

そこで武田軍が鳥居を城際で磔にしたところ、強右衛門尉は「城中の方々、出てきて聞いてくれ。鳥居強右衛門尉は秘かに城へ戻ろうとしたが捕縛され、このありさまだ」と言った。すると城内の者たちが「強右衛門尉か」と返答した。そこで鳥居は「信長は出てこぬと言えば助命だけでなく知行も与えると持ちかけられたが、信長は岡崎まで御出馬しているぞ。信忠殿は八幡まで進出した。先手は一之宮、本野が原に満々と布陣している。家康と信康は野田に移られた。城を堅固に守り抜け、あと三日のうちに運が開けるぞ。このことを奥平定能（これは『三河物語』の誤記、定能は家康と同陣していた）と九八郎信昌に伝えてくれ」と叫んだ。これを聞いた武田方は「（偽って）敵を勇気づけることを言う奴だ、早くとどめをさせ」と怒り、鳥居を刺殺した。

以上が『三河物語』が記す鳥居強右衛門尉の活躍である。しかしここでは、鳥居の城脱出、岡崎到達、磔死など一連の動きが何時のことなのかはまったく記録されていない。これに対して『甫庵信長記』には、鳥居の動きとその日付が記されている。詳細は、『三河物語』と重複する部分が多いので記さないが、鳥居は五月十四日夜に長篠城を脱出し、翌十五日早朝に城の「向ひの高山」（地元の伝承では雁峯山《がんぽうざん》〈愛知県新城市〉）で合図の狼煙《のろし》を上げ、十五日夜に岡崎に到着し、酉刻（午後六時頃）に信長、家康に謁見したという。そしてそのまま城にとって返し、十六日夜に長篠に到着したが捕縛され、斬られたという。なお『甫庵信長記』では、鳥居は磔にはなっておらず、屈強な武士十人ほどに囲まれて長篠城際に行き、事情を話したといい、また勝頼が助命しようとしたが自ら願い出て斬られたとある。

鳥居が殺害されたのは、諸記録に五月十六日とあり、享年三十六歳と伝えられる。これは、鳥居の活動日程と信長が岡崎在城時期（五月十四〜十五日）などが符合するので、この部分の『甫庵信長記』

33――鳥居強右衛門尉墓

の記述は事実を伝えている可能性が高い。さらに興味深いのは、鳥居が長篠城を脱出する際に、奥平信昌に母と幼子の面倒を見てほしいと要望した後、わざわざ奥平氏家老に言い置くことがあるとして「今夜この囲みを突破できたら向こうの高山に狼煙を挙げよう。そうしたら、とにかく志を固く持ち、信昌に忠節を尽くしてほしい」と言ったとされる部分である。これは、武田軍に追い詰められ、城内では開城か籠城かで分裂していた可能性を示唆する。この記述の少し前で、信昌がいざとなったら自分一人が切腹し、城兵の助命を武田勝頼に願い出て降伏すると記されており、城内が決して一枚岩ではなかったことを窺わせる。

なお、鳥居強右衛門尉の死は磔によるものというのが定説であり、その姿を武田家臣落合左平次道次が描かせて背旗にしたとされる（本章扉絵参照）。この背旗の絵柄はつとに有名であるが、鳥居の磔姿が、「逆磔」か否かで論争があった（小島道裕・二〇〇〇年、黒田日出男・二〇〇二年、藤本正行・二〇〇二年）。しかし現在では、鳥居は逆磔ではなく、通常の立ち姿による磔で殺害されたことが明らかにされている（金子拓・二〇一一年）。

Ⅵ 決 戦

34── 撃ち倒される武田軍鉄炮兵（『長篠合戦図屏風』）
武田軍は馬防柵で足止めされ，交替で繰り出される織田・徳川軍の鉄炮隊の射撃にあって次々に死傷していった．武田軍にも鉄炮隊は存在したが，物量で勝る敵軍の前に沈黙を余儀なくされた．

1　決戦前の両軍

織田・徳川連合軍、長篠に向かう

織田信長は、天正三年（一五七五）五月十三日に岐阜を出陣し、その日は尾張熱田神宮に詣でて、翌十四日には三河国岡崎城に到着した。岡崎城にはすでに徳川家康が出迎えに来ており、両将はここに合流を果たしたのである。信長はここで一泊しており、長篠城から脱出した鳥居強右衛門尉が岡崎にやって来て信長・家康に拝謁したのが十五日というのは事実であろう。『三河物語』によると、信長は、先陣と信忠を先行させたとい い、信長が池鯉鮒（愛知県知立市）まで進んだ頃には、信忠は岡崎、先陣は八幡《やわた》（豊川市八幡）、一の宮（豊川市一之宮）、本野が原（豊川市本野）に布陣していたという。このことから、織田軍の先陣はかなり早く三河に到着し、長篠近辺にまで押し出しており、あとは信長本隊の到着を待つだけという態勢が整っていたとみられる。また徳川軍の一部も、野田に布陣していた。鳥居強右衛門尉は、こうした様子をみて援軍来着を確信し、長篠城に報じたのであろう。

信長は、家康とともに十六日に牛久保城に入って一泊し、ここに丸毛兵庫頭《ひょうごのかみ》光兼（美濃衆）・福田三河守（信長馬廻）を留守居として配置すると、十七日には野田原に野陣を張り、十八日に志多羅《しだら》郷

（設楽郷、新城市）の極楽寺山に本陣を据えた。息子信忠は新御堂山に布陣した。この志多羅郷近辺は、窪んだ地形をしており、これを幸いと信長は武田軍に大軍が見えないよう、三万人をここに配置したという（『信長記』）。確かに、信長・信忠が布陣した極楽寺山近辺は、武田方からは断正山が邪魔になってまったく見通すことが出来ない。信長は、織田・徳川軍の軍勢が大軍であることを秘匿しようと考えたらしい。

徳川家康は、自分の領国で合戦をする慣例に従い、先陣として古呂道坂の上の高松山に布陣し、有《あ》海《み》原で連吾川を前に当てて、織田軍の滝川一益とともに馬防柵の敷設を開始した。いっぽう、織田軍の滝川・羽柴秀吉・丹羽長秀の軍勢は、さらに有海原を奥へ進み、武田軍がみえる場所まで進み対峙した（『信長記』）。恐らく、長篠城付近の篠場野、有海付近まで進んだのであろう。

このことは、信長も五月二十日付長岡藤孝宛の書状で「敵の軍勢は節所（険阻な場所）に布陣しているが、（当方は）十八日に鉄炮放（鉄炮衆）を押し詰めた。進撃は思うに任せなかったが」と述べている（「細川文書」『信長』五一〇号）。織田軍が、武田軍の長篠城包囲陣に接近したことは間違いなかろう。このため武田軍のうち、寒狭川右岸の有海原に展開していた軍勢は、撤退を余儀なくされた可能性がある。両軍の決戦はまぢかに迫っていた。

武田勝頼の決断

織田・徳川軍の接近を知った武田勝頼は軍議を開き、対応の検討に入った。織田信長が徳川家康の援軍として出馬したとの情報は、鳥居強右衛門尉から聞き出して初めて知ったとすれば、軍議は五月十六日以降のことであろう。この模様は、『軍鑑』の記述がつとに有名である。それを要約して紹介しよう（軍議の模様は『軍鑑』巻六、十九に分散して記述されている）。

軍議では、重臣山県昌景・内藤昌秀・馬場信春・原昌胤・小山田信茂らが、敵は大軍なので合戦は不利であるから撤退するのが得策と進言し、もし織田・徳川軍が追撃してきたら信濃国内に誘き寄せ攻撃すれば勝利は疑いないと述べた。これに対し勝頼と長坂釣閑斎光堅は、敵に背を見せるのは恥辱だとして賛成しなかった。

そこで馬場信春は、長篠城を力攻めにして陥落させればよろしかろうと主張した。それならば城方の鉄炮はせいぜい五百挺ばかりだろうから、攻め寄せるまでに二度の一斉射撃を受けても、武田軍の損害は千人程度の死傷者で済むだろうと。これには味方の損害が多すぎるとして長坂が難色を示し、勝頼もこれに同意した。

そこで馬場は、長篠城を攻め落として勝頼を城に移し、武田信綱ら全ての御親類衆が城の背後を押さえ、残る全軍が旗本の前備となって寒狭川を前に当てて織田・徳川軍に備える。そして山県・内藤・馬場の三人が寒狭川を越え、敵と小競り合いをしながら長期戦に持ち込めば、武田軍は信濃からの補給がたやすいが、信長は河内・和泉の人々を動員しているので長陣が出来ず、やがて撤退することだろうと述べた。これに対し長坂は、信長ほどの大将がそう簡単に撤退することはありえない、もし敵が攻め寄せてきたらどうするかと反問した。すると馬場は、その時は戦うしかなかろうと返答した。これを聞いた長坂は、迎え撃つも、進んで戦うも同じ合戦である、と強弁したという。

重臣たちは撤退、長坂光堅と跡部勝資は決戦を主張し、両者の激論が続くなか、結局勝頼は決戦を決断した。

『軍鑑』の他に、武田方の軍議の様子を伝えているのは、『当代記』である。それによると、勝頼は決死の覚悟で織田・徳川軍と決戦をすべきだと主張したところ、馬場信春・内藤昌秀・山県昌景・穴山信君・武田信豊らの宿将、親族衆が反対し、敵は四万、味方は一万なのでここは撤退すべきであり、信長が帰陣したら秋にまた出陣してきて、所々に放火しさらに刈田を実施すれば、三河は亡国になるだろう。そうすれば一両年中に宿願がかなうに違いなかろうと主張した。だが勝頼は同意せず、さらに長坂釣閑斎が決戦論をまくしたてたため、重臣らの献策は退けられたのだという。

『軍鑑』にはこの様子を、勝頼側近安倍加賀守宗貞から高坂弾正（春日虎綱）が聞いたとあり、また『当代記』は伝聞として記録している。この内容がどこまで事実なのかは、確認出来ない。ただ、念のため記しておくと、この場で勝頼の意を汲み、決戦論を主張した長坂釣閑斎光堅は、長篠に参陣していた可能性が高く、武田領国のどこかの城の在番をしていたという高柳光壽氏以来の通説は完全なる誤りである。根拠とされた五月二十日付長閑斎宛勝頼書状の宛所「長閑斎」は、駿河国久能城代今福長閑斎であることが確実だからである（平山「長閑斎考」『戦国史研究』五八号、二〇〇九年）。この結果、軍議の模様を、『軍鑑』の虚構だと主張する根拠は完全に崩れ去った。武田方では、撤退と決戦の両論が交わされ、勝頼は決戦を決意したのであろう。

反対論の骨子は、①敵は大軍、味方は無勢であること、②長篠城が陥落していない現状で、決戦に向かうのは前後から敵を受けることとなり不利であること、に集約される。これらを承知で、勝頼が決戦を決断した理由は何であったろうか。何か勝算があってのことだろうが、史料がなくまったく明らかではない。これこそ、長篠合戦と武田勝頼の最大の謎である。

いずれにせよ決戦を決意した勝頼は、長篠城包囲のため、高坂（春日）源五郎・室賀信俊・小山田昌成ら二千余人、鳶ヶ巣山砦以下の付城群の軍勢二千余人を残留させると、五月二十日、全軍一万一千余人を率いて滝沢川を越え、有海原に進出したのである。

この勝頼の決断こそが彼のその後運命と、今日に至る評価を決定づけたのである。

長篠合戦の特異性となおも残る謎

長篠合戦については、織田・徳川軍が馬防柵、土塁・空堀、陣城（切岸を含む）を構築したために、武田軍は困難な戦いを強いられたことから、信長が野戦を攻城戦へ転化させた作戦勝ちだったといわれている。しかしながら、馬防柵や何らかの身隠しを構築したことは事実であろうが、陣城の普請については断定出来るほどの確証がない（髙田徹「三河長篠城及び長篠合戦陣所群に関する検討」『中世城郭研究』一〇号、一九九六年）。恐らく信長が滝川一益らや徳川家康に構築を命じたのは、『信長記』『甫庵信長記』に記述される馬防柵と逆茂木《さかもぎ》のほか、身隠しになるような構築物（土塁の可能性は捨てきれない）だけだったとみられる。

それでも『軍鑑』に、長篠合戦は野戦のはずなのにまるで城攻めのようであったと記録されているのは、合戦に参加し生き残った武田軍兵卒たちの偽らざる経験談だったのであろう。武田軍は徳川軍陣地前面の三重柵を攻め破り、一部は敵兵に斬りかかるなど、敵勢に肉薄することに成功していたと、『軍鑑』ばかりか徳川方の記録にも特記されている。その意味で、織田・徳川軍が馬防柵や逆茂木などで陣前を固め、有力な鉄炮と弓で武田軍を迎撃し、討ち漏らした敵兵を足軽で討ち取った合戦の模様を、「野戦から攻城戦へ」という図式で捉えることは決して誤りではない。このことが長篠合戦の特異性ともいえるだろう。

では最後に残る課題は、信長・家康が怖れ、前進を躊躇させた地形的優位を捨て、逆に切所を背に織田・徳川軍が待ち構える有海原に前進することを、なぜ武田勝頼が決断したのかである。この課題について、これまで様々な理由が提示されてきた。それは大きく分けて、信長の謀略説と武田勝頼の無謀説に大別される。

このうち、信長の謀略説とは、①重臣佐久間信盛に武田方への内通を申請させ、勝頼を信用させて有海原に誘き出したというもの（「三州長篠合戦」他）、②勝頼に重用されていた三河牢人小栗某という者が変心し、偵察に出て帰り、勝頼に織田信長は上方の敵に釘付けにされており、来援出来ないと報じたため、勝頼は決戦を決断したというもの（『甫庵信長記』）、③信長は多数の鉄炮衆と馬防柵を敷設したが、それを武田軍から見えないように工夫したため勝頼が気づかなかったというもの（『本多家武功聞書』）、などである。これらはいずれも裏づけがなく、あまりにも突飛な内容ばかりで、これまでも事あるごとに批判、否定されてきた。私もこれらの否定論を支持する。

いっぽう勝頼の無謀説は、これまで縷々説明してきたように、鉄炮・弓を把持し待機する敵軍に対し、突撃戦法（浸透戦術）や馬上攻撃を採用したことも当時としてはごく当然の常道だったことから、長篠敗戦からの結果論の産物であろう。もし無謀と捉えるならば、彼我の兵力差を考慮すべきだったということだろう。実際に『軍鑑』によれば、織田・徳川軍三万、武田軍一万五千人という兵力差こそが、武田氏の一門、宿老たちが決戦に反対する理由だった。

それでも武田勝頼が決戦を望んだのは、何か勝算があってのことだろう。彼が何を考えていたのかを探るには、長篠合戦前日に勝頼が記した書状から推察するしか方法がない。

ただ、五月十八日には、滝川一益・羽柴秀吉・丹羽長秀の軍勢が、鉄炮衆を押し立てて、武田軍に接近していた事実がある。両軍の間で戦闘があった事実は確認出来ないが、織田軍が挑発行動に出たことだけは事実だろう。また決戦前日、戦局を憂慮し見舞いの使者を派遣してきた家臣三浦員久、今福長閑斎らに対して勝頼が出した返書に、「信長・家康は手立てを失って逼塞している」と記している（「神田文書」他『戦武』二四八八・八九号）。勝頼は織田・徳川軍の動きを誤認しているばかりか、みくびっていた。すなわち、織田・徳川軍の陣容などについて武田方は情報不足だった可能性を示唆する。さらに、勝頼が家臣への書状において「ぜひとも敵陣に攻めかかり、信長・家康ともども（撃破して）本意を遂げたい」と述べていることを重視すべきであろう。同様のことは、勝頼が側室と思われる女性に、決戦前日に出した書状で「このごろは何処も（勝頼の）思い通りになっている。長篠も本意を遂げられるのはまもなくであろう。心やすくあるように」と記している（「山下文書」『戦武』二四九三号）。勝頼は信長・家康二人が眼前に出てきた好機を逃さず、ここで撃破し「本意」を遂げることだけに固執していたのである。この「本意」とは、父信玄の晩年以来、信長・家康を討ち滅ぼすことが武田氏の宿願であり、勝頼自身が引き継いだ政治・外交・軍事路線に他ならなかった。彼らとの合戦は、父信玄を継いだ勝頼にとっても「本意」だったのである。また、これは想像でしかないが、勝頼は信長・家康と戦って勝ち、不安定な当主としての地位を一挙に確立させようと考えたのではあるまいか。勝頼にとって、諏方勝頼ではなく武田勝頼として、家臣たちからの求心力を高めるには、合戦に勝ち続けることしかなかったのではないか。さらに、側室への書状にみられるように、ここまでの戦局は武田軍の圧倒的優位であり、懸念されるような事態は勝頼に認識されていなかったようだ。大岡弥四郎事件に象徴されるように、徳川方からも武田氏の調略に応じる動きも出始めていた。勝頼の決断の背景には、勢いに乗る武田軍の状況もあったであろう。

また信長は、武田軍に自身が率いる三万の大軍を察知されないよう、設楽郷近辺の窪地に配置したという『信長記』の記述も見逃せない。信長は、滝川一益・羽柴秀吉・丹羽長秀の軍勢のみを有海原に進出させ、五月十八日には鉄炮衆を中心とした彼らを武田軍の間近まで接近させていた。この時に戦闘があったかどうかは定かでないが、武田方に織田軍の軍勢の存在を視認させている。このことは、武田軍を誘き寄せるための挑発行為か、信長が家康のために来援した兵力が、鉄炮を装備しているとはいえ意外にも少数であると見せかけるための作戦だったのではあるまいか。『信長記』を読む限り、決戦場となる断正山前面の有海原に展開していたのは、徳川軍本隊の他に、織田軍は滝川・羽柴・丹羽などの軍勢に過ぎず、その他のほとんどの軍勢は活動が確認出来ない。つまり織田軍の大半は、武田軍に隠れて断正山背後に満々と待機していたのである。武田方も織田・徳川軍が大軍であるとの情報を掴んでいたが、現実に有海原に展開していた軍勢は、聞いていたほどの大軍ではなかった。

勝頼が勝利出来ると判断したのは、織田・徳川軍と武田軍との兵力には、もたらされた情報ほど大きな差はなく、だからこそ信長と家康は武田軍との決戦に踏み切れず、手立てがなく逼塞していると思ったからではあるまいか。この推理が正しいとすれば、勝頼の判断ミスは織田・徳川軍に対する情報不足に起因するであろう。だがこの推理も、さほど根拠のあるものではない。いずれにせよ、最も重要な課題である勝頼が抱いた勝算が何によるものであったかは、遂に明確に出来ず、なおも謎のままとして残さざるを得ない。

2　両軍の布陣

両軍の布陣

五月二十日、武田勝頼は、織田・徳川軍が布陣する有海原に軍勢を進め、二十一日早朝に決戦の態勢に入った。両軍は、竹広から森長にかけて展開したが（設楽原陣城研究会「陣城はあったか―設楽原からの報告」『設楽原歴史資料館研究紀要』七号、二〇〇三年）、この時の布陣については、高柳光壽氏の研究が今日定説となっている。高柳氏の提示する両軍の布陣は次のようなものであった（図35）。

両軍の布陣状況に関する高柳氏の考証は、今日数多くの長篠合戦関連の書籍で引用され、図化されており、極めて著名なものである。しかし、史料を子細に検討してみると、いくつかの問題点も出てくる。そこで若干の検討を加えておこう。

武田軍の布陣

武田軍の布陣については、『軍鑑』やそれをもとに描かれた『長篠合戦図屛風』などしか史料がなく、『軍鑑』以後の軍記物になると、記事の混乱が激しく考証の参考にならない。そこで『軍鑑』を基礎とし、それぞれの麾下に属していた相備衆や寄子・同心衆などについては、『戦国人名辞典』（吉川弘文館、二〇〇六年）をはじめとする、近年の成果を踏まえつつも、あくまで目安として記述していくことにしたい。

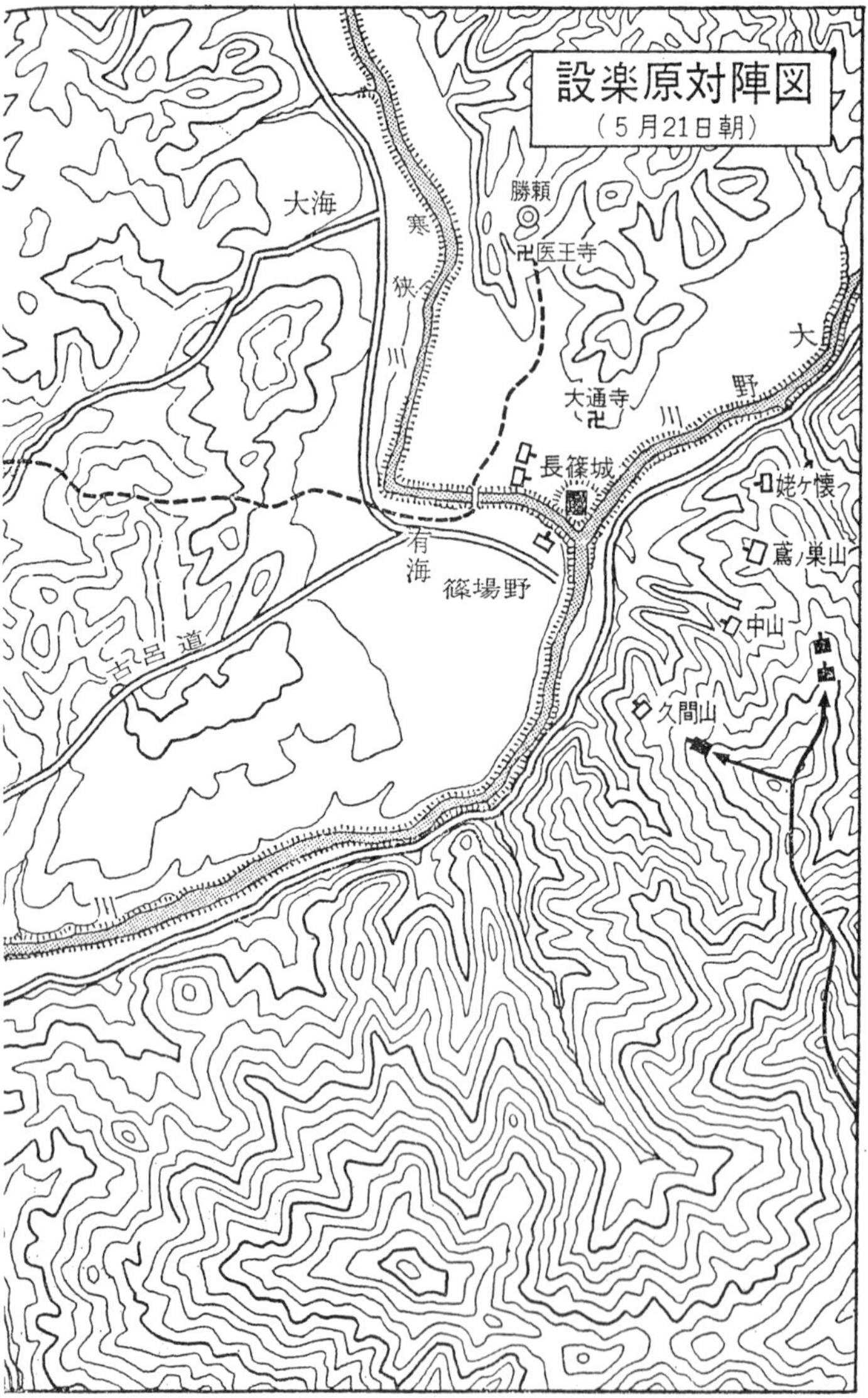
設楽原対陣図
（5月21日朝）
勝頼
医王寺
大海
寒狭川
大通寺
大野川
長篠城
姥ケ懐
鳶ノ巣山
有海
篠場野
中山
古呂道
久間山
川

陣図（高柳光壽氏による）

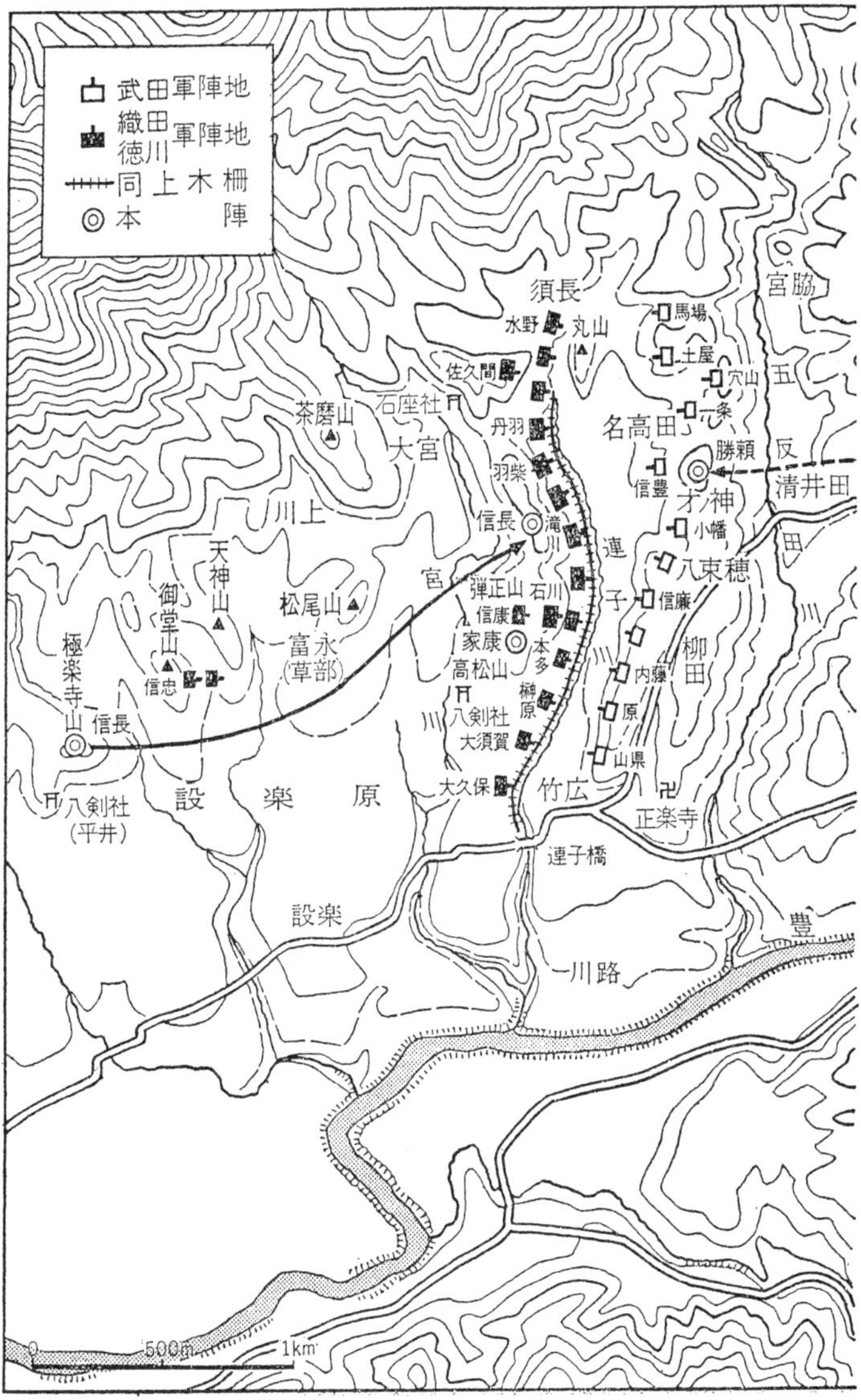
武田軍陣地
織田徳川軍陣地
同上木柵
本陣
須長
水野
丸山
馬場
土屋
穴山
一条
佐久間
石座社
茶磨山
丹羽
名高田
大宮
羽柴
勝頼
反
清井田
宮脇
五
信豊
才ノ神
信長
滝川
小幡
川上
八束穂
天神山
連子
宮
弾正山
石川
御堂山
松尾山
信康
信廉
富永
(草部)
家康
本多
柳田
極楽寺山
高松山
信忠
内藤
榊原
八剣社
原
信長
大須賀
山県
大久保
竹広
八剣社
(平井)
設楽原
正楽寺
連子橋
設楽
豊
川路
0
500m
1km

35―長篠合戦両軍対

まず右翼であるが、馬場・土屋・一条が担当したというのはそれでよいと思う。だがもう二隊真田信綱・昌輝兄弟を入れるべきであろう。『軍鑑』などは馬場・土屋・一条らとともに織田軍と戦っている様子が記され、『屛風』には土屋昌続とその部隊の左隣にある丸山付近で、真田兄弟が奮戦している様子が描かれている。また、『軍鑑』巻六には、さらに穴山信君が配備されていたとある。同書によれば穴山衆は、長篠合戦では「穴山衆ハせりあいなくひきのく」とされ、また敗戦が決定的になった際に「穴山衆先にかんぼう山へしさる」（『軍鑑』末書）とあり、ほとんど戦わなかったかのように記されているが、穴山家臣諏訪部助右衛門尉が戦死しているので（Ⅵ章4参照）、それは事実ではあるまい。ただ彼以外に穴山家臣で他に名のある者の戦死は確認出来ず、犠牲者が極めて軽微なのは事実である。しかしいずれにせよ、穴山衆が「かんぼう山」（雁峯山）を目指して撤退したというのは、彼らが布陣していた場所の推定に示唆を与えるもので、『軍鑑』が穴山・馬場・土屋らとともに右翼に編制されていたとするのは事実なのであろう。

右翼として編制された武田軍の陣容は、馬場信春〈相備衆は岡部氏〈駿河衆〉・麻績氏〈信濃衆〉、寄子・同心は牧之島衆〈信濃〉の中牧・平林氏ら、甲斐衆の小幡・早川・金丸氏ら〉、土屋昌続〈相備衆は、小笠原氏・草間氏・常田氏・矢沢氏・桜井氏・塔原海野氏〈以上信濃衆〉・奥山氏〈遠江衆〉ら〉、一条信龍〈相備衆は青柳氏・与良氏・大津氏〈以上信濃衆〉、寄子・同心衆は石黒・沢田・和田・内山氏らの甲斐衆〉、真田信綱・昌輝兄弟〈相備衆として鎌原氏〈西上野衆〉、寄子・同心衆は、西上野の吾妻郡の湯本・海野・

羽尾氏らが想定される）、穴山信君であったと推察される。

次に中央隊として、小幡信貞・武田信豊・武田信廉が想定されている。しかしながら、まず西上野小幡氏の当時の家督は小幡上総介信真であり、まったくの誤りである。また小幡信貞は、信定が正しく、官途は右兵衛尉だが、天正三年当時は平三と称しており、若年だったとみられ、長篠合戦に参加したかどうかは定かでない。信定は後に惣領信真の養子となった。小幡氏は信真が老父尾張守憲重（当時は出家して信龍斎全賢）とともに出陣し、負傷したようである（「妙義神社鰐口銘」「菅原神社鰐口銘」『戦武』二七九二・三号、黒田基樹『戦国大名と外様国衆』文献出版、一九九七年）。当時信真は病気で初めは出陣できず、一族小幡播磨守昌高ら一党を出陣させ、少しでも回復したら参陣すると述べている（「松田家文書」『戦武』二四八七号）。しかし信真は病気を押して参陣し、決戦に間に合ったらしい。なお長篠合戦の戦死者に「西上野小幡」と記録されているが（『信長記』）、これが誰を指すかは定かでない。あるいは弟小幡又八郎などがそれに相当するのであろうか。記して後考をまちたい。

次に武田信豊についてであるが、相備衆については定かでなく、甲斐武川衆の青木・跡部氏らが寄子・同心衆として付属している。また、信豊は小幡憲重・信真父子と並んで配置されていた可能性がある。それは、信豊の妻が小幡憲重の息女であり、さらに信豊の子女が小幡信氏（憲重次男信高の嫡子）に嫁いでいることが確認出来、血縁関係が強いからである。それは信濃望月氏も同じで、当時の家督は望月左衛門尉（諱は信永・信元・信景の諸説あり）であったが、彼は武田信繁の子で、信豊の実弟にあたる。高柳氏は、望月氏は信豊の与力であると指摘しているが、『軍鑑』には跡部勝資・仁科盛信・葛山信貞らとともに「組頭ニ而も組子ニ而もなき衆」と記録され、これは武田勝頼の作戦意図に応じて「脇備へ、後備、或ハ城をせめ取テ、番手亦ハ先衆ノはなれてはたらき之時ハ、御先ヲも被仰付」とあるように、自在に配備される部隊であったようだ。このため、長篠合戦では、信豊を支援すべく中央隊に配備されたと思われ、その背景にはやはり姻戚関係があったことが想定されよう。なお高柳氏は、望月氏の当主を甚八郎重氏としているが、これは『屛風』や後世の軍記物の影響であり、訂正の必要がある。

中央隊と想定される最後は、武田信廉である。正しくは、当時は出家して武田逍遙軒信綱と称していた。武田信綱の相備衆は、会田岩下氏・山口氏（信濃衆）・依田氏・大戸浦野氏（西上野衆）とされている。ただし、大戸浦野氏は上野国箕輪城代内藤昌秀の相備衆の可能性が高いので、ここからは除外し、内藤衆の相備衆と想定することとする。

また『軍鑑』には西上野安中氏が、中央隊と想定される位置に武田信豊、望月左衛門尉らとともに記されている。『屛風』では右翼の位置に描かれているが、これは誤りであろう。当時の当主は安中左近大夫景繁であり、この合戦で戦死している。安中氏は、西上野において小幡氏に次ぐ軍事力を保持していた有力国衆であった。恐らく単独の備（部隊）として配備されたのであろう。

以上の検討から、中央隊は小幡信真・武田信豊（相備衆望月左衛門尉〈信濃衆〉、寄子・同心は甲斐武川衆など）、武田信綱（相備衆は会田岩下氏・山口氏〈信濃衆〉、依田氏〈西上野衆、鷹巣城主〉）、安中景繁であったかと思われる。

最後に左翼を検討しよう。高柳氏によると、それは内藤昌豊・原昌胤・山県昌景と指摘されている。ところで内藤昌豊は昌秀が正しい。また内藤昌秀は、織田軍本隊の滝川一益と戦ったと『軍鑑』にみえる。いっぽうで『本多家武功聞書』は、内藤隊が本多忠勝と激戦を展開したとある。これらを証明する史料はない。滝川隊は織田軍本隊最右翼として徳川軍の左隣に、本多忠勝は家康直属の遠江衆とともに徳川本陣前面に展開していたはずなのだが、内藤隊の配置されていた位置を特定することは難しい。しかし織田軍と徳川軍双方に攻撃を仕掛けられるとすれば、武田軍左翼の最も右、中央隊と並んで配置されていたのであろうか。内藤昌秀は、上野国箕輪城代であり、西上野国衆の多くを相備衆に、また西上野の武田氏直参衆を同心衆として指揮していた（栗原修『戦国大名上杉・武田氏の上野支配』岩田書院、二〇一〇年、黒田基樹前掲著書、一九九七年）。

次に原昌胤であるが、『武徳大成記』に徳川軍の石川数正と戦ったとあるのが、戦闘相手を記した唯一のものである。もし事実とすれば、左翼を担当していたとみてよかろう。原昌胤の麾下については詳らかにしえないが、『軍鑑』に原昌胤は百二十騎を率いており、このうち五十騎は外様によって編制されていたという。このことから、昌胤は武田領国の有力国衆ではなく、もっと勢力の小さい武士を預けられていたと思われる。

最後に山県昌景であるが、山県隊はこの合戦に参加した武田方の部将の中で、西上野小幡信真（五百騎）、真田信綱・昌輝兄弟（三百五十騎）に次いで兵力が大きかったと『軍鑑』は記録している。その兵力は三百騎で、駿河・遠江・三河国衆の多くを相備衆にしていた。

この他に、『軍鑑』は左翼として「あまり衆」がいたことを記している。「あまり衆」とは、武田氏の重臣甘利三郎次郎信頼のことである。信頼は、甘利信忠（甘利備前守虎泰の子）の子と推定され、この合戦に参加し生き残って帰国した数少ない重臣である。甘利衆には、武川衆のうち米倉氏などが付属し、また信濃衆須原（春原）氏や、畠野氏（甲斐衆か）などが同心衆として配属されていたという（『軍鑑』）。

この他に、小山田信茂や跡部勝資も左翼にいたと『軍鑑』は記している。小山田信茂は、甲斐国都留郡の有力国衆であるとともに、武田氏の譜代格として厚遇されていた。そして相備衆には同じく都留郡の国衆加藤氏が預けられていた。確実な史料に恵まれないが、加藤氏の当主加藤丹後守景忠は、長篠合戦で戦死したと伝わる（上野原市保福寺蔵「保福寺過去帳」）。信茂が長篠合戦に参加したのは間違いなく、彼は敗戦時に勝頼を護りながら退却したという記録がある（「武家事紀」三四『戦武』二六三八号、『山梨』⑤三一一九・二〇号）。その文書にも「貴辺の幕下の士卒は恙《つつが》なし」とあり、小山田衆はさほどの損害を受けなかったらしい。事実、相備衆の加藤景忠を除き、小山田衆での戦死者は伝えられていない。最後に跡部勝資であるが、『軍鑑』には「組頭ニ而も組子ニ而もなき衆」と記録され、その兵力は山県昌景に並ぶ三百騎である。長篠合戦の際は左翼に編入され、山県らを支援して戦ったのであろう。

以上をまとめると、左翼は、内藤昌秀〈相備衆は、多比良氏・白倉氏・高山氏・木部氏・倉賀野氏・後閑氏・長根氏、寄子・同心衆は、上野箕輪城近辺の直参衆、同心衆など〉、原昌胤、山県昌景〈相備衆は、朝比奈氏〈駿河衆〉、松尾小笠原氏・相木依田氏〈信濃衆〉、大熊氏〈越後牢人、遠江小山城番〉、田峯菅沼氏・長篠菅沼氏〈三河衆〉、三浦氏・孕石氏〈遠江衆〉、寄子・同心衆には小菅・広瀬・三科・曲淵の各氏などの甲斐衆など多数〉、小山田信茂〈相備衆は加藤氏〈甲斐衆〉〉、跡部勝資などが配備されており、長篠合戦における武田軍の中で最大規模の兵力を誇る。このことは、武田軍主力の攻撃が、徳川軍に向けられていたことを示すものである。

この他に、武田方の有力国衆としては、信濃衆禰《ね》津《づ》月直が参戦したことが史料から確認され、この合戦で戦死を遂げている（「高野山蓮華定院過去帳」）。『軍鑑』には禰津氏は跡部勝資・望月左衛門尉とともに「組頭ニ而も組子ニ而もなき衆」に登録されているので、武田軍のどこかの部隊とともに配備されたのであろう。可能性として、右翼真田信綱・昌輝兄弟とともに戦ったのではないかと推察される。それは『信綱寺殿御事績稿』『真武内伝』には、禰津元直〈月直の誤記〉も真田兄弟とともに戦い戦死したと見えるからである。この編制は真田・禰津両氏がともに滋野一族で、上野侵攻戦などでしばしばともに戦っていたことなどの縁も考慮されていたのではなかろうか。

織田・徳川軍の布陣

織田・徳川軍の右翼（徳川軍本隊）に向けて主力部隊を配置した武田軍に対し、信長・家康は如何なる布陣で臨んだか。それは、高柳光壽氏以来図35の通りとされているが、これらも『軍鑑』に強く影響されている。というのも、『軍鑑』は、真田・土屋・馬場・穴山衆らは、大宮前の佐久間信盛・木下秀吉・明智光秀に攻撃を仕掛けたといい（第二〇）、また別のところでは佐久間と戦ったと記され（第五）、この記述に対応するように織田軍左翼が想定されているからである。ただし『軍鑑』の記事に登場する明智光秀は、当時畿内に残留しており（『兼見卿記』）、この合戦に参加していないので、明らかな誤記である（このことはもちろん高柳氏も確認、指摘している）。また「烈祖成績」には、真田兄弟と土屋は、秀吉・丹羽長秀と戦ったとある。この他にも様々な軍記物があるが、記事に混乱が激しく、事実を追及するのは困難であるが、はっきり指摘出来ることは、織田軍左翼に関する高柳氏の推測には問題が多いということである。

これに対し『甫庵信長記』は、佐久間信盛・水野信元は右翼、徳川家康に付属して布陣していたと記している。実はこの記述は見逃されがちであるが極めて重要で、私はこちらの記述が正しいのではないかと考える。ちなみに藤本正行氏は唯一『甫庵信長記』のこの記述を高く評価している。では佐久間信盛・水野信元が、高柳氏以来の通説である織田・徳川軍左翼ではなく、右翼に配備されたという『甫庵信長記』の記述を支持出来る理由は何か。それは織田・徳川同盟と佐久間・水野両氏の関係を検討することで明らかになろう（柴裕之氏のご教示による）。

そこでまず、佐久間信盛と徳川家康との関係を示す事例を列挙すると次の通りである。①永禄十年（一五六七）五月、家康嫡男信康の正室となった五徳（信長息女）の輿入れに供奉した（『家忠日記増補』）、②元亀三年（一五七二）十一月、家康の援軍として遠江に出陣、武田信玄との三方原合戦で敗退（『信長記』他）、③天正二年六月、武田勝頼の高天神城包囲に際し浜松に出陣（『永禄以来年代記』）、④天正三年三月、信長より家康に贈られた兵粮米を持参して引き渡し、徳川方諸城の検分を実施（「大阪城天守閣所蔵文書」『愛知』⑪一〇七二号）、⑤天正三年六月、徳川家臣奥平信昌らとともに三河武節城を攻略し、美濃岩村城を包囲する織田信忠に合流（『当代記』、「野崎達三氏所蔵文書」『愛知』⑪一一一四号）。

いずれも、織田氏と徳川氏の仲介にあたっていることがわかる。このことで注目される史料として（元亀三年）六月二十一日付酒井忠次宛佐久間信盛書状がある（「本光寺所蔵田嶋家文書」『岡崎』⑥一二一九）。これは武田信玄の遠江・三河侵攻前夜、家康が信長に何かしらの相談をした時のもので、信長は武田氏の使者が様々なことを言ってきたがまったく信用出来ないと考えているので安心されたいと述べている。そして信盛は「何事であっても家康様の御為によいように取りはからいたいと衷心より念じている」と記しており、彼は家康や酒井忠次（徳川方の織田氏取次役）との交渉を担う織田方の窓口、すなわち取次役（奏者）だったと想定される。だからこそ、徳川氏が危機に瀕した時や重要な外交行事（五徳の輿入れ）に際して、織田方の佐久間信盛が援軍として選任、派遣されたのであろ

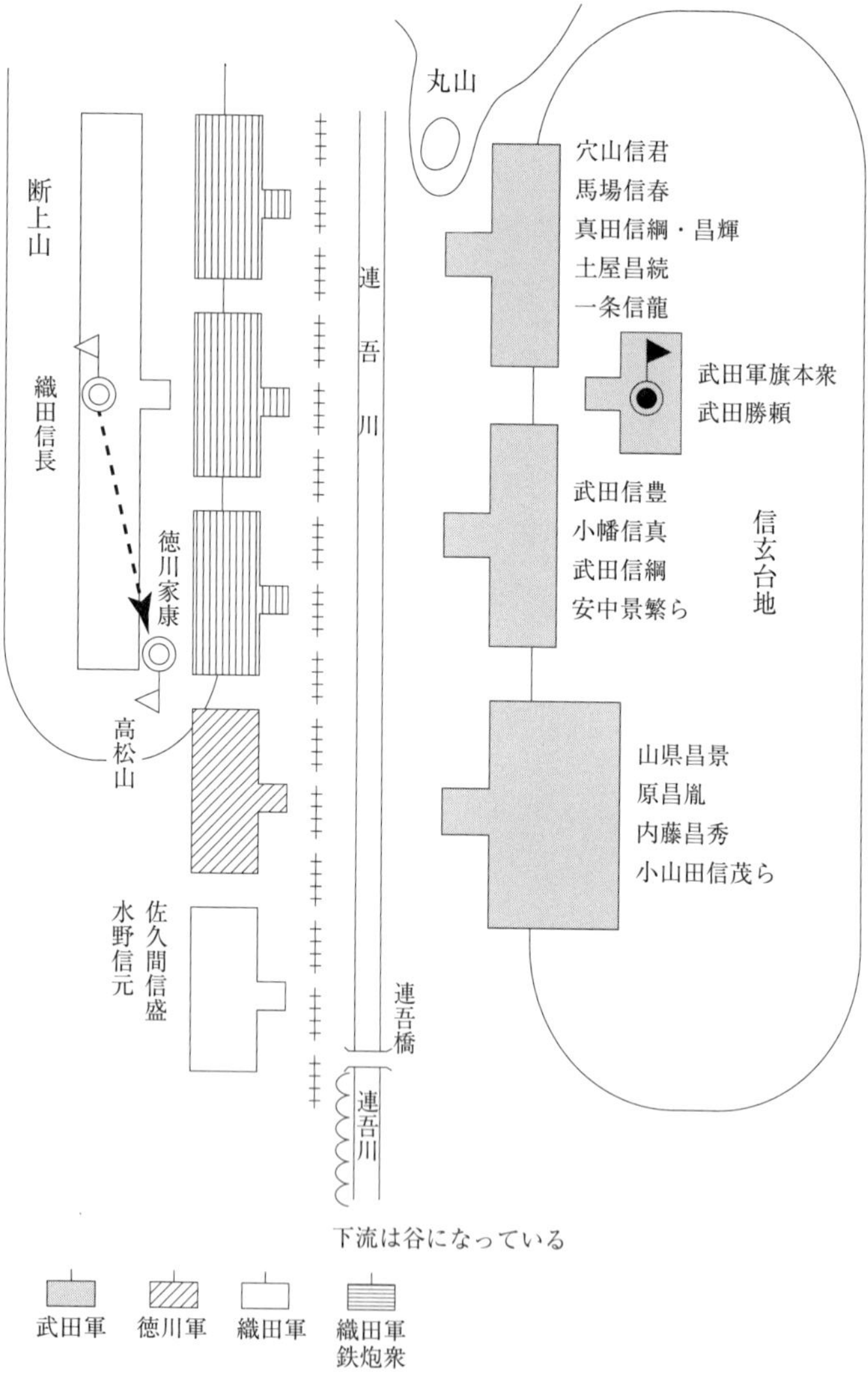

36―長篠合戦両軍対陣想定図

う。

いっぽうの水野信元は、贅言するまでもなく尾張国緒川城主で家康の外伯父にあたる人物（家康生母於大は信元の妹）である。信元と家康の関係を列挙すると、①桶狭間合戦後、家康に三河帰国を勧告（『寛政譜』）、②永禄六年の三河一向一揆蜂起に際して家康を支援（同前）、③元亀元年六月、家康とともに近江に出陣し姉川合戦に参加（『信長記』他）、④元亀三年十一月、家康への援軍として佐久間信盛とともに遠江に出陣、武田信玄との三方原合戦で敗退（『信長記』他）、⑤天正三年末、美濃岩村城を包囲する織田信忠を援護すべく、三河武節城攻略後の佐久間信盛とともに合流、などである。また史料からは確認出来ないが、織田・徳川同盟成立にあたって、水野信元が介在したことはほぼ間違いなかろうと推定されている。このように、水野氏は、家康の外伯父という関係やその拠点が徳川領国と接する地理的条件などもあり、佐久間信盛と同じく家康への援軍として常に選任、派遣されることになっていたのであろう。信盛と信元が常にセットで家康への援軍として登場するのは、信元が信盛の与力だったからであると推察する。

以上の如く、佐久間信盛・水野信元と徳川家康の関係を考慮すれば、佐久間・水野勢が徳川軍への援軍として同軍右翼を支えたという『甫庵信長記』の記述は極めて信頼性が高いと考える。高柳光壽氏以来の織田・徳川軍の配置状況については再検討の余地があるだろう。恐らく織田・徳川軍の左翼は、織田信忠麾下の美濃・尾張勢が、中央は羽柴秀吉・前田利家・塙直政・丹羽長秀・滝川一益らが、右翼は徳川軍本隊と佐久間信盛・水野信元らの織田援軍が配置されたのではなかろうか。なお、佐久間信盛の兵力は重臣柴田勝家を上回る七千人（『甫庵信長記』、ちなみに勝家は五千人とある）とされ、水野信元も「三千の兵を率ゐたる三河国の大身」と記録されている（『イエズス会日本年報』）。

信長は、酒井忠次以下の東三河衆二千人を鳶ヶ巣山砦攻撃に割かれた寡兵の徳川軍本隊を支えるべく、その右側に相当数の兵力を誇る佐久間・水野勢を、左側に滝川一益ら率いる織田軍鉄炮・弓衆数千を配備し、家康を挟み込むように両側面から援護して、武田軍の突撃を撃退しようと考えたのであろう。

織田・徳川方の作戦

織田信長と徳川家康は、武田勝頼の動向を注視していた。彼らは、有海原をさらに進んで自ら武田軍に攻撃を仕掛けることは難しいと認識していた。攻めたら敗北は必至だと考えていたようだ。それは、武田軍の布陣する長篠城周辺は「一騎打ちの節所」（『信長記』）、「滝河之一つ橋之切所を越、贍《あまつさえ》橋を越てから、一騎打の処を一理半」（『三河物語』）とあるように、一騎ずつ一列縦隊でしか通れない難所が一里半も続き、そのうえ寒狭川（滝沢川）を越えるには一つしかない橋を渡るしか方法がないからだった。このことは、信長が長岡藤孝に宛てた書状にも「敵の備えは切所（難所）にあるが、（五月）十八日に鉄炮衆を押し詰めた。（敵に向かう）通路もままならなかったが」と述べていることからも確認出来る。信長は、この時勝頼が鳶ヶ巣山砦に布陣して織田・徳川軍と対峙する作戦を取ったら、手も足も出ないだろうと考えていた（『信長記』）。

このように、武田軍にも戦略的優位に立てる可能性があった。しかし勝頼は、五月二十日に滝沢川を越え、有海原に進軍してきたのである。これは「天の与えるところだ」と信長は自分の思惑通りになったと喜び、ここで武田軍を根絶やしにしようと考えた。このことは、勝頼が地形的優位を捨てて、有海原に進出してくる見込みは低いと信長が考えていた可能性を示唆する。信長・家康が有海原に布陣し、それ以上長篠城に近づかなかったのは、地形的に不利と悟っていたからで、武田軍を恐れていたわけではなかったからだ。だが勝頼は、敵がなすすべなく対陣するばかりだと誤認したのである。

信長は、馬防柵を構え、麾下の軍勢に柵の外へ出て戦わぬよう命じた。乱戦になれば不利だと考えたのであろう。あくまで鉄炮と弓で武田軍の攻撃を凌ぎ、危険な場合には足軽だけで対抗するよう下知したという（『信長記』『三河物語』）。

さらに徳川重臣酒井忠次が、長篠城の付城鳶ヶ巣山砦を南から長駆回り込んで攻略し、長篠城の奥平信昌ら籠城衆と合流したいと申し出てきたことを容れ、家康の了承のもと軍勢を率いて鳶ケ巣山に向かうよう命じた（『三河物語』）。ただ、この作戦は『信長記』では信長が立案し、酒井忠次を召し寄せて命令したとある。こうして、織田・徳川軍も静かに動き出したのであった。

鳶ヶ巣山砦の奇襲

信長・家康の命令を受けた酒井忠次は、徳川軍のうち、腕利きの弓・鉄炮衆を選抜し、松平伊忠・家忠、松平康忠、松平清宗、西郷吉員、牧野康成、本多広孝ら二千余の軍勢を編制した（『三河物語』『松平記』『菅沼家譜』他）。さらに信長は、旗本（御馬廻）

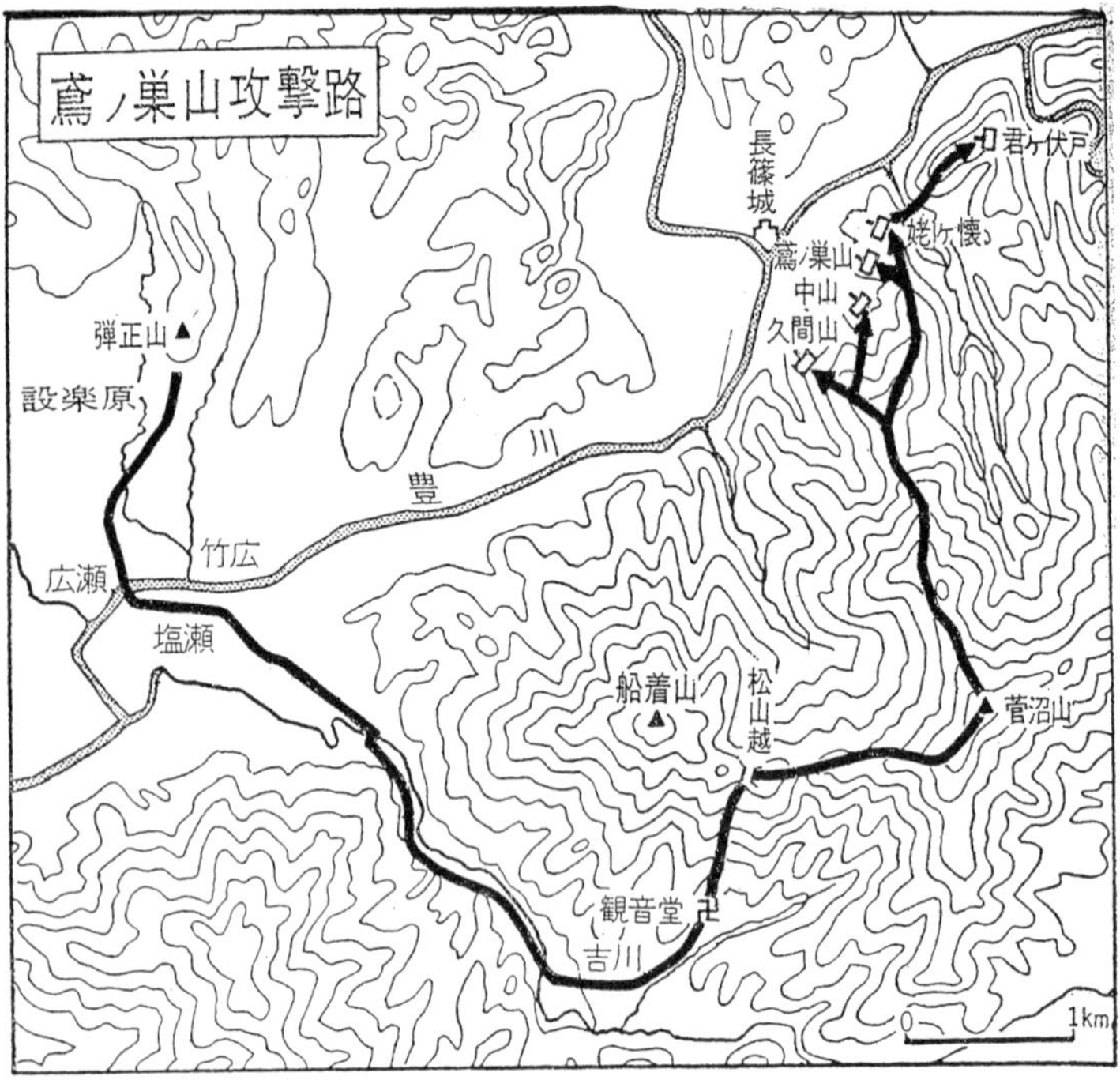

37――酒井忠次ら別働隊進軍図（高柳光壽氏による）

鉄炮衆五百挺、御検使として金森長近、佐藤六左衛門尉秀方、青山小助（新七息）、加藤市左衛門尉を任命し二千人ほどを援軍として付けたという、酒井の軍勢は総勢四千人ほどに達したという（『信長記』）。酒井の軍勢は、東三河衆で構成されており、従来より吉田城代として家康より指揮下に配備された面々を引率したのであろう。

酒井忠次は、五月二十日戌刻（午後八時頃）に出発し、乗本川（豊川）を越え、南側に回り込むべく、深い山に分け入った（『信長記』）。『菅沼家譜』によると、奥平定能、菅沼定盈が案内者となって吉川にたどり着き、そこから山に入ったといい、その時、夜の山道を案内するため、吉川村の豊田藤助秀吉、近藤石見守を召し出したとある。豊田と近藤は、後続の兵卒たちが迷わぬよう、縄を張って大木に縛りつけ、道標とした。このため、続々と登山に挑んだ兵卒たちは迷わず険阻な松山越を達成し、菅沼山を越えて「牛蒡椎」（現地名は「ボボウジ」）で勢揃いすると、軍勢を分け、高塚山の峠から鳶ヶ巣山砦、中山砦などにそれぞれ接近したという。また設楽越中守は、酒井らと分かれて、舟着山麓で豊川沿いの樋口、伊原に布陣し、鳶ヶ巣山砦などから逃げ延びてくる武田方を待ち伏せし、酒井を援護すべく待機したとされる。

ところで酒井らの軍勢が出陣した天正三年五月二十日は、ユリウス暦一五七五年六月二十八日、グレゴリオ暦一五七五年七月八日に相当する。この日の長篠周辺の日没は、午後七時四分、月の入は午後七時四十八分で、月の出は翌日午前五時五十七分であった（「ステラナビゲータ」による、以下同）。このことから、酒井らが出発した時刻（戌刻、午後八時頃）は月の入直後の、ちょうど闇夜になり始めた頃であり、記録と符合することがわかる。酒井は、武田軍に察知されないよう時間を選んだのであろうが、松山越や菅沼山などの登山も真っ暗な中で実施されたことになる。これは想像を絶する困難な行軍だったことであろう。『菅沼家譜』が、闇夜の行軍だったと記しているのは事実を伝えていると考えられる。

酒井忠次らの軍勢が、鳶ヶ巣山砦を始めとする武田方の付城群に攻撃を開始したのは、辰刻（午前

38――鳶ヶ巣山砦跡

八時頃）のことであった。実に十二時間近くの行軍を行ったことになる。当日の日の出は午前四時四十七分、薄明は午前三時六分から始まるので、行軍が順調に進み始めたのは、足下がようやく明るくなり始めた午前四時ぐらいではなかっただろうか。酒井軍は午前八時頃にようやく鳶ヶ巣山砦などに秘かに接近すると、突如武田方の眼前で旗を立て、鉄炮を撃ちかけ攻撃を開始した。鳶ヶ巣山砦の武田信実らは敵軍が人数を分けて接近しているとは夢想だにせず、油断していたため大混乱に陥った。

奇襲攻撃を受けた武田方は、それでも善戦し、鳶ヶ巣山砦では武田信実らと酒井軍が砦を奪い合い、信実らは砦を三度奪い返したが遂に戦死したという。この合戦で、武田信実、山県（三枝）昌貞、那波無理助、和田信業、飯尾弥四右衛門、五味与三兵衛らが戦死した。武田方は壊滅し、生き延びた兵たちは逃げ散った。だが、乗本から久間方面に逃げようとした兵たちは樋田、伊原で待ち伏せていた設楽越中守の軍勢に討ち取られたといい、長篠城から突出した奥平信昌の軍勢は、松平又七、松平弥九郎景忠らとともに敗残兵を追撃して内金で戦い、これを大野まで追ったという（『菅沼家譜』）。付城などに備蓄されていた兵粮や、城を取り巻いて建設されていた陣屋などには、火が放たれた。長篠城の抑えとして配備されていた武田方の高坂源五郎、室賀信俊らの軍勢は、鳶ヶ巣山砦などが壊滅したのをみて動揺し、城の包囲を解いて退却しようとしたが、城方はこれを逃さず追撃し、源五郎ら二百余人を討ち取った。だが酒井軍も松平伊忠ら三百余人が戦死したという（『松平記』他）。松平伊忠は、武田方の小山田備中守昌成が討ち取ったと伝わる（『寛政譜』『武徳大成記』他）。

こうして武田方の長篠城包囲陣は壊滅し、武田勝頼は背後を断たれ、前後に敵を受ける事態に陥った。武田軍は動揺し、これが敗北につながったと『松平記』は記している。

3 両軍の激突

開戦

有海原で対峙していた武田軍主力と、織田・徳川軍の戦闘は、夜明けとともに開始された（『信長記』）。『松平記』には開戦は卯刻（午前六時頃）とある。開戦に先立ち、武田方から三騎の物見がやって来て、徳川軍の陣前を乗り回し様子を窺ったため、徳川方から内藤甚五左衛門・同弥次右衛門が騎馬で追いかけ、弓を射懸けて追い払ったという。織田・徳川軍の馬防柵は準備が整っていたが、武田軍はにわかな布陣であったため、柵すら敷設していなかったという。

いずれにせよ、長篠合戦は、有海原で武田軍が徳川軍に攻撃を仕掛けることで始まったのであり、

39――撃ち倒される織田・徳川軍鉄炮兵（『長篠合戦図屏風』浦野家旧蔵）

鳶ヶ巣山砦奇襲戦はその最中に開始されたのである。だが、長篠城包囲陣の武田勢が壊滅し背後に酒井らの有力な敵勢の展開を知った武田軍主力は、前面の織田・徳川軍主力を撃破する以外に勝機がなくなった。武田軍の猛攻が始まるのは、背後の味方が壊滅した情報を知ってからである（『信長記』『大須賀記』他）。

合戦の経過がどのようなものであったかは、頼れる史料に乏しくほとんど明らかにならない。緒戦での武田軍の攻撃は、馬防柵を敷設して待ちかまえる織田・徳川軍の出方や戦法を探りながらの攻撃であったろう。それは、鉄炮衆と弓衆を前面に押し立てながら、徐々に接近するという当時の戦術の常道であったと考えられる。『長篠合戦図屏風』（浦野家旧蔵〈渡辺本〉）に見られるように、武田軍の鉄炮衆が織田・徳川軍の鉄炮衆と鉄炮競り合いを展開し、敵に少なからぬ被害を与えたのであろう。茶屋四郎次郎が武田軍の放った鉄炮の流れ弾を受けたというのも、このような戦闘の最中のことであろう（『南紀徳川史』巻之六三）。当然、弓衆による矢軍も展開されたと考えられる。それが当時の合戦では、ごく当たり前の戦法だったからである。

また、武田軍は逆茂木を除去し、馬防柵を引き倒すことも試みていたと推察される。『軍鑑』に、武田軍は懸命になって馬防柵を引き破り、遂に三重柵の引き倒しに成功したところもあったと記されている。逆茂木と柵を無力化しなければ、武田軍が織田・徳川軍に直接攻めかかることは不可能であったから、その努力が続けられたのであろう。だが、その作業は、武田軍の前進を止めることになり、敵の標的と化す結果となった。こうして逆茂木と馬防柵を除去する作業をする間に、武田軍の犠牲者は増えていった。とりわけ、織田・徳川軍の鉄炮・弓衆と激しく撃ち合う武田軍の鉄炮・弓衆と、逆茂木や柵の除去を担う足軽などに、犠牲者が増えていったことであろう。織田・徳川軍が擁する三千挺に及ぶ鉄炮と、それを間断なく打ち続けることが出来るほど用意された玉薬、そして鉄炮衆を脇から援護する多数の弓衆は、武田軍がそれまでに対峙したことのない圧倒的な数量であり、数で劣る武田方の鉄炮衆、弓衆は徐々に打ち倒されていった。また支度した玉薬の量も、織田・徳川軍よりもはるかに少なく、全弾撃ち尽くしてしまい、対抗する余地がなくなった場合もあったろう。長篠合戦後、武田勝頼が一挺につき玉薬三百発の用意を義務づけたのは、合戦の早い段階で、鉄炮衆の玉薬が尽きてしまった戦訓によるものと推察する。

また、織田・徳川軍の鉄炮衆は「身かくし」（土塁か）で敵の銃撃から身を守ることも出来たが、武田軍鉄炮衆、弓衆は、戦場に身をさらす状況が続いた。ましてや鉄炮衆は次弾装塡のために身体と銃身を起こさなければならない。それは、敵の標的になりやすくまともに銃撃を受ける危険性が高かった。武田軍の鉄炮衆と弓衆は、数量で勝る織田・徳川軍の鉄炮衆・弓衆により沈黙させられたと考えられる。それは、武田軍の諸隊が援護射撃を失い、まともに敵の銃撃を受けることを意味していた。

合戦の模様

織田軍は馬防柵の内側で待機し、決して柵外に出ないよう信長に命じられていたが、五千人に満たぬ徳川軍は柵前に押し出し、武田軍に備えた。ただし徳川軍の兵卒は騎乗が禁じられており、指揮を執る大久保忠世・忠佐兄弟と内藤金市家長の三人だけが騎乗を許されていたため、敵味方の眼をひいたという（『大須賀記』）。徳川軍が柵の外に出ていたのは、武田軍を誘いこむ意図もあったのだろう。

ところで、前節において、武田軍主力は、左翼に有数な兵力が集中配備されていたと指摘したが、それは武田軍の主たる攻撃目標が徳川軍の攻略であったからである。長篠合戦は、徳川家康の本国三河を武田勝頼が蹂躪し、最終的に長篠城を包囲したことが引き金となった。信長は、家康の危機を救援しにきたに過ぎない。このことは、『信長記』も武田軍とまともに衝突する「先陣」はその国の人々（つまり徳川軍）が務めたとあり、また『松平記』も「今日の御合戦信長衆は加勢、当手こそ本陣なれ、信長衆に戦を初められては此方の恥辱也、某《それがし》（大久保忠世）進出て足軽をかけて見ん」とあり、徳川軍が柵前に足軽を展開させたのは、自国を守るための合戦に臨む徳川軍としては当然のこと

40―復元された馬防柵

だったわけである。だからこそ、徳川軍は断上山が途切れ平坦になる最も手薄な場所に布陣したのである。

しかし信長は、寡兵の徳川軍が武田軍の猛攻を凌げるか不安だったのであろう。開戦からまもなく、織田本陣から家康本陣のある高松山にわざわざ自ら出向き、家康とともに戦局を見守った。

武田軍の本格的な攻撃は、九ッ始め（午前十一時）から開始された（『大須賀記』）。徳川軍に襲いかかったのは、山県昌景の軍勢であったという（『信長記』『松平記』他）。すでに日の出から、鉄炮競合や矢軍が行われ、逆茂木や馬防柵の除去に武田軍は懸命になっていたと見られるが、織田・徳川軍の三千挺に及ぶ鉄炮と脇を固める弓の攻撃により、武田軍の鉄炮衆や弓衆は沈黙させられたと推察される。そのため、武田軍の諸勢は、ほぼ援護射撃なしで敵の銃撃にさらされつつ、柵前に陣取る徳川軍に襲いかかったのであろう。

『信長記』によると、一番は山県昌景、二番は武田信綱、三番は小幡信真、四番は武田信豊、五番は馬場信春が攻撃を仕掛けてきたとあるが、これが武田軍のすべてではないことは明らかである。太田牛一は、最も有力で印象に残った武将とその麾下の軍勢を記したに過ぎない。

しかしながら、武田軍の諸勢が交替しながら織田・徳川軍に波状攻撃を仕掛けたことは確認出来よう。だが援護射撃を失っていたであろう武田軍は、前傾姿勢でなおも前進を続けたが（『屛風』）、優勢な織田・徳川軍の鉄炮、弓の猛攻にさらされ、敵陣に接近するまでに甚大な被害を蒙っていた。それでも徳川軍に肉迫すると、徳川勢は陣場を明け渡し柵内に引き揚げたが、すると武田軍は雨霰のような銃弾にさらされた。たまらず引き揚げようとすると、徳川勢がすかさず追撃し、武田勢に被害を与えた（『信長記』『松平記』『三河物語』『大須賀記』他）。これが繰り返されるうちに、武田軍の諸勢は次第に消耗し始めたのである。

武田軍の主力攻撃は、徳川軍に集中したが、中央や右翼の武田軍も、織田軍の注意を引き付け、左翼の攻撃を援助すべく攻撃に向かっていた。だがここでも優勢な鉄炮と弓に阻まれ、消耗したところを織田軍の足軽により撃退されていった。その模様は、『信長記』（池田家本）には「御敵入替候へ共、（織田軍は）御人数一首も御出しなく、鉄炮計を相加、足軽にてあひしらいねり倒され、（武田軍は）人数を討せ引退候也」とあり、同じ部分を『信長記』（尊経閣文庫本）は「如此御敵入替く候へ共、御人数一首も御出シなく、数千挺之弓・鉄炮、作《（柵）》之内に相構、足軽にてあいしらひねりたをしに倒され人数を討せ引退候《計》也」と記している。

この合戦のさなか、柵際では武田重臣土屋昌続が戦死し（『軍鑑』）、軍勢のほとんどが甚大な被害を受けていた。『軍鑑』によると、武田軍の一部はそれでも三重柵をすべて攻め破り、敵陣に切り込んだ者もいたが、すでに多数の味方が死傷し無勢であったため、織田・徳川軍の兵卒に難なく斬り倒されたという。また徳川方の記録にも、武田軍は三重柵のうち二重柵までを突破したといい、遂に三重柵をも踏み破って徳川軍に襲いかかったとある。とりわけ内藤昌秀の軍勢が、本多忠勝勢に斬りかかったが、わずか二十人あまりだったため、すべて討ち取られたという（『本多家武功聞書』他）。この他に近世の記録であるが、米沢藩士村越藤左衛門松正が記録した曾祖父村越藤左衛門（もと信濃衆、馬場信春同心）の事績の一節に、長篠合戦で村越藤左衛門は馬場信春、山県昌景らとともに三度にわたって織田軍と戦い、一度は有利に戦ったとの記述がある。だが、三度目に丹羽長秀隊に攻めかかったが撃破され、山県らをはじめ手を携えて戦った同僚金丸弥左衛門が戦死したためやむなく撤退したという（「先祖由緒帳　与板組」、米沢市立図書館蔵）。

このことは、武田勝頼の作戦は、武田勢が鉄炮や弓の攻撃を凌ぎながら敵陣に突入してこれを無力化し、さらに後方から続く軍勢が続々と乗り込みをかけて勝機を見いだすという浸透戦術だったと推察され、また必ずしも織田・徳川軍が一方的に優勢な戦局ではなく、武田軍が押していた場面も実在したことを窺わせる。『信長記』『甫庵信長記』にみられるように、頃合いを見計らって武田軍の馬上攻撃も行われたのであろう。だがいずれも織田・徳川軍の反撃によって跳ね返され、辛うじて鉄炮や弓をかいくぐり敵陣に到達した将兵たちも、わずかな人数だけであったため、敵方の足軽等によって討ち取られてしまった。つまり武田軍には、敵の火力を凌ぎつつ、敵陣を制圧出来るだけの兵力に欠けていたのである。長篠合戦の帰趨を決定づけたのは、両軍の火力はもとより、兵力差にあったといえよう。

勝頼の戦場離脱

武田軍の諸勢は、日の出から攻撃を開始し、鳶ヶ巣山砦など長篠城包囲陣が壊滅したことを知った午前十一時頃から本格的な戦闘に突入した。もはや織田・徳川軍を撃破する意外に勝機はなく、場合によっては背後の酒井・奥平軍に挟撃される危険性も出てきたからである。だが、織田・徳川軍の鉄炮、弓の攻撃と、足軽の追撃を受け、武田軍は兵力をすり減らし、戦闘継続能力を失っていった。それでも武田軍の兵卒は、馬場信春ら指揮官を置いて逃亡することはなかったという（『軍鑑』）。

武田軍の諸勢は、勝頼本陣まで退却し、武田信豊や小山田信茂らが固まるように布陣した。これをみた織田・徳川軍は、武田軍はもはや組織的な戦闘が困難になったとみて、柵から一斉に押し出し、鬨《とき》の声をあげて武田軍に襲いかかった。武田軍の残存部隊は、ここが勝負どころだと懸命に防戦したが、多勢に無勢で遂に総崩れとなった（『松平記』）。

武田軍の退却は、『信長記』『松平記』ともに未刻（午後二時頃）と記録している。『信長記』によると、山県昌景・真田信綱ら武田軍の主立った武将たちは、この追撃戦の最中に戦死したという。勝頼を逃がすために踏みとどまり、戦死したのが事実に近いのではあるまいか。実は高野山成慶院『甲斐国供養帳』には、山県昌景の戦死は「未ノ刻」と記録されており（供養帳は天正五年八月二十三日に記録された同時代史料である、恐らく合戦の生き残りからの証言に基づくものだろう）、『信長記』の記述と一致する。昌景は、武田軍の退却開始に際し、敵の追撃を引き受けながらの戦死だったと考えられる。

ところで『軍鑑』によると、穴山信君はまともに合戦をせず、雁峯山方面に逃げ崩れたといい、信君自身は単騎で勝頼本陣にやってきて「信玄以来の家老衆をことごとく殺してしまったではないか」

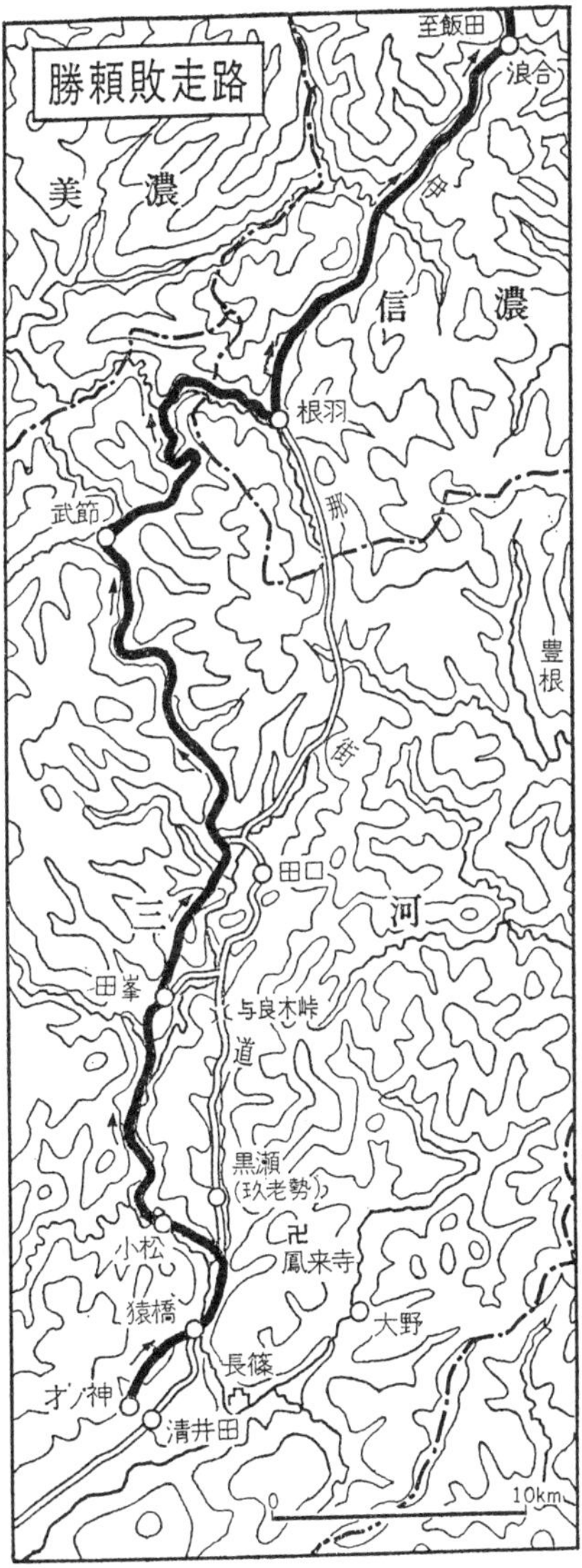

41――武田勝頼退却路想定図（高柳光壽氏による）

と勝頼に詰寄ったという。これが事実かどうかは確認出来ないが、『当代記』などが決戦回避の論陣を張った中心人物と記す穴山信君の憤懣をよく表現している。なお、小山田信茂が勝頼の退却を守ったらしく、戦後に御宿監物に宛てた書状で、信茂自身が勝頼を護りながら退却することに成功したが、実に屈辱的であったと述懐していることから確認出来る（「武家事紀」『山梨』⑤三一一九・二〇号）。なお信茂は、勝頼の退却を午刻（正午頃）と記している。もしこれが事実なら、勝頼退却後、これをつけ狙う敵軍と、武田軍は二時間に及ぶ殿戦を展開していたことになろう。記して後考をまちたい。

勝頼は、側近土屋惣三昌恒、初鹿野《はじかの》伝右衛門尉のわずか二騎を伴って戦場を離脱したという（『軍鑑』）。まもなく武田信豊も追いつき、次第に勝頼を護る兵卒は増えていったらしい。勝頼を逃がすため、重臣馬場信春・内藤昌秀が踏みとどまり、ともに壮烈な戦死を遂げた。内藤昌秀は、徳川家臣朝比奈弥太郎が、馬場信春は織田家臣原田直政（この時は塙九郎左衛門尉直政）の家来河井三十郎が討ち取ったという（『松平記』）。なお、馬場信春を討ったという岡三郎左衛門尉に対し、織田信長が七月二十日付で感状を与えているが、これは書札礼といい文言といい、明らかな偽文書である（「武家雲箋」『愛知』⑪一一一九号）。馬場信春の殿戦ぶりは、織田方も比類なしと称賛した（『信長記』）。また『軍鑑』によると、勝頼の馬が疲れて途中で動かなくなったため、家臣河西肥後守が自分の馬を献じて勝頼を逃がし、自らは勝頼の馬に乗って引き返し、壮烈な戦死を遂げたと伝える。この逸話が事実かどうかは確認出来ないが、勝頼の乗馬が織田軍に捕獲され、信長がこれを「駿馬」と気に入り、後に秘蔵したというのは事実である（『信長記』）。

武田勝頼の敗北はたちまち奥三河に知れ渡った。すでに勝頼の退却時から、奥三河は不穏な空気に包まれ、武田方諸城は動揺していた。早くも武田方から離反するものも現れ、勝頼は田峯菅沼氏の本拠田峯城に入ろうとしたが、城所道寿を始めとする城兵らが反旗を翻したため、勝頼らは城に入ることが出来ず、やむなくさらに三州街道を北上して武節城に入りようやく休息することが出来たという（『軍鑑』「熊谷系譜」ほか）。

4　勝頼と信長、それぞれの戦後

武田軍の被害

敗走する武田軍の兵卒は、織田・徳川軍の激しい追撃を受け、山に逃げ込んで餓死したり、橋を渡ろうとして川に落とされ溺死したりする者が多かったという（『信長記』）。武田軍は、寒狭川（滝沢川、豊川）をなかなか渡河できなかったらしく、川の手前で多数が討ち取られた（『大須賀記』他）。こうした記述は事実であったようで、信長は長岡藤孝に宛てた書状で、武田勢を多数斬り捨てたが、川の中に漂っている死体も多く、勝頼の遺骸もその中にあるかも知れないと述べている（五月二十六日付「細川文書」『信長』五一二号）。

武田軍の戦死者の正確な数は明らかでないが、「数千騎討死」（『兼見卿記』）、「甲斐衆千余討死」

（『多聞院日記』）とあり、また信長自身は「（武田軍を）即時に切り崩し数万人を討ち果たしました」（五月二十六日付長岡藤孝宛、同前）、「大将分の者共さえ討ち死にしました。その他は数知れません」（六月十三日付上杉謙信宛、「上杉文書」『信長』五一八号）などと記している。信長の主張する数万人というのは、戦果を誇大して伝えようとしたものであろう。それにしても、武田軍は極めて甚大な被害を出したことは間違いない。この合戦は両軍とも主力決戦であったため、とりわけ武田軍には重臣、国衆当主クラスの戦死者が多数に上った。

それらについては、『信長記』に次のようにみえる。

討捕る頸、見知分、
山県三郎兵衛・西上野小幡・横田備中・川窪備後・さなだ源太左衛門・土屋宗蔵・甘利藤蔵・杉原日向・なわ無理介・仁科・高坂又八郎・奥津・岡辺・竹雲・恵光寺・根津甚平・土屋備前守・和気善兵衛・馬場美濃守

また『甫庵信長記』は、当初の慶長版（a）は『信長記』の記述に沿った記述がなされているが、寛永元年（一六二四）版（b）では武田方の武将の仮名《けみょう》、受領、官途などが異なり、記載された人名も増えている。

（a）今度討取頸ノ注文一万三千余也、其中ノ宗徒《むねと》ノ侍共且々記スニ馬場美濃守・山県三郎兵衛尉・西上野ノ小幡備前守・仁科五郎・横田備中守・川窪備後守・真田源五・土屋勝蔵・甘利藤

表2——長篠合戦における武田軍将卒戦死者一覧

番号	部将名	出身	所属	人物情報	出典
1	青木主計頭	甲斐衆	武川衆	武川衆、藤九郎、諱は「信定」、法名「山陰宗青禅定門」、青木勘右衛門父	成、譜一六二
2	秋山十郎兵衛	甲斐衆		使番十二人衆	国
3	朝比奈三郎右衛門	駿河衆	穴山衆	諱は「泰重」、穴山信君に属す	譜七五八
4	朝比奈新太郎	駿河衆		諱は「昌是」、享年二〇	譜七五七
5	跡部右衛門尉	甲斐衆		諱は「重政」、法名「跡昌」	譜二一六
6	跡部十郎左衛門	甲斐衆	津金衆	津金衆、諱は「久時」	譜一七三
7	油川宮内少輔	甲斐衆		諱は「顕則」	甫、恵
8	油川四郎左衛門	甲斐衆		武田一族、諱は「信次」	譜一四七
9	油川左馬丞	甲斐衆		諱は「顕重」、左馬助	甫、恵
10	甘利藤蔵	甲斐衆	譜代家老	甘利信忠の子か、藤蔵の仮名は甘利氏惣領のみ使用	信、恵
11	雨宮権兵衛尉	甲斐衆		息子与十郎が相続	戦二五一一号
12	雨宮十兵衛	甲斐衆		諱は「家次」、法名「法観」、享年四五	譜二三九、恵
13	有賀十左衛門	信濃衆		諱は「貞重」、法名「日晴」	譜三五五
14	安中景繁	上野衆		左近大夫	軍、恵
15	飯沼斎六兵衛	信濃衆	伊那衆		開
16	市川某	甲斐衆		招月林桂、市川茂左衛門父	成
17	市川大隅	甲斐衆		市川越前の子	譜一二四八
18	市河内膳正	甲斐衆		市河備後守昌忠（以清斎（市川元松）の子）	譜一二二五
19	市川昌房	甲斐衆		「義海全忠禅定門」、もと諏訪高島城代、宮内助	成

20	伊藤勘丞	近江出身		諱は「重久」、法名「宗英」、享年二三	譜八三一
21	飯尾弥四右衛門尉	遠江出身		諱は「助友」	恵
22	岩手左馬助	甲斐衆	武田支流	諱は「胤秀」、岩手能登守の子か、詳細不明	甫、恵
23	牛奥兵部左衛門	甲斐衆		諱は「昌頼」	譜一七八
24	恵光寺	甲斐衆	武田支流	恵光寺宗香のこと、『信長記』に「竹雲」に「タカモリノ」との読みを記しているのは、彼が竹森恵光寺と呼称されていたことにちなむ	信、国、恵
25	大井貞清	信濃衆	佐久郡	宮内左衛門、佐久岩村田大井氏、法名「大山」	譜二〇三
26	大須賀久兵衛尉	信濃衆	埴科郡	弟小次郎が相続	戦二七五三号
27	岡部	駿河衆		岡部竹雲斎との伝承があるが詳細不明	信
28	奥津	駿河衆		奥津十郎兵衛、興津一族か、詳細不明	信、国、恵
29	小沢平太	信濃衆		禰津氏家臣、法名「等叔道平門」	蓮
30	小沢孫右衛門	信濃衆		禰津氏家臣か、法名「休庵宗耕門」	蓮
31	小田切某	甲斐衆		「乾公道坤禅門」、小田切又三郎兄	成
32	小田切七郎兵衛	信濃衆	諏方衆か	諱は「光季」、法名「常三」	譜三九五
33	小田切弥惣	信濃衆	諏方衆か	諱は「光永」、小田切七郎兵衛の弟	譜三九五
34	小幡又八郎	上野衆		諱は「昌定」、小幡信真の弟	信、譜五四四、恵
35	小尾宮内少輔	甲斐衆	小尾衆	小尾衆	譜一七二
36	小山田五郎兵衛尉	甲斐衆		諱は「昌晟」、小山田一族か、詳細不明	甫、恵
37	小山田十郎兵衛	甲斐衆	小山田衆か	諱は「国次」、小山田一族か、詳細不明	恵
38	河西肥後守	甲斐衆		諱は「満秀」、法名「常祐」	国、恵、軍
39	加津野次郎右衛門尉	甲斐衆		加津野出羽次郎（加津野昌春の子）、但し幼少のため当面は昌春が相続	戦二八四六・二八五九号

40	加藤丹後守景忠	甲斐衆	都留郡	上野原城主、小山田信茂の相備	上野原市保福寺蔵保福寺過去帳
41	金丸又四郎	甲斐衆		諱は「忠次」	譜一〇二五
42	河窪備後	甲斐衆		諱は「詮秋」、河窪一族か	信、恵
43	河窪信実	甲斐衆	武田一族	信玄異母弟、河窪兵庫頭、武田兵庫助、法名「一機」、享年三三、息子信俊が相続	信、譜一四六、恵
44	河原宮内助	信濃衆	真田衆	真田一族	綱
45	河原新十郎	信濃衆	真田衆	真田一族	綱
46	鎌原筑前守	上野衆	真田衆		綱
47	久保田作兵衛	甲斐衆？		諱は「吉続」、法名「道徹」	譜二三四
48	高坂源五郎	甲斐衆	川中島衆	諱は「昌澄」、春日虎綱の子	国、恵
49	高坂又八郎	甲斐衆	川中島衆	諱は「助宣」、春日虎綱の子か、国は源五郎と伝えるも「乾徳山恵林寺雑本」は別人として記録	信、国、恵
50	河野多兵衛	信濃衆	真田衆	真田一族	綱
51	小宮山土佐守	甲斐衆		諱は「忠房」	国
52	五味与三兵衛	甲斐衆		諱は「貞氏」、与惣兵衛、法名「浄法日長」	国、恵
53	三枝源左衛門	甲斐衆		諱は「守義」、享年三六、三枝虎吉の子、山県昌貞（三枝）の実弟	譜一一四八
54	三枝甚太郎	甲斐衆		諱は「守光」、享年一六	譜一一四八
55	酒井作右衛門	三河出身		穴山衆、法名「祥半」	譜七〇
56	酒依清三郎	甲斐衆		諱は「昌光」、法名「道英」	譜一七四
57	真田信綱	信濃衆	小県郡	弟昌幸が相続	成、軍、恵
58	真田昌輝	信濃衆	小県郡	「風散良薫禅定門」	蓮、軍、恵
59	下曽根源六	甲斐衆		源六郎信辰、政利とも伝わる	甫、国、恵

60	下曽根源七	甲斐衆		源六の弟、諱は「政秋」	甫、国、恵
61	下曽根弥左衛門尉	甲斐衆		諱は「政基」	甫、国、恵
62	杉原日向守	元足利義輝家臣		諱は「正之」、法名「正恩」	信、譜五〇四、恵
63	須藤豊後守	信濃衆		禰津氏家臣、法名「茂庵道樹門」	蓮
64	諏訪部助右衛門尉	甲斐衆	穴山家臣	弟大炊左衛門尉が相続	戦二五〇九号
65	多田新蔵	美濃出身		諱は「正勝」、多田淡路守の孫	譜二六八
66	田中某	甲斐衆	九一色衆か	「喜叟道悦禅定門」、息子田中平八郎（下河東郷）が相続	成
67	田中某	甲斐衆	九一色衆か	「道厳禅門」、息子田中善五郎（藤巻郷）が相続	成
68	田中新兵衛	駿河衆		諱は「政利」、法名「定意」	譜七二四
69	津金美濃守	甲斐衆	津金衆	諱は「胤時」、法名「道蓮」、享年五五	成、譜一七三
70	土屋次左衛門	甲斐衆	土屋衆か	諱は「正家」、享年四〇	譜五五〇
71	土屋新蔵	甲斐衆	土屋衆	大蔵新蔵、大蔵大夫の子、大久保長安の兄	国、恵
72	土屋備前守	駿河衆	土屋衆	諱は「貞綱」、土屋昌恒の養父、もとは岡部忠兵衛と称す	信、恵
73	土屋昌続	甲斐衆	譜代家老		軍、恵
74	常田図書助	信濃衆	真田衆	真田一族	綱
75	常葉飛驒守	信濃衆	伊那衆		開
76	内藤昌秀	甲斐衆	譜代家老	西上野箕輪城代、養子昌月が相続	戦四二七二号、国、恵、軍
77	名護屋将玉	？	？	詳細不明	恵
78	波合備前守	信濃衆	伊那衆		国、恵
79	那波無理介	上野出身か			信、恵

80	仁科	信濃衆	安曇郡	詳細不明	信
81	二助	信濃衆		禰津氏家臣、法名「道佐門」	蓮
82	禰津月直	信濃衆	小県郡	禰津甚平、禰津常安の嫡男、法名「月岑常円大門」（「桂林院殿月峰常円」）	成、信、蓮、「禰津系図」（群馬県高崎市常安寺蔵）、恵
83	馬場玄蕃	甲斐衆		馬場信春の子か	成
84	馬場信春	甲斐衆	譜代家老衆	美濃守、法名「乾忠」	成、譜一八四、恵、軍
85	原昌胤	甲斐衆	譜代家老衆	法名「朝原」、息子隼人佑昌栄が相続	戦二六九〇号、国、恵
86	原甚四郎昌胤	甲斐衆		法名「浄岸」、原美濃守虎胤の子	国
87	坂西主計	信濃衆	伊那衆	飯田城主坂西一族	開
88	坂西長門	信濃衆	伊那衆	飯田城主坂西一族	開
89	別府十左衛門	信濃衆	小県郡	禰津氏家臣、法名「惟同宗普門」	蓮
90	別府太右衛門	信濃衆	小県郡	禰津氏家臣、法名「竹庵宗節大門」	蓮
91	水野治部少輔	信濃衆	小県郡	禰津氏家臣、法名「要叔宗津門」、歿日は五月二三日	蓮
92	水原長門守	近江出身		諱は「茂忠」、法名「大念」、享年四三	譜四五七
93	向山監物	甲斐衆		諱は「盛重」、享年二五（一説に二八）	譜四八一
94	室賀山城守信俊	信濃衆	小県郡	天正三年六月一二日没、長篠戦傷死か	「室賀系譜」
95	望月左衛門尉	信濃衆	佐久郡	武田信豊の弟、相続者保留	戦二五四九号、恵
96	望月甚八郎	信濃衆	佐久郡	望月印月斎一峯の弟か、諱は「重氏」	恵
97	屋代四郎太郎	信濃衆	小県郡	室賀一葉軒の子、屋代秀正の兄、諱は「正長」、法名「善翁」	譜一二三七

98	山県源左衛門尉	甲斐衆	山県衆	「大心宗徹禅定門」、山県一族	成
99	山県昌景	甲斐衆	譜代家老衆	「休山賢好禅定門」	成、軍、戦四二七二号
100	山県昌貞	甲斐衆		「常見禅門」、三枝昌貞のこと、善右衛門尉、享年三八	成、譜一一五〇、恵
101	山県昌次	甲斐衆	山県衆	「月洲常心禅定門」、山県一族	成
102	山家藤九郎	信濃衆	筑摩郡	弟左馬允が相続	戦二五〇一・二八二七号
103	山本菅助	甲斐衆	足軽大将か	陣代山本十左衛門尉が相続	沼津山本家文書、恵
104	横田源介	甲斐衆		横田康景の弟	譜四五一
105	横田小才次	甲斐衆		横田康景の弟	譜四五一
106	横田小陸奥	甲斐衆		横田康景の弟	譜四五一
107	横田備中守康景	甲斐衆	鉄炮衆	諱は「綱松」ともいうが確認出来ず。十郎兵衛、原虎胤の子、横田高松の養子、享年五一、法名「法人」	信、国、譜四五一、恵
108	米倉丹後守	甲斐衆	武川衆	武川衆、諱は「宗継」「重継」、法名「空心」	譜一六九、恵
109	米倉彦次郎	甲斐衆	武川衆	丹後守の子、諱は「種継」	国
110	和気善兵衛	駿河衆	土屋衆	和気は、脇氏のこと、養子脇又市郎が継ぐ	信、国、恵
111	和田業繁	上野衆		兵衛大夫、	「和田氏系譜」、恵
112	(不明)	甲斐衆		鈎月浄円禅定門、小宮山八左衛門内方の父	成
113	(不明)	甲斐衆		「即伝道頓禅定門」、椎名源右衛門の主君	成
114	(不明)	甲斐衆		跡部源左衛門の父、法名「松巌善慶禅定門」	成

註：高野山成慶院蔵『甲斐国供養帳』（丸島和洋氏史料紹介『武田氏研究』三四、三八、四二、四三、四四、四七号）→成、『信長記』→信、『甫庵信長記』→甫、『寛政重修諸家譜』→譜＋巻数、『甲斐国志』→国、『信濃国伊那郡開善寺過去帳』（『新編伊那

史料叢書』所収）→開、『戦国遺文武田氏編』→戦＋文書番号、高野山蓮華定院蔵『蓮華定院過去帳』（小県誌史料編纂委員会『蓮華定院過去帳』）→蓮、「乾徳山恵林寺雑本」（「長篠合戦討死交文」、『愛知』⑪一一五四号）→恵、『信綱寺殿御事績稿』→綱

蔵・杉原日向守・名和無理助・高坂又八郎・奥津十郎・岡部次郎左衛門尉・竹雲恵光寺・根津甚平・土屋備前守・和気善兵衛尉等ナリ

（b）今度討取る頸の注文、一万三千余なり、其の中の宗徒の侍共且々記すに、信玄の舎弟川窪兵庫頭、下曽祢源六、其の弟源七、同弥左衛門尉、油川宮内少輔、同左馬丞、岩手左馬助、山県三郎兵衛尉、土屋右衛門尉、香坂又八郎、甘利藤蔵、高森恵光寺、真田源太左衛門尉、根津甚平、内藤修理亮、小山田五郎兵衛尉、足軽大将には馬場美濃守、横田備中守、名和無理助、其の外杉原日向守、奥津十郎、岡部次郎左衛門、土屋備前守、和気善兵衛等なり

この記述の相違は、『甫庵信長記』を閲読した武田遺臣などからの新情報や指摘にもとづいて変更、追加されたものと考えられる。

では『信長記』で太田牛一が、武田軍の戦死者の名前をなぜここで列記出来たのであろうか。太田の手元に何か根拠となるような覚書があったか、かつてその情報に接する機会があり、それを控えておいたかのどちらかであろう。実は合戦直後、織田・徳川軍は首帳（「首注文」）をその日のうちに作成している。それは信長の書状に明らかで、戦後すぐに作成され（首実検後にまとめられたのであろ

う)、その写本を上杉謙信、長岡藤孝らに送っている。これは戦果を誇示するために他ならなかった。そして戦死者が誰であるかを、織田・徳川方は武田方の将卒からの情報で確定していったらしい。長篠合戦では、戦死者もさることながら、多数の捕虜が発生していた。信長は「生け捕った者も多数に上ったので、仮名を確認した首注文をこちらから送りましょう」と記しており(五月二十一日付長岡藤孝宛、「細川文書」『信長』五一一号)、戦死者の首実検において、武田軍の捕虜からの証言が人物特定の重要な手掛かりとなったことは間違いあるまい。残念なことに、長篠合戦の首注文は写本も含めて現存していない。太田牛一が『信長記』に武田軍の戦死者名を列挙出来たのは、この首注文を見たからであろう。信長は、他国の大名ばかりでなく、自分の家臣たちにまでこれを見せ、戦果を誇ったと推察される。しかしながら、『甫庵信長記』には戦死者の名前に誤記が認められる。例えば「仁科五郎」とは、勝頼の異母弟仁科盛信のことであるが、彼はこの合戦に参加していないし死んでもいない。仁科氏に五郎の仮名を盛信の他に称していた人物を確認出来ないので、誰かを誤認したとしか考えられない。戦死者の詳細は不明な点が多い。なお武田方の戦死者のうち、現在確認できる武将については表2の通りである。それにしても、その数は百人を優に超えており、被害の凄まじさを物語る。

織田・徳川軍の掃討戦

合戦に勝利した織田・徳川連合軍は、武田軍を追撃して信濃国境付近まで進出したという(『当代記』他)。二十一日夜、織田信忠と徳川家康は長篠城に入り、城を死守した奥平信昌を賞したといい(『譜牒余録』ほか)、信長もまた西尾小左衛門を使者として城に派遣し、信昌を讃えた（『武徳大成記』他）。

合戦に勝利した織田・徳川方では、このまま武田軍を追撃して信濃や甲斐まで攻め入れば、手間なくこれらを奪えるはずなので、作戦を続行すべきだとの意見があったらしいが、信長も家康もこれを許さず、連戦で疲れていた兵を休ませることとした。それ以上に、敗れたとはいえ、強敵武田軍を甘く見てはいなかったからだという（『当代記』『松平記』）。こうして決戦を終えた信長・信忠父子は、五月二十五日に岐阜城に凱旋した。

家康はなおも長篠に留まり、奥三河の武田方諸城の攻撃に入った。徳川軍は、田峯城、作手城（古宮城のこと、奥平氏の本拠亀山城は破却されていた）・岩小屋砦（岩古谷城〈白狐城〉、愛知県設楽町荒尾）・鳳来寺（岩小屋砦〈新城市門谷字森脇〉鳳来寺門前に位置する）などの有力な武田方の拠点に迫った。武田方の番手はいずれも戦わずして降伏し、城砦を明け渡して去った。徳川方はこれを認め、信濃まで彼らを送ったという。そしてこの地域は、約束通り奥平信昌に与えられた（『当代記』）。これにより、田峯菅沼氏と長篠菅沼氏は完全に没落し、奥三河で残るは武節城だけになった。だが武節城も天正三年六月、織田重臣佐久間信盛と奥平定能・信昌父子の攻撃を受け陥落した。城は奥平父子に引き渡され、信盛は織田信忠を支援すべく東美濃岩村城へ転戦している（「野崎文書」『愛知』⑪一一一四号、『当代記』）。

こうして長篠敗戦により、武田勝頼が主導権を握り、圧倒的な強さを示してきた奥三河の戦線は完全に崩壊したのである。そして敗戦の余波はやがて、東美濃にも及んでくるのであった。

勝頼の戦後処理

勝頼は五月二十一日に死線を越えて、漸く長篠を離脱すると、その後しばらく信濃国に在国し戦後処理に追われた。勝頼が甲府に帰陣するのは六月二日酉刻（午後六時頃）であるので（「堤文書」他、『戦武』二四九五・三七〇四号）、十日ほど信濃に在国し、事態の収拾にあたっていたのであろう。『軍鑑』によれば、川中島の海津城に残留したため合戦に参加せず、唯一生き残った信玄以来の宿将春日弾正忠虎綱が、敗戦の報告を聞いて、急遽駒場《こまば》（長野県下伊那郡阿智村）まで駆けつけて勝頼を出迎え、すべての武具を新品と交換させ、敗軍の体を悟られぬようにしたという。

勝頼が信濃のどこに在陣していたのかについて、一次史料から確認することはできないが、『保科御事歴』には、勝頼は伊那に入ると保科《ほしな》越前守正直《まさなお》の出迎えを受けたとあり、正直は勝頼から飯田在城を命じられ、さらに軍勢を率いて平谷《ひらや》（同郡平谷村）・浪合《なみあい》（同郡阿智村）口の防衛を指示されたという。ただし勝頼が飯田に在城したという記述はない。もし勝頼が長篠合戦の帰途しばらくの間滞在し、戦後処理を行ったとすれば、武田氏の伊那郡防衛の拠点である大島城か高遠城のどちらかであろう。

勝頼は、戦死した山県昌景に代わって、駿河国江尻城代に穴山信君を配置することにし、これを駿河・遠江国の諸将に報告して、今後は信君と連携して徳川家康に対処するように指示した。信君が江尻城代になったことが知られる初見史料は、六月一日付の武田勝頼書状である（「関文書」『戦武』二四九四号）。

これは駿河国田中城に在城していたと推定されている武田上野介信友（武田信虎の八男）・小原宮内《くないの》丞《じょう》（甲斐衆）・三浦員久《かずひさ》（駿河衆）に宛てたもので、長篠合戦の模様について三名が勝頼に見舞いの飛脚を派遣したことへの返答書である。この中で勝頼は、長篠での一戦は、先手衆の二・三隊が敗北した程度で、さほどのことではない。穴山信君・武田信豊・小山田信茂・甘利信頼らは無事で兵卒も恙なく、美濃・三河・尾張・信濃境目の仕置きを指示して帰国するつもりであると述べている。確かに穴山信君らは無事であったが、山県昌景らの宿将が戦死する大打撃を受けていたことは隠しようがなかった。しかし、勝頼はこの書状の中では、その事実に一言も触れていない。

それにしても長篠合戦の痛手は大きく、戦死した重臣層の跡目相続と彼らが担っていた職掌の穴を埋めることは困難であった。駿河国江尻城代であった山県昌景の跡目は、息子源四郎昌満《まさみつ》が相続したが、城代の地位は既述のように穴山信君が引き継いだ。また、西上野国の拠点箕輪城代内藤昌秀の跡目は養子昌月《まさあき》が継いだが、箕輪城代はしばらくの間不在であったらしい（栗原修前掲著書、二〇一〇年）。さらに馬場信春の跡は息子馬場民部少輔が相続したが、信濃国牧之島城将にいつ就任したかははっきりしない。このように、重臣層の跡目相続は、それぞれ息子や養子によって比較的スムーズに進行したようだが、彼らが担った職掌を引き継がせるには至らなかった場合が散見される。これは重臣層の息子たちの年齢や経験などを考慮した結果であろう。山県・内藤・原・馬場らの子息たちは、天正三年以前の史料にはほとんど登場しないので、まだ若年だったのではないだろうか。ただ、前線への対処のため派遣された馬場民部少輔と山県昌満を除き、内藤昌月や原昌栄などは勝頼の側近衆としてしばらくの間活動している。

　このように重臣層の後継者が、亡父の地位をそのまま引き継いでいない状況を反映するかのように、武田氏が発給する奉書式朱印状において、重臣層の後継者が奉者《ほうじゃ》（武田勝頼の上意を奉じて朱印状の発給を管掌する家臣のこと、これは朱印状本文の日付の下に「山県三郎兵衛尉奉 之《これをうけたまわる》」と記載される）を担当する事例が、極端に少なくなる。これは山県昌景の子昌満、原昌胤《まさたね》の子昌栄《まさひで》、内藤昌秀の養子昌月らの事例を追跡すると瞭然であり、彼らの家中における地位は、譜代家老衆でありながらも、父の時代よりもやや低くなったと考えられるのである。それは、彼等の発言力が低下したことを示しており、彼等にかわり傑出して奉書式朱印状《ほうしょしきしゅいんじょう》の奉者として登場するようになるのが、跡部大炊助《おおいのすけ》勝資（後に尾張守）である（長坂釣閑斎は『軍鑑』での筆頭ぶりを裏づけるほど際立って増えていない）。また土屋昌続の実弟土屋惣三昌恒《そうぞうまさつね》（後に右衛門尉）、秋山摂津守昌成《せっつのかみまさなり》（尾張浪人小牧新兵衛の子、勝頼に登用される）、小原継忠《つぐただ》、秋山宮内丞、秋山紀伊守（いずれも高遠以来の勝頼側近）や、上野国方面では真田昌幸を奉者とする奉書式朱印状が増加しているので（丸島和洋『戦国大名武田氏の権力構造』思文閣出版、二〇一一年）、長篠合戦は、信玄以来の譜代家老衆の系統の力を、ごく一部を除いて弱める結果をもたらし、これに代わって勝頼側近の家臣団が台頭することになったのである。皮肉なことに、長篠敗戦が勝頼と彼が登用した家臣団を軸とした勝頼政権の成立を促す結果をもたらしたといえよう。

いずれにせよ、子息や養子がいた者たちの家督相続は問題なく進行した。だが後継者なく戦死した者の跡目問題は、勝頼にとって頭の痛い問題であった。例えば、真田信綱は実弟武藤喜兵衛尉昌幸が、山本菅助（二代目）は義兄弟山本十左衛門尉が（「沼津山本家文書」）、信濃衆大須賀《おおすが》久兵衛尉も弟の小四郎が（「大須賀文書」『戦武』二七五三号）、同じく信濃衆山家《やまべ》藤九郎も弟左馬允が相続するなど（「武家事紀」『戦武』二五〇一号）、武田勝頼の上意によって跡目が決定された。また加津野《かづの》氏（甲斐衆）のように子供出羽次郎が幼少のため、勝頼によって加津野昌春（真田昌幸の弟）が陣代として当面家督を引き継ぐという変則的な後継者擁立を余儀なくされた例も少なくない（「木村文書」他、『戦武』二八四六・五九号）。いっぽうで夫が戦死したため、子供もなく女性と老父だけが残された例もある。信濃国佐久郡の国衆望月氏は、養子望月左衛門尉（武田信繁の子）が戦死してしまったため、老養父望月印月斎一峯《いんげつさいいっぽう》と未亡人となった息女が残された。望月一峯は望月左衛門尉の実兄武田信豊を通じて、未亡人となった息女に相応の婿を娶せ、望月氏を継がせたいと上申し、勝頼より許可をもらっている（「古今消息集」『戦武』二五四九号）。こうした事例は他にもあったことであろう。

『軍鑑』は戦死者の後継問題と、兵力低下を回復させるために勝頼が実施した苦肉の策を「勝頼公は甲州・信濃・上野勢で名のある者の子、孫、あるいは弟など、また出家していたり、町人になっていたものまですべて跡継ぎとして呼び出し、二万余の軍勢を編制して、八月中には遠州小山の後詰を実施した」と記録している。これは事実を伝えているらしく、『三河物語』にも「（徳川軍が遠江の）小山城に押し寄せ攻めたところ、勝頼は後詰に出陣してきたが、長篠で戦死した者の跡継ぎとして十二、三歳以上の者や、出家していた者を還俗させて引連れてきた」と見える。

右の記録は天正三年八月、遠江国小山城を包囲していた徳川家康に反撃すべく、勝頼が軍勢を率いて出陣した際のものである。『軍鑑』や『三河物語』によると、勝頼は長篠で戦死した名のある武将の跡継ぎとして十二、三歳以上で、町人になっていたり、出家していた弟たちを還俗させて取り立て、にわか仕立ての武将とし、これらを基盤に軍団の再編制を行ったのである。しかしこのことは、敵軍である徳川方からも看破されており、長篠合戦後の武田軍は徳川方からみても質的低下が顕著であった。武田氏も、自らの軍団の兵卒が「軍役の補塡のため夫丸《ぶまる》（百姓人夫）などまで動員し、員数合わせをしているありさまだ」と敵方ばかりでなく、味方からも噂され、揶揄される状況であることを認め、その威信回復に躍起になっていた（「判物証文写」他『戦武』二八三七〜三九号）。

しかし勝頼は、敵味方から揶揄されながらも、長篠敗戦からわずか二ヵ月余りで、一万三千余とも（『当代記』）、二万とも（『軍鑑』）いわれる軍勢の組織、編制に成功し、織田・徳川氏の攻勢に対抗しようとした。だが、軍勢の質的低下は如何ともし難く、長篠敗戦以後、武田勝頼が三河・美濃に侵攻することは二度となかったのである。

長篠合戦終了からわずか六日後の五月二十七日、徳川家康は兵馬を休めることなく、ただちに遠江・駿河の武田領へ侵攻を開始した。これは、長篠での痛手から武田軍が立ち直れず、組織的な反撃が出来ないことや、武田勝頼が信濃国に在陣し、戦後処理にあたっていて、とても駿河・遠江に手が回らないことを見越した作戦であった。この攻勢により、駿府は兵火に罹り焼失した。家康は、六月から七月にかけて遠江犬居谷の光明城、樽山城、勝坂城、犬居城などを攻略し、天野藤秀を追放するとともに、二俣城(城将依田信蕃)の補給路を断ち、八月には遠江諏方原城を攻略した。さらに余勢を駆って、遠江小山城(城将岡部元信)を包囲した。

織田・徳川方の反攻

勝頼は、小山城が陥落すれば高天神城は補給路を断たれ落城必至であったから、八月遂に軍勢を再編制して後詰に出陣した。徳川軍は、敗戦後まもない状況下で、一万三千余にも及ぶ軍勢を勝頼が召集して来襲してきたことに驚き、軍勢を退いたという(『当代記』他)。しかし勝頼の奮闘もここまでであった。武田軍は高天神城に入って兵糧などの補給を実施したが(同前)、二俣城救援のため、かつてのように遠江奥深くへ進むことは出来なかった。軍勢の員数は一万三千余を数えても、とても徳川軍と会戦して勝利出来る代物ではなかったからであろう。徳川軍の重囲に孤立した二俣城は、奮闘空しく十二月二十四日に開城した(『依田記』他)。

いっぽう織田信長は、息子信忠と重臣佐久間信盛に奥三河武節城と東美濃岩村城奪回を委任し、自らは越前平定戦を指揮した後に、京都にあって朝廷工作に専念した。織田信忠は岩村城を包囲し、十一月二十一日に遂にこれを開城させ、城将秋山虎繁らを二十六日に長良河原で磔にし（「古美術品展観目録」『愛知』⑪一一四〇号他）、城兵を城内で焼き殺したという（『信長記』他）。勝頼は後詰のため信濃伊那に出陣し、先衆を派遣して織田軍に夜襲を仕掛けさせたが惨敗してしまった（『同前』）。さらに新雪に阻まれたため、勝頼本隊は岩村に近づけず、まもなく城も開城してしまったため、空しく兵を退いたという（『軍鑑』他）。

だが勝頼は、これ以後織田・徳川軍の攻勢を凌ぎ切り、それ以上の領国失陥を食い止めることに成功した。戦線は膠着し、主戦場は遠江に移ることとなった。

肥大化する信長の「天下」

長篠合戦での勝利は、織田信長にとって天下統一への自信を深めさせ、さらにそれを意識した動きを本格化させる契機となった。武田勝頼を撃破したことで、信玄以来最大の脅威から解放された信長は、「（武田勝頼に勝利したことは）いよいよ天下安全の基である」「あとは大坂（石山本願寺）ばかりが残っているだけなので、もはや物の数ではない」と豪語した（「細川文書」『信長』五一二号）。

そして長篠合戦後の七月三日、信長は朝廷より官位昇進の勅諚を受けた。この時信長はこれを辞退し、宿老たちへの賜姓・任官を申請して許可された。谷口克広氏によれば、現在確認出来る九人の賜姓・任官は、まず賜姓は惟任（明智光秀）・惟住（丹羽長秀）・別喜（梁田広正）・原田（塙直政）、任官（受領）は日向守（明智光秀）・備中守（塙直政）・筑前守（羽柴秀吉）・長門守（村井貞勝）・伊予守（滝川一益）などであったといい、いずれも未征服の西国各地の受領に集中し、また賜姓も九州の名族のものであるという。これは信長が西国平定に向けた意思表示といえる（谷口克広・二〇〇六年）。

また信長自身であるが、七月の時点で官位昇進を辞退したが、十一月にはこれを受諾し、従三位権大納言、右近衛大将に叙任された。これは官位の上では、信長に追放された室町幕府将軍足利義昭と同格であり、義昭が兼征夷大将軍、信長が兼右近衛大将の違いだけであった。このことは、信長が武家の頂点に位置する「天下人」と朝廷に認定された瞬間だった。信長が官位を受諾したのは、やはり武田勝頼撃破と息子信忠の処遇が関連しているとみてよかろう。

織田信忠は、岩村城を攻略し美濃を完全平定した十一月二十一日からわずか三日後の二十四日に、秋田城介に任官された。さらに同二十八日には、父信長から織田家の家督を譲られている（『信長記』等）。時期を同じくして、織田氏は東北の安東氏と交渉を開始している。これは信長が西国、信忠が東国・東北へと分担して天下平定を目指す路線を決定づけたものであろう。後に、天正十年の武田勝頼攻略戦を織田信忠が担ったのは、その表れといえよう（木下聡「織田権力と織田信忠」〈戦国史研究会編『織田権力の領域支配』岩田書院、二〇一一年所収〉）。

そして織田家督と尾張・美濃本国、岐阜城を信忠に譲った信長は、翌天正四年に近江国安土城の築城に着手した。これこそ、「天下人」を意識した信長がその象徴として建設したものである。信長の眼は、西国へと向けられていく。

さらに、天正三年七月の従三位権大納言、右近衛大将任官を契機に、信長は「殿様」から「上様」へと尊称が変化した。「殿様」でも「屋形」号でもない、上位の権威を織田家中に確立したのである。「上様」とは、天下人と同義語であった（谷口克広前掲著書）。

もう一つ見逃せない指摘がある。本書でも活用している織田信長研究の第一級史料『信長記』の始原が、天正三年であるということである。太田牛一が、主君信長こそが天下人になることを実感とし始め、将来「信長天下」の成就の過程を書き記そうと思い立ち、詳細な備忘録を付け始めたのは、天正三年であるという（谷口克広・一九八〇、二〇一二年）。これも長篠合戦勝利の影響であることは言をまたない。

そして天正三年十一月、信長はそれまで一切交渉のなかった北関東の大名へ一斉に通交を開始した。それは武田氏だけでなく、北条氏打倒も視野に入れての交渉開始だったのである。もし武田軍健在であれば、信長がこうした動きをすることはあったではあろうが、強めることはなかったであろう。現在、信長が書状を出した相手は常陸佐竹義重・下野小山秀綱・陸奥田村清顕らが確認でき、いずれも勝頼の同盟国北条氏を仇敵とする北関東の諸大名であった（「白土文書」他、『信長』六〇七〜九号）。その書状は次のようなものである。

これまでは通交がありませんでしたが、ことのついでに申し上げます。そもそも甲州の武田は、織田氏に対し不義が多かったことは、ここで論ずるまでもないことです。さて去る五月、三河・

遠江の境目で一戦を遂げ、甲・信・駿・上の軍兵多数を討ち果たし鬱憤を晴らしたところです。きっとご存じのことでしょう。武田勝頼一人を討ち漏らしてしまいました。そこで彼の国に出馬し退治しようと思います。その時は私に味方することが、天下のため皆々のためにも最も正しいことです。詳しいことは小笠原貞慶が伝達することでしょう。恐々謹言。

十一月廿八日　　　　信長（朱印）

佐竹左京大夫《（義重）》殿

このほかに、伊達輝宗に宛てた書状で信長は、長篠合戦で武田軍を切り崩し、積年の鬱憤を晴らしたと伝え、この結果、「東八州」もやがて自分の意のままになるであろうと豪語している（「伊達文書」『信長』五七一号）。信長が、関東平定の野望をはっきり宣言したのは、これが初めてであり、武田勝頼を撃破したことで、武田氏討滅後は関東へ出陣するという路線を明確にしたのである。関東を成敗するという文言は、すでに伊達輝宗に出した天正元年十二月二十八日付の最初の文書において「来年甲州に出兵し、関東も成敗するつもりだ」とあるけれども（「伊達文書」『信長』四三〇号）、これは武田氏撃滅を関東の成敗と表現している。だが長篠合戦直後の書状では、明らかに関東という漠然とした地域概念ではなく、「関八州」を戦略目標に据えたことは、仮想敵国を北条氏政に定めたという点において画期的である。これは甲相同盟を結んでいるという事実を念頭に置いて、対北条戦を宣言したと見るべきであろう。

この時信長は、武田勝頼、北条氏政打倒のため出馬したら味方となるよう勧誘しているが、このことこそが天下のために繋がるとの論理を展開している。これは室町幕府将軍足利義昭を追放した際に使用した論理、すなわち「天下静謐」のために、謀叛を起こした「公儀」(将軍義昭)を追放したという文脈で使用された時と同じである。「天下」とは「公儀」に優越しこれを克服するという新たな論理に他ならない。これは室町幕府将軍が掌握している政治秩序を指し、それは天皇より委任されているものである(神田千里「織田政権の支配の論理に関する一考察」『東洋大学文学部紀要史学科篇』二七、二〇〇二年、「中世末の「天下」について—戦国末期の政治秩序を考える—」『武田氏研究』四二号、二〇一〇年)。つまり「天下」とはあくまで京都を中心とした畿内であり、その安寧(「天下静謐」)を破綻に追いやる者は、将軍といえども許されず、代わって信長が維持することを宣言したものである。それゆえに、信長の「天下」とは、ほんらい天皇を頂点とする京都と畿内の政治秩序の維持に限定されていたはずである。これを東国にまで拡大させ、信長へ味方することが「天下」への奉公へ繋がるという、豊臣秀吉や徳川家康へと継承される論理の肥大化は、長篠合戦が契機だといえるだろう。

かくて信長は長篠戦勝後、「天下」の概念を肥大化させ、信長は「天下」のために、その護持を体現する人格として行動していることを強調し、東国・東北にはこれまで見られなかった独自の大名・国人衆結集のための論理として提示したのであった。これは、室町幕府体制や関東・東北における公方—関東管領体制とも異質の論理である。その意味で、武田勝頼が長篠合戦で敗退した政治的・軍事的影響は大きかったのである。逆に信長からすれば、信玄以来の宿老と軍団を温存していた武田勝頼を撃破したことで、それまでは漠然としたものであった東国・東北への経略が一挙に現実的色彩を帯びることとなった。そこで、それまで交渉がなかった北関東諸大名へも政治工作を積極的に進め、武田勝頼と北条氏政を撃滅するための軍事動員に、東国・東北大名を「天下のため」という論理のもとで参加を促し、それにより信長の東国・東北平定を一挙に実現せんと構想したのであろう。

長篠合戦と武田勝頼の敗北は、信長にとって軍事力の勝利であった以上に、信長の天下統一に向けた政治・外交路線を東国・東北において推進することを決断させた画期的な出来事であったといえるだろう。

長篠合戦と武田勝頼　エピローグ

武田勝頼が引き継いだ現実

Ⅰ章で縷々紹介したように、勝頼は武田信玄の息子として誕生しながらも、他の兄弟たちとは違い、生まれながらにして諏方氏の継承が予定された人物であった。それが彼の生涯を規定しつづけたといえる。信玄が勝頼生母を側室としたのも、誕生した男子である勝頼を諏方氏の当主と認定したのも、武田氏の諏方・上伊那郡統治を安定させることが目的だったからである。だが、勝頼は諏方一族にとっても必ずしも歓迎された男子とはいえなかったらしい。それは、彼が出生した天文十五年（一五四六）には、諏方一族の重鎮諏方薩摩守満隆（勝頼祖父諏方頼重の叔父）が謀叛の嫌疑で切腹を命じられていることからも推察される。この背景には、勝頼誕生が諏方頼重遺児寅王丸（千代宮丸、信玄の妹禰々の息子）を、諏方氏の後継者から降ろすことに繋がったことがあるとみられる。後に寅王丸も暗殺されたと伝えられる。こうした一連の事件が、勝頼のその後の処遇にも影響したのではなかろうか。というのも、勝頼は「諏方四郎神勝頼」と称し、諏方氏惣領を相続したものの、彼が信玄から配置されたのは、父祖以来の諏方氏の居城上原城ではなく、伊那の高遠城だったからである。高遠城は、

馬防柵と狙撃手

諏方の有力一族諏方高遠頼継の居城であった。『高野山成慶院過去帳』などの位置づけをみても、諏方勝頼は諏方氏惣領と高遠諏方氏当主の二つを引き継いだと考えられる。勝頼成人当時の諏方郡は、高島城に在城し上原城などを管轄する武田氏の諏方郡代と、諏方頼隣・頼豊を筆頭とする諏方一族や千野氏ら旧諏方家臣層、大祝諏方頼忠（頼隣の子、越中守頼豊の弟）と神長官守矢氏を軸とする諏方大社社家衆らによって秩序が保たれ、安定していた。信玄はそこに勝頼を入れることで、諏方郡に不測の事態が発生することを避けようとしていたのであろう。ここで気づくのは、諏方勝頼という人物が、武田氏、諏方氏双方にとっても実に中途半端な扱いになっていることである。諏方勝頼の統治権は、高遠・箕輪領に限定され、諏方氏の当主でありながら、諏方郡にまったく関与していない。如何に彼が名目上の当主であったかが知れよう。彼が諏方勝頼を名乗りながら、他国から「伊奈四郎」と呼ばれていたのは、彼の立場を示唆するものといえる。

その勝頼が、父武田信玄の後継者になったのはまったくの偶然に過ぎない。異母兄で武田氏惣領の太郎義信が父信玄と対立し幽閉され、死去したからである。両者の対立の原因は、武田信玄の今川氏打倒というそれまでの武田氏の対外路線を大転換させることにあった。義信は今川氏に荷担し、北条・今川氏との三国同盟を堅持して、織田信長・徳川家康打倒という軍事・外交路線を主張したのであろう。だが信玄はこれを拒否し、織田信長との同盟締結を選択した。このため義信は、永禄八年（一五六五）十月に謀叛を計画したが発覚し、失敗した。信玄は、義信を追放し、彼に連なる家臣たちをも処分した。この義信事件は武田氏が家中を二つに割った相克であった。その渦中に諏方勝頼は置かれていたのである。なぜなら、義信らが決起して食い止めようとしたのは、永禄八年十一月に予定されていた諏方勝頼と遠山夫人（織田信長養女、遠山直廉息女）との婚姻（武田・織田同盟、甲尾同盟）だったとみられるからである。それは、勝頼自身まったく身に覚えのない事件だった。やがて永禄十年十月、義信が幽閉先の甲府東光寺で死去すると、武田・今川両氏の関係は急速に悪化し、永禄十一年十二月、武田信玄は駿河侵攻を実行に移し、今川氏を事実上滅亡させた。

だがこの駿河侵攻は北条氏との断交を招き、信玄は上杉・北条・徳川三氏に包囲される苦境に陥った。信玄はこの危機を打開すべく、その後三年にわたって関東や駿河・伊豆を転戦することを余儀なくされる。この間、織田信長は上洛を果たし、室町幕府を再興しただけでなく、織内に及ぶ領国拡大に成功した。

信玄は元亀二年（一五七一）に北条氏政との再同盟（甲相同盟）を成立させると、今度は織田信長・徳川家康との対決を目指すようになる。これが信玄晩年の軍事・外交路線となった。しかしこの路線こそ、皮肉なことに武田義信が最も望んだ路線に他ならなかった。信玄は、それに向けた軍事行動を開始した矢先に陣歿し、それは甲尾同盟の体現者であった勝頼が担うこととなったのである。

信玄の「鬱憤」、勝頼の「本意」

武田信玄は、駿河今川攻めに際して徳川家康と同盟を結び、今川氏真を挟撃した。ところが永禄十二年になって、信玄は家康と今川領国分割と軍事行動をめぐって対立するようになり、最終的には元亀元年十月、家康は上杉謙信と同盟を結んで武田氏と断交した。信玄はこれに不満を募らせ、しばしば織田信長に家康との断交を迫るが、信長はこれに応じず、家康の動きを抑えようともしなかった。

信玄は元亀元年以来信長・家康への反感を持ち続け、元亀三年十月にこれを晴らすべく三河・遠江の徳川領国への侵攻を開始した。この背景には、信長打倒のため武田氏の参戦を求める石山本願寺、越前朝倉義景、近江浅井長政、六角承禎らの要請と盛んな軍事行動が存在していた。信玄は、彼らとの対峙に信長が忙殺されている状況を、織田・徳川打倒の好機と捉えたのであろう。

信玄は、信長・家康打倒の軍事行動を、「三ヶ年の鬱憤」を晴らすためだと宣伝し、さらに信長に焼き討ちにされた比叡山延暦寺再興などを大義名分に掲げた。だが突然の武田氏の徳川領国侵攻と甲尾同盟破棄を知った上杉謙信は、信玄の決断を「無謀な決断だ、遂に信玄の運も尽きたか」「よせばいいのに、あたかも蜂の巣に手を突っ込んでしまったようなものだ」と評した。謙信は、たとえ信玄であっても、信長・家康同盟との対決は、そうたやすく進捗するものではないと考えていたらしい。そして信玄は、家康と戦端を開いて半年後に病歿してしまうのである。

信玄が掲げた「三ヶ年の鬱憤」（信長・家康打倒）は、後継者武田勝頼の「本意」「宿願」として受け継がれることとなる。その意味で、勝頼は父信玄の意志で始まった路線を引き継ぐことを余儀なくされていたといえ、それに邁進したこと自体は信玄の路線に忠実であったといえるだろう。

いっぽうで勝頼は父信玄の遺言に拘束されてもいた。信玄は勝頼に、その死を三年間秘匿することを命じ、積極的な対外活動の自粛、上杉謙信との同盟を指示した。このうち勝頼は三年間、父の死を秘匿することは忠実に実行したことが確認出来る。だが上杉謙信との同盟は成立せず、積極的な対外侵攻自粛は、天正二年に破られたといわれる。しかし天正元年（一五七三）から二年にかけての軍事行動をよく考えてみると、高天神城攻略は父信玄に降伏した小笠原氏助を再度帰属させたものであり、また東美濃（一部奥三河）の諸城攻略は岩村城攻略に向けた織田方の付城奪取と、徳川方に再び転じた奥平氏攻略という意図があったとみられ、織田・徳川方の反攻への対処や反撃という意味合いが強い。勝頼が積極的に動き始めたのは、徳川家臣大岡弥四郎らの内通に伴う三河国岡崎攻略を目指した、天正三年四月の軍事行動であり、これは父信玄の三回忌とちょうど重なっていた。この軍事行動が結果的には長篠合戦に繋がっていくのである。

このように見てみると、武田勝頼は父信玄の遺言と路線を忠実に守っていたといえよう。それは織田信長も「勝頼は信玄の掟を守り表裏を心得た恐るべき相手である」といっていたことと通じるだろう。長篠敗戦が勝頼による信玄の路線からの逸脱の結果とみなすのは正しくないと考えられる。

武田勝頼の目指したもの

このように、武田勝頼は父信玄の死去から長篠合戦までの約三年間、その遺言と路線を堅持していたと考えられる。では勝頼は、武田氏の当主として父信玄の政治、軍事、外交のすべてにおいてそれを忠実に継承しようとしていたのであろうか。実は、勝頼は亡兄義信を気にかけ、父信玄とは違った当主になろうとしていたとみられる節がある。

まず、異母兄義信に対する勝頼の心情について紹介しよう。勝頼が、亡兄義信に言及した史料は存在しないが、既述のように、家督相続直後の元亀四年九月二十一日に、亡兄義信が尊崇した甲斐国二宮美和神社に願文を捧げ、織田信長、徳川家康打倒を祈念した。勝頼は異母兄義信を意識しつつも、信玄が生前に息子義信への鎮魂を行った形跡がないことと対比すると、父とは違った行動を取っていることがわかる。

このほかにも、武田信玄と永年の関係があった高野山の成慶院から、引導院に宿坊を変更していることや、駿河国重須《おもす》の北山本門寺と西山の西山本門寺との間で、寺宝の所有をめぐって争論が惹起した際に、勝頼は今川氏以来の裁定を破棄し、それを重須から取り上げ、西山に引き渡していること、さらに武田領国における曹洞宗統制の中心は、信玄以来信濃国佐久郡龍雲寺であり、これに次ぐ寺院は甲斐国中山廣厳院（笛吹市）であったが、勝頼は、廣厳院から甲斐国甲府大泉寺（武田信虎菩提寺）に変更させていることなどを数え上げることが出来る（平山「同時代史料よりみた武田勝頼の評価」〈韮崎市教育委員会編『新府城の歴史学』新人物往来社、二〇〇八年所収〉）。

徳川家康は、勝頼を中世人の常識であり共通する思考ともいえる先例の遵守にとらわれない「物数奇」と評し、よほどの勇気がなければ出来ないことだと指摘している。すなわち勝頼は、父信玄の先例にとらわれず、独自の新機軸を打ち出すことで武田領国内での新たな秩序を作り上げようとしていた可能性がある。しかもそれは、先例の保護で安定していた法秩序などを打破することで、武田氏当主勝頼の権限を強化する方向性を目指していたと推察される。

このことは、勝頼の政策や個性は、父信玄の遺言や晩年の軍事・外交路線を踏まえつつも、独自性を発揮しようとしていた可能性を示唆する。そこで思い至るのが、『軍鑑』の勝頼評である。同書は、勝頼を「強過ぎたる大将」とし、その才能を認めつつも、その危うさを強く指摘していた。とりわけ勝頼の思考と行動原理は、父を超えようとしたがゆえに、無理を重ねることとなったというものであり、それは正鵠を射ている可能性が高い。つまるところ勝頼は、父信玄とは違った当主になろうと考えたのではないか。その背景にあるのは、諏方勝頼から武田勝頼へ名実ともに脱却し、父信玄以上の求心力を家中に形成しようとする指向性に他ならなかった。それほど勝頼は、信玄以来の武田一族や家臣との関係構築がうまくいっておらず、権力基盤も脆弱だったのである。そう考えなければ、信玄死去後わずか十一日後に作成された、重臣内藤昌秀宛勝頼起請文の意味は読み解けないだろう。

勝頼は長篠でなぜ敗れたか

では勝頼は長篠合戦でなぜ敗れたか。もちろんそれは勝頼が決戦を踏み切ったことに尽きる。ただし、勝頼の無謀な突撃作戦＝愚策という通説は根拠がない。当時の合戦では、突撃は常道であったからだ。また本書では詳しく紹介出来なかったが、勝頼は鉄炮を軽視していたわけでもない。では敗因は何か。その直接の原因は、武田軍の兵力が織田・徳川軍に比べて明らかに劣っていたことと、勝てると判断した勝頼の情勢分析の誤りだと考えられる。それは、織田・徳川軍の状況把握が甘かったことに由来するとみられる。

だが、決戦に反対し撤退を主張する一族、家臣の意見を退け、開戦に踏み切ったのは、信長・家康両名が間近に居並ぶ状況をみて、勝頼がそれを看過出来なかったからであろう。このことにこそ、合戦の真の敗因がある。ではなぜ看過出来なかったのであろうか。勝頼の生い立ちと家督相続までの流れや、遺言に象徴される父信玄の勝頼に対する扱いなどを追いかけていくと、その理由とは、勝頼の武田家中における立場そのものだろう。武田家中における当主としての権威を名実ともに確立させること、これが勝頼の真意であり、信長、家康を撃破して、父信玄の「三ヶ年の鬱憤」を晴らすことが、自身の「本意」達成でもあり、諏方勝頼を武田勝頼に昇華させる最も確実な方法だったのであろう。長篠合戦の敗因は、勝頼と信長・家康との間にだけでなく、勝頼と武田家中の中にも伏在していたというのが、本書の結論である。そして忘れてはならないのは、勝頼の敗北の以前に、異母兄義信の敗北が横たわっていたことである。

長篠合戦で武田勝頼が敗退したことは、その後の戦国地図に大きな影響を与えた。勝頼はそれ以後何度となく織田・徳川領国への反攻を宣言したが、遂に一度も実現することなく滅亡を迎えることとなる。それほどまでに、武田軍が織田信長に再戦を挑むことが困難なほど鋭鋒が衰えていたのである。このことは、勝頼が徳川家康の反攻により、領国を次第に浸食されていった事実に示されている。だが、家康の反攻は、勝頼の頑強な反撃もあって天正三年末以降はなかなか進捗していない。しかしながら、武田氏を家康がほぼ単独で相手にしうるようになったことは、信長にとって極めて大きい収穫だったといえるだろう。長篠合戦以後、信長は石山本願寺、一向一揆のみに攻撃目標を集中させ、やがてこれを屈服に追い込み、西国への軍事行動を本格化させていくからである。

「敗者」武田勝頼の歴史的役割

もし武田勝頼の鋭鋒が長篠合戦以前の状況であったならば、こうもたやすく動くことは出来なかったであろう。勝頼を撃破したことで、信長は織田家督を息子信忠に譲り渡し、自身は「天下人」として動き出すことが初めて可能となった。「敗者」勝頼は、「天下人」信長を生み出す歴史的役割を演じることとなったわけである。

それでも勝頼は織田・徳川氏への反攻の意志を、天正五年まで堅持していた。実行出来なかったのは、結果的にそうなったに過ぎない。ではなぜ出来なくなったのか。それは天正六年三月、上杉謙信が急死し、まもなく御館の乱が勃発したためである。勝頼は上杉謙信と長篠敗戦後甲越和睦を締結しており、天正五年にはこれに北条氏政を加えた甲相越三国和睦に向けた外交活動を展開していた。これは追放された足利義昭やその後ろ盾毛利輝元の強い働きかけと、上杉氏と石山本願寺・一向一揆の和睦、謙信と信長の断交がその背景にあった。だが謙信と氏政の交渉が不調に終わり、三国和睦構想は挫折した。その直後に、謙信の死と上杉氏の内乱が発生したわけである。勝頼は甲相同盟により越後に出陣し、上杉景勝と甲越同盟を結び、上杉景虎（北条氏政の異母弟）と景勝の和睦調停による上杉氏の内戦の早期終結を試みたが成功しなかった。結果的に、甲越同盟は景虎敗北の大きな原因となってしまい、北条氏政との関係は急速に悪化し、天正六年に武田・北条両氏は同盟破棄、戦闘勃発という事態を招く。勝頼はこの危機を佐竹義重ら北関東の諸大名と同盟を結ぶことで北条氏を圧迫し、この時、武田氏は最大規模の領国を誇ることとなる。このことは、長篠敗戦が必ずしも坂道を転げ落ちるように武田氏が斜陽となっていったわけではないことを示す。

勝頼にとって不幸であったのは、連携して信長・家康の動きを牽制する有力な戦国大名が、ほとんど存在しなかったことである。勝頼の攻勢に悲鳴をあげた氏政は、織田・徳川氏と同盟を結び、武田領国を逆包囲し、その勢力を奪っていった。勝頼が徳川氏の重囲に陥っていた高天神城を、天正六年以後救援出来なくなっていったのは、北条氏との対立が原因である。本書冒頭で紹介したように、武田遺臣の多くが、武田氏滅亡の原因の起点を長篠合戦ではなく、北条氏との同盟破棄と認識していた理由がここにある。

しかしながら、長篠合戦前後の東国戦国史の動向には、まだ不明な部分が多く残されている。基礎的な研究すらなされていない事柄も多い。今後、信玄、謙信、勝頼、信長、家康が活動した元亀〜天正十年までの政治史研究が進めば、長篠合戦やその後の事態の推移を読み解く、新たな視座が拓ける可能性はまだ残されているだろう。

田峯菅沼氏系図

- **定直** 土岐小次郎 土岐浅野三郎 次郎 光兼次男
  - **定成**（田峯） 伊賀守、菅沼村より田峯に移る 道聚
    - **貞行**（島田） 伊賀守
    - **定信** 貞吉、新三郎 刑部少輔
      - **定忠** 新三郎、大膳太夫、心月斎 武節及び平井築城 天文三年四月一六日卒
        - **定広** 新三郎、大膳亮 蜂の巣大膳、平井大谷城を築く 永禄元年三月二四日卒
          - **定継** 新太郎、大膳亮 新城築城 弘治二年八月二一日、恩原城主山川清兵衛等と布里にて自殺。
            - **定忠** 貞吉、刑部少輔、小法師、長篠合戦に出陣敗れる。田峯城留守居の将叔父定直始め九六人を打ち殺す天正十年五月一〇日誅せらる。
          - **定俊** 左衛門次郎、九兵衛 弘治二年八月兄とともに布里にて自殺。
          - **定直**（布里） 弥惣右衛門、道喜斎 今川義元に従い兄定継と戦う、のち徳川方となり、更に武田に降る。田峯城留守居の将となったが、反旗をひるがえしたため天正四年七月一四日定忠に殺害される。
            - **定利** 小大膳 田峯菅沼刑部少輔定忠の家名をつぐ。
            - **某** 八左衛門 父とともに討たれる。
            - **定常** 刑部次郎 島田に住しのち奥平信昌に仕う。
          - **定氏**（大野）（定代） 今川氏に従い布里にて兄定継と戦う、のち家康に属し、三方原合戦等に軍功あり 慶長九年七月二六日卒
            - **定吉** 藤十郎、越後守定顕 徳川家康に従い、武節城に住す、慶長一一年一〇月一七日卒
          - **女子** 土岐の明知上総介定明の妻となり定明戦死後は奥平定勝の妻となる。
          - **定仙**（井代） 八右衛門、常陸介 井代城に住す、今川氏に従い弘治二年八月、布里にて兄定継と戦う、のち家康、武田、再び家康方となった。慶長一一年七月一七日卒
        - **鵰雲文翼** 出家し新城永住寺を開創す
        - **定則**（野田） 竹千代、新八郎、織部正 野田菅沼氏の祖
        - **定勝** 新七
      - **貞房** 所之助 伊賀守
  - **満成**（長篠） 荒尾岩古屋城主 長篠菅沼の祖 三郎左衛門
    - **定継** 八右衛門 元亀二年武田信玄の人質となる。

長篠菅沼氏系図

- 満成（三郎左衛門 荒尾に住す）
  - 元成（新九郎 永正五年五月長篠城を築き移る。今川氏の旗下となる。）
    - 俊則（新九郎、下野守 長篠に住す）
      - 元直（元貞 新九郎、左馬亮 長篠に住す）
        - 貞景（新九郎、三郎左衛門 今川氏より家康に降り、永禄一二年掛川城攻めで討死）
          - 正貞（新九郎 家康に属していたが、元亀二年武田に移った。しかし天正元年九月、城を開いて鳳来寺の砦へ退去した。徳川家と内通のことが露見し、信州小諸に幽閉されていたが天正一〇年武田氏滅亡のとき誅せられた。天正一〇年三月二九日卒、田口福田寺に墓がある。）
            - 正勝（半兵衛 父貞正が小諸監禁中に出生、武田氏滅亡後、家康に取り立てられ田口荒尾付近において五百石を賜ったが、のち紀州徳川に附属させられた。寛永一九年八月二二日卒）
              - 正勝（新九郎、半兵衛 寛文一一年四月二一日卒）
          - 女子（遠州中部水巻城主、奥平美濃守定茂の妻となる。）
        - 貞俊（弾正左衛門）
          - 正成（勘兵衛 寛永一七年五月五日卒）
          - 用国呑受（宗堅寺五世となる。）
      - 道満（東田内に住す。元亀二年長篠において討死）
        - 満直（伊豆守、荒尾岩古屋城に住す。今川方であったが、のち家康に属し、さらに武田信玄に降った。長篠合戦に敗れ信州に逃亡、天正一〇年五月一〇日誅された。）
          - 某（八左衛門、人質として甲斐にやられ、のち父とともに天正一〇年五月一〇日誅せらる。）
    - 俊弘（次左衛門）
      - 元景（次郎左衛門 初め菅沼元貞に仕え、のちに遠州井谷の井伊直親に仕う。永禄一二年一一月卒）
        - 忠久（次郎左衛門、如意軒 遠州都田に住し、家康の遠州入りに際し案内した。）
          - 忠道（次助、次郎右衛門）
            - 忠元（宗六 次郎右衛門 徳川秀忠に召出された。）
        - 定重（新右衛門）
          - 重吉（作右衛門）
    - 貞吉

奥平氏系譜　○印は長篠籠城の士

- 貞俊　八郎左衛門、大膳亮
  - 貞久　監物・出羽守
    - 貞昌　九八郎、監物、六郎左衛門、薙髪して道閑と号す
      - 貞勝　仙千代、九八郎、監物のち道紋と号す
      - 貞直　貞久、久兵衛　日近に住す
        - 女
        - 彦八郎
        - 勝蔵
        - 貞友　久兵衛、定置
          - 藤左衛門
          - 於フウ　武田の人質となり天正元年九月二一日誅される
        - 貞政○○
          - 五郎兵衛
      - 女　松平勘解由康定の妻
      - 某○　次郎右衛門、鳥川に住す。長篠合戦に討死
      - 貞行　掃部　作手郷田原沢に住す
        - 正勝　満千代　黒谷家を継ぐ
      - 女　阿知和定基妻　のち奥平を称す
        - 源蔵
        - 定直　修理
          - 定雄
            - 定倫　修理
    - 久勝　石橋弾正
      - 某　弾正
        - 某　太郎次郎
    - 久正　但馬　夏山に住す
      - 能正　但馬
        - 勝正○○
          - 正俊　与兵衛
            - 重正　織部
        - 甚八
        - 又蔵
        - 七郎右衛門○○
      - 源四郎
      - 儀兵衛
    - 某　主馬充　萩に住す
      - 傳次郎
        - 大隅○○
          - 惣兵衛
      - 傳三郎
        - 重兵衛○
          - 角兵衛○○
      - 傳五郎○○
        - 女
        - 主馬充
        - 勝次○○
          - 虎之助　武田氏の人質となり天正元年九月二一日誅せらる。

信丘―信近

貞次　喜八郎、加賀名倉に住す―信光　松千代、喜八郎八郎左衛門

定光
某
佐忠
前七郎―定正　半兵衛

貞包　助次郎―包久　助次郎、永禄四年一〇月島田に於て討死す。

女
主馬充
女
女

定詮　五郎右衛門　雨山に住す
定次　図書

貞能　仙千代、九八郎、監物　美濃守

常勝　貞春、源五右衛門　小田城に住す―十兵衛―志摩

貞治　藤兵衛　関ヶ原合戦に討死す。

女　松平新五右衛門妻

女　田峯菅沼刑部定直妻

女　西郡柏原城主鵜殿藤助妻

信昌〇〇　貞昌、九八郎　美作守

女　奥平久兵衛貞友妻

仙千代丸　武田の人質となり天正元年九月二一日誅せらる。

昌勝　九十郎

家昌　九八郎、大膳太夫―忠昌　千福、九八郎、美作守

家治　松平右京太夫　天正一六年徳川家康の養子となり、松平姓を賜わり、天正一九年上野国長根七千石に封ぜられ、文禄元年三月四日病死す。よってその遺領を弟忠明に給わる。

忠政　松平摂津守、慶長二年菅沼小大膳の養子となり、松平性を給わる。―忠隆　飛騨守　寛永九年没、二五才―某　左京　寛永三年七月八日没　四才

女　大久保加賀守忠常妻

女　家士山崎半兵衛勝宗妻

女　奥平但馬正俊妻

貞国　徳川義直に附属す

忠明　鶴松、清匡、松平下総守

あとがき

本書の執筆依頼を受けたのは、二〇一〇年のことと記憶する。同封されていた依頼文に記されていた主題が、『長篠合戦と武田勝頼』であると判ったとき、遂にその時が来たか、とひとりごちたことを昨日のことのように思い出す。東国戦国史を専門とし、とりわけ武田氏研究を主たるフィールドにしている私にとって、実をいえば長篠合戦は秘かに回避し続けていたテーマであった。なぜならば、長篠合戦は、浅学の私などまったく介入する余地のないほど多くの方々によって論じられて来ており、織田・徳川軍の「三千挺三段撃ち」説や、武田軍の「騎馬隊」「騎馬軍団」説などはことごとく論破されたと当時は認識していたからである。

とりわけ、高柳光壽氏が基礎的研究を達成し、その後藤本正行、藤井尚夫、鈴木眞哉、太向義明、桐野作人の諸氏が微に入り細を穿つ通説の批判的研究を積み上げている研究状況は、後発の私には分け入ることなど容易に叶わぬ巨大な山脈に感じられた。彼ら先学たちが築き上げた業績に、私が何かを付け加えたり、新たな視座を提示することなどおおよそ不可能に思えた。だからこそ、私はこれまで長篠合戦論に関わることを避け続けていたのである。もちろんいつかは、真正面から取り組まねばならぬ主題であるとは自覚していたが、それは遠い将来、自分なりの新視点が見えてからのことだと先送りし続けてきた。そこへ吉川弘文館よりオファーを受けたわけである。ずいぶん迷ったすえ、やってみようと思ったのは、いつかは手を染めなければならないのであれば、与えられたこの機会を大切にすべきだと思い直したからである。また偶然にも、私は武田氏の軍制に関する論文を公表したばかりでもあり、武田軍の実態をめぐる新説に対して、多様な問題点が見え始めていたからでもある。しかしそれでも、近年の長篠合戦論を支える「三千挺三段撃ち」否定説については、ほとんど突破の余地はなく、藤本・鈴木説を敷衍して紹介する以外になかろうとの印象を強く抱いていた。

あまりの難題に立ち尽くすばかりだった私は、あるときふと我に返り、可能な限り史料を博捜し、旧説や新説に囚われることなく、もう一度自分なりに史料を読み直しをしてみようと思い立った。先学の主張の根拠一つひとつをもう一度点検し直すことで、自分なりに何かが見えてこないか、私はそこに賭けたのである。すると、意外なことに次々に問題点が浮かび上がってきた。織田信長＝新戦術の考案者、軍事革命の体現者＝革新、武田勝頼＝旧戦術の遵守者＝保守という構図は、「織田信長と鉄炮」「武田氏と鉄炮」「信長・家康の軍隊と勝頼の軍隊」「戦国の騎馬と戦術」「武田氏と騎馬」「織田・徳川軍の鉄炮数問題」「三段撃ち問題」「戦国合戦の内実」などのテーマ別に史料を集め分析するうちに、次第に崩れ去っていった。この史料読解を通じて、私自身が先学の提示した議論を念頭に史料を読むというバイアスがかかっていたことに気づいた。

とりわけ「三千挺三段撃ち」問題は、太田牛一『信長記』の諸本検討や、『甫庵信長記』の読み直しを通じて、不可能と思われたブレイクスルーを実現しえたと考えている。思えば、私はかつてベーコンが誡めた四つのイドラ（幻影）の自覚なき虜囚になっていたといえよう。そこから抜け出すためには、結局は虚心坦懐に史料に沈潜するしかないのだと今回ほど思い知らされたことはない。

本書執筆の過程で私は、右に列挙したテーマの検討を通じて、新旧両説に対する批判的な考え方を対置し、新たな長篠合戦像を提起しようとしたが、紙幅の関係もあって、「三千挺三段撃ち」問題と「武田氏と騎馬」問題しか論じ得ず、他は割愛しなければならなかった。だが私の無念を汲んだ吉川弘文館のご厚意で、それらは『検証・長篠合戦』（歴史文化ライブラリー）として別途刊行される運びとなっている。本書とあわせてご検討をいただければ幸いである。

それにしても本書の執筆ほど苦しい経験はなかった。思い悩み、袋小路に嵌り込み、なかなか脱出できない苦労を味わった。長篠合戦像だけでなく、「敗者」武田勝頼という人物をどのように描いたらよいか、彼のそれまでの生涯と長篠合戦の相関関係を如何に捉えるべきか、思いあぐねる日々であった。「贔屓の引き倒し」だと後ろ指さされぬ勝頼像を、根拠をもとに提示するのは並大抵のことではないが、本書が現時点での私の精一杯の身の丈であることを素直に告白しておきたい。

ただし、力説しておきたいのは、長篠合戦は戦国大名同士の会戦であり、両軍の間には軍事革命や兵農分離などという、質的差異など一切存在していないということである。両軍の分水嶺は、兵力や鉄炮装備（玉薬を含む）の数的差異のみであった。その背景には、織田・徳川両氏と武田氏の領国規模及びアクセス可能な物流の質量規模の差異が横たわっていただけに過ぎない。本書では論じきれなかったが、今後刊行される『検証・長篠合戦』とあわせることで私の長篠合戦と武田勝頼像の全貌が明らかになるであろうから、大方のご叱正を賜りたいと思う。本書執筆にあたって、多くの方々や諸機関にご配慮やご教示を賜った。また諸先学から計り知れない学恩をいただいた。ご芳名を列記しない失礼をお詫びしつつ、この場を借りてあつく御礼を申し上げる。また、吉川弘文館編集部には多大なご苦労をおかけした。一向に原稿を提出しないうえ、やっと手元に届いたと思えば想定外の枚数超過をしでかす私に、さぞ途方に暮れたことと思う。ご迷惑をおかけしたことを深くお詫びしたい。

なお本書は、二〇一三年度東大史料編纂所共同拠点・共同研究複合史料領域「関連史料の収集による長篠合戦の立体的復元」における成果の一部である。

二〇一三年十月七日

平山　優

参考文献

編　著

宇田川武久『鉄炮伝来 兵器が語る近世の誕生』中公新書、中央公論社、一九九〇年
宇田川武久『東アジア兵器交流史の研究』吉川弘文館、一九九三年
宇田川武久『鉄炮と戦国合戦』（歴史文化ライブラリー一四六）、吉川弘文館、二〇〇二年
宇田川武久『真説 鉄炮伝来』平凡社新書、平凡社、二〇〇六年
宇田川武久編『鉄炮伝来の日本史 火縄銃からライフル銃まで』吉川弘文館、二〇〇七年
小和田哲男監修・小林芳春編『徹底検証 長篠・設楽原の戦い』吉川弘文館、二〇〇三年
金子　拓『織田信長という歴史 『信長記』の彼方へ』勉誠出版、二〇〇九年
桐野作人・和田裕弘著『「信長記」の大研究』（『歴史読本』二〇〇七年八月号別冊付録、新人物往来社、二〇〇七年）
桐野作人『火縄銃・大筒・騎馬・鉄甲船の威力』新人物往来社、二〇一〇年
参謀本部編『日本戦史・長篠役』一九〇三年（後に村田書店復刊、一九七八年）
鈴木眞哉①『鉄砲と日本人』洋泉社、一九九七年（後にちくま学芸文庫として復刊、二〇〇〇年）
鈴木眞哉②『鉄砲隊と騎馬軍団 真説・長篠合戦』洋泉社新書y、二〇〇三年

鈴木眞哉③『戦国軍事史への挑戦 疑問だらけの戦国合戦像』洋泉社歴史新書y、二〇一〇年
鈴木眞哉④『戦国「常識・非常識」大論争! 旧説・奇説を信じる方々への最後通牒』洋泉社歴史新書y、二〇一一年
太向義明『長篠の合戦』山梨日日新聞社、一九九六年
高柳光壽『長篠之戦』春秋社、一九六〇年
谷口克広『信長の天下布武への道』(戦争の日本史13)吉川弘文館、二〇〇六年
谷口克広『信長と家康―清須同盟の実体』学研新書、二〇一二年
名和弓雄『長篠・設楽原合戦の真実』雄山閣、一九九八年
西股総生『戦国の軍隊』学研パブリッシング、二〇一二年
久芳　崇『東アジアの兵器革命　十六世紀中国に渡った日本の鉄砲』吉川弘文館、二〇一〇年
藤井尚夫『復元イラスト・中世の城と合戦』(朝日新聞社、一九九五年)
藤本正行①『信長の戦国軍事学』JICC出版局、一九九三年
藤本正行②『長篠の戦い　信長の勝因・勝頼の敗因』洋泉社歴史新書y、二〇一〇年
洞　富雄『鉄炮 伝来とその影響』思文閣出版、一九九一年

調査報告書

『長篠城址　第一次~第四次試掘調査報告書』鳳来町教育委員会、二〇〇四年

『史跡長篠城跡Ⅲ』鳳来町教育委員会、二〇〇四年
『史跡長篠城跡Ⅳ』鳳来町教育委員会、二〇〇五年
『史跡長篠城跡Ⅴ』新城市教育委員会、二〇〇六年
『史跡長篠城跡Ⅵ』新城市教育委員会、二〇〇七年

論　文

荒垣恒明「戦場における傭兵」（藤本久志・黒田基樹編『定本　北条氏康』高志書院、二〇〇四年所収）
岩山欣司「長篠城跡の発掘調査について」（『中世城郭研究』第二四号、二〇一〇年）
内田九州男「長篠合戦図屛風について―両軍配備と文献―」（岡本良一・桑田忠親・武田恒夫編『川中島合戦図・長篠合戦図』戦国合戦図屛風修正一、中央公論社、一九八〇年所収）
内田九州男「長篠合戦図屛風―鉄炮隊と馬防柵の威力」（小和田哲男監修『戦国武将の合戦図』新人物往来社、二〇一一年所収）
金子　拓「鳥居強右衛門の虚像と実像」（『iichiko』一一〇号、二〇一一年）
黒田日出男「鳥居強右衛門はどう見えるか」（同著『黒山に龍がいた』私家版、二〇〇四年所収、初出は二〇〇二年）
黒田基樹「戦争史料からみる戦国大名の軍隊」（小林一岳・則竹雄一編『（ものからみる日本史）戦争Ⅰ・中世戦争論の現在』青木書店・二〇〇四年所収）

黒田基樹「武田氏家中論」（平山・丸島編、二〇〇八年所収）
小島道裕「『落合左平次背旗』はどう見えるか―上か下か―」（『天下統一と城』国立歴史民俗博物館図録、二〇〇〇年）
柴　裕之「戦国大名武田氏の奥三河侵攻と奥平氏」（『武田氏研究』三十五号、二〇〇六年）
柴　裕之「戦国大名武田氏の遠江・三河侵攻再考」（『武田氏研究』三十七号、二〇〇七年）
柴　裕之「長篠合戦再考」（『織豊期研究』十二号、二〇一〇年）
新行紀一「五か国大名徳川氏」（『岡崎市史』通史編中世2、一九八九年）
新行紀一「設楽原決戦の歴史的意義」（『設楽原歴史資料館研究紀要』創刊号、一九九七年）
太向義明「武田〝騎馬隊〟像の形成史を遡る」（『武田氏研究』二十一号、一九九九年）
高橋　修「『長篠合戦図屏風』を読む」（堀新編『信長公記を読む』吉川弘文館、二〇〇九年所収）
谷口克広「太田牛一著『信長記』の信憑性について―日付けの考証を中心として―」（『日本歴史』三八九号・一九八〇年）
館山市立博物館「収蔵資料紹介 里見吉政の覚書」（『館山市立博物館報 ミュージアム発見伝』六十六号、二〇〇〇年）
則竹雄一「戦国大名北条氏の軍隊構成と兵農分離」（木村茂光編『日本中世の権力と地域社会』吉川弘文館、二〇〇七年所収）
則竹雄一「戦国大名北条氏の着到帳と軍隊構成」（『獨協中学校・高等学校研究紀要』二十三号、二〇〇九年）

則竹雄一「戦国大名武田氏の軍役定書・軍法と軍隊構成」(『同』二四号、二〇一〇年)
則竹雄一「戦国大名上杉氏の軍役帳・軍役覚と軍隊構成」(『同』二五号、二〇一一年)
藤井尚夫・藤本正行「長篠の戦い」(藤木久志編『城と合戦—長篠の戦いと島原の乱』朝日百科日本の歴史別冊・歴史を読み直す十五、朝日新聞社、一九九三年)
藤本正行③「長篠合戦における織田の銃隊の人数について」(『甲冑武具研究』三五号、一九八〇年、後に同著『長篠の戦い』に収録)
藤本正行④「長篠の鉄炮戦術は虚構だ」(『歴史と旅』一九八〇年五月号、後に同著『長篠の戦い』に収録)
藤本正行「戦国期武装要語解」(戦国史研究会編『中世東国史の研究』東京大学出版会、一九八八年所収)
藤本正行「鳥居強右衛門の旗について」(『武田氏研究』二十六号、二〇〇二年)
藤本正行「久昌院蔵『長篠合戦図』について」(『中世城郭研究』第十八号、二〇〇四年)
山田邦明「戦国時代」(『日本軍事史』吉川弘文館、二〇〇六年所収)
渡邊世祐「長篠の戦」(高柳光壽編『大日本戦史』第三巻、三教書院、一九三八年、後に「鉄炮利用の新戦術と長篠戦争」と改題し、同著『国史論叢』文雅堂書店、一九五六年に収録)

略　年　表

西暦	和　暦	事　　　　　項
1524	天文11	7.4 武田信玄，諏方頼重を攻めてこれを降伏させ，21日甲府東光寺で自刃させる．
1545	14	信玄，諏方御料人（頼重息女）を側室に迎える．
1546	15	諏方勝頼誕生．この年，諏方満隆（頼重の叔父）が謀叛を企てて失敗し，武田氏に切腹を命じられる．
1555	弘治元	11.6 勝頼生母諏方御料人死去．
1562	永禄 5	この年勝頼，信濃国伊那郡高遠城主となる．
1565	8	9月 信玄，織田信長との同盟に応じる（甲尾同盟）．10月 義信事件発生．信玄嫡男太郎義信がクーデターを企てるも失敗．11月 諏方勝頼，織田信長養女（遠山氏）を娶る．
1567	10	10.19 武田義信，幽閉先の甲府東光寺で死去（享年30）．この年，勝頼嫡男武王丸（信勝）が誕生．
1568	11	12.6 武田信玄，今川氏真との同盟を破棄し，駿河へ侵攻．北条氏，今川氏支援のため信玄と手切れし，三国同盟は崩壊．
1569	12	1.27 武田軍，今川方の駿河花沢城（城主大原資良，焼津市）を落城させる．この合戦で勝頼は大いに活躍したという．9月 武田軍，上野から武蔵を席巻．勝頼は，武蔵国滝山城（城主北条氏照）を攻める．10.1 武田軍，北条氏康・氏政父子の本拠小田原城を包囲．10.6 武田軍，小田原からの帰途，北条氏照・氏邦らの軍勢を武蔵国三増峠で撃破（三増峠合戦）．12.6 武田軍，駿河国蒲原城（静岡市清水区蒲原町）を攻略，城主の北条氏信以下，城兵千余人を討ち取る．勝頼と信豊の活躍が目立ったという．
1572	元亀 3	9.26 山県昌景の軍勢が先陣として甲府を出陣し，三河・遠江を目指す．10.3 信玄は本隊を率いて甲府を出陣し，越前の朝倉義景や近江の浅井久政・長政父子に，協力して信長に対抗することを求める．11.14 東美濃岩村城が開城した．11.19 武田軍，徳川方の遠江国二俣城を包囲．この頃までに，奥三河の山家三方衆が武田方に帰属．12.19 二俣城が武田軍に降伏．12.22 武田軍，三方原（浜松市）で

西暦	和　暦	事　　　　　　　　項
		徳川家康と戦いこれを撃破（三方原合戦）.
1573	4	4.12 武田信玄が，甲斐への帰国途上で死去（享年53）. 四男の勝頼が跡を継ぐが，遺言によりその死は秘匿され，「隠居」による家督交替と発表される. 4.23 新当主武田勝頼，上野箕輪城代内藤昌秀に対し，起請文を与える. 5月上旬 徳川家康が駿河に侵攻し，岡部を始めとする各地を攻撃. 6.晦日 勝頼，三河の山家三方衆（菅沼右近助・同刑部丞・奥平定能）に書状を送り，三者に対する所領配分の裁定を伝え，互いに対立せぬよう求める. 7.6 勝頼，信濃衆小笠原信嶺らに長篠在城を命じ，井伊谷を与える. 7.7 勝頼側近長坂光堅（釣閑斎），奥平定能に返書を出し，知行をめぐる調停を受け入れるよう求める. 7.18 将軍足利義昭が織田信長に降伏し，山城を退去（室町幕府滅亡）. 7.23 徳川軍，三河長篠城攻撃を開始. 7.晦日 勝頼，奥平道紋・定能父子に対し，援軍の派遣状況を伝える. 8.20 三河先方衆奥平定能・信昌父子，徳川家康と起請文を取り交わし，武田氏からの離反条件について協議. この日，同盟国朝倉義景が織田信長に滅ぼされる. 8.28 同盟国近江浅井長政が織田信長に滅ぼされる. 8.下旬 奥平定能・信昌父子，作手亀山城を出奔し，徳川方に走る. 9.7 三河長篠城主菅沼正貞が徳川家康に降伏，開城する. 9.8 勝頼，後閑信純ら三河作手（古宮城）の番手衆に書状を送り，謀反人への用心を怠らないよう命じる. 9.21 勝頼，甲斐国二宮美和神社に願文を奉納する. 12.2 勝頼，徳川方となった奥平定能・信昌父子に対処すべく，小幡与一等に作手古宮城在番を命じる.
1574	天正 2	1.27 勝頼が美濃岩村に軍勢を動かし，明知城を包囲. 2.1 織田信長，明知城への援軍として尾張・美濃衆を派遣. 2.5 織田信長・信忠父子，明知城への援軍として出馬. 翌日神篦に着陣し，軍議を行うが，城内で飯狭間右衛門尉が謀叛したため，明知城は陥落. 上杉謙信が徳川家康の二俣攻めに呼応して沼田に着陣. 勝頼，東美濃から撤退する. 2.24 勝頼撤退を受け，織田信長が岐阜に帰城. 3.5 武田信虎が信濃高遠で死去. 5.12 勝頼，遠江高天神城を包囲.

西暦	和　暦	事　　　項
		6.11 高天神城主小笠原氏助が降伏を申し出る．勝頼はこれを拒否したが，まもなく降伏を認め，城は武田氏の手に落ちた．6.14 織田信長・信忠父子，高天神城への援軍として岐阜を出陣．6.19 織田信長，遠江今切で高天神落城を知り兵を退く．6.29 織田信長，上杉謙信に返書を送り，勝頼について「若輩ではあるものの，信玄の掟を守って謀略のある（表裏がある）ので油断が出来ない」と評した．9.29 織田信長，伊勢長島一向一揆を滅ぼす．この月から11月にかけて，武田勝頼は遠江に再び出陣し，徳川家康の居城浜松に迫る．また，久野・掛川攻撃のため，諏訪原城を築城する．
1575	天正 3	3月 このころまでに，三河国岡崎の徳川家臣大賀（大岡）弥四郎らが武田氏に内通し，足助方面から武田軍を招き入れ，岡崎乗っ取りを画策．3.24 勝頼，安中景繁に書状を送り，4.1に自ら出馬する予定を伝え，同3日までに諏訪上原に参陣するよう求める．3.下旬 武田勢が三河足助口に出陣する．これを受け，織田信忠が尾張衆を率いて出陣する．この時期，信長は上洛して本願寺に向けて軍事行動を準備中であり，勝頼の行動はその間隙を突いたものであった．4.5 勝頼，箕輪城代内藤昌秀に書状を送り，軍勢を率いて12日に着府するよう命じる．4.12 勝頼，武田信玄の三回忌を甲府で実施．4.15 武田軍先衆が三河足助城を包囲．城主鱸越後父子は降伏し19日に開城．この結果，足助城近辺の諸城も自落した．勝頼は下条信氏を足助城に在城させる．4.下旬，武田勝頼，作手で先衆と合流，三河大野田砦を攻撃し菅沼定盈を逐う．4.29 武田軍，三河吉田に進軍し二連木城を攻撃．戸田康長は同城を放棄．山県昌景は戸田勢を追撃する途上で，後詰めに出陣してきた徳川家康も打ち破り，吉田に敗走させる．4.晦日 勝頼，足助城を守る下条信氏に返書を送り，長篠に進軍する意向を示す．あわせて，織田信長の動向を探るように命ずる．この日，徳貞郷（新城市）に高札をくだし，軍勢の濫妨を禁じる．5.1 武田軍，奥平信昌らの籠もる三河長篠城を包囲．5.13 織田信長・信忠父子，三河長篠後詰のため岐阜

西暦	和　暦	事　　　　項
		を出陣. 5.14 奥平家臣鳥居強右衛門尉が長篠城を脱出し, 岡崎に援軍要請に向かう. 5.15 織田・徳川軍, 岡崎城を出陣. 5.16 鳥居強右衛門尉, 長篠城帰還に失敗し武田方に処刑される. 5.18 織田・徳川軍, 設楽郷一帯に布陣. 5.20 勝頼, 今福長閑斎・三浦員久に返書を送り, 戦況を伝える. 長篠城を包囲したところ, 織田信長・徳川家康が後詰めに出てきたものの, 方策に迷って逼塞しているようだと強気の見通しを述べる. 5.21 長篠合戦, 勝頼, 長篠で織田・徳川軍に大敗を喫する. 5.25 織田信長が岐阜に帰陣. 織田信忠はまもなく美濃岩村城攻略に向けて出陣. 6.1 勝頼, 戦死した山県昌景の後任として, 駿河国江尻城に穴山信君を配備したと駿河衆に伝達. 6.2 勝頼, 徳川勢の掛川攻撃を聞き, 甲府に帰陣. この月, 織田重臣佐久間信盛らが, 三河国武節城を攻略. これにより三河国における武田方の拠点はすべて失われる. また徳川家康は, 遠江各地で反撃を開始. 7月から8月にかけて, 徳川軍は遠江国で反撃に転じ, 光明, 樽山, 勝坂, 犬居, 諏訪原城などを攻略し, さらに小山城や二俣城を攻撃. 7.19 信濃国伊那郡坂西一族が, 織田氏の調略に応じ謀叛を起こすが, 伊那松尾城主小笠原信嶺に鎮圧される. 8月 勝頼, 徳川軍に包囲されていた遠江国小山城への後詰を実現. 11.上旬頃 勝頼が岩村城への援軍として出陣する. 11.14 織田信長, 勝頼出陣の報を受け, 京を出て翌日岐阜に入る. 11.21 美濃岩村城代秋山虎繁ら, 織田軍に降伏, 開城. 11.25 秋山虎繁らが長良川河原で処刑され, 岩村城に残留していた遠山一族も惨殺される. 11.28 織田信長, 佐竹義重・小山秀綱・田村清顕に書状を送り, 長篠合戦での勝利と東国出兵の意向を示し, 参陣を促す. この頃までに, 勝頼, 上杉謙信との和睦(「甲越和睦」)を成立させる. 12.24 遠江二俣城(城主依田信蕃), 勝頼の許可を得て徳川方に降伏, 開城

著者略歴

一九六四年　東京都に生まれる
一九八九年　立教大学大学院文学研究科博士前期課程修了
現在　山梨県立中央高等学校教諭

〔主要著書〕
『戦国大名領国の基礎構造』（校倉書房、一九九九年）、『武田信玄』（吉川弘文館、二〇〇六年）、『天正壬午の乱』（学研パブリッシング、二〇一一年）、『武田遺領をめぐる動乱と秀吉の野望』（戎光祥出版、二〇一一年）

敗者の日本史9

長篠合戦と武田勝頼

二〇一四年（平成二十六）二月一日　第一刷発行
二〇二一年（令和　三　）四月一日　第四刷発行

著　者　平《ひら》山《やま》　優《ゆう》
発行者　吉川道郎
発行所　株式会社　吉川弘文館
郵便番号一一三—〇〇三三
東京都文京区本郷七丁目二番八号
電話〇三—三八一三—九一五一〈代表〉
振替口座〇〇一〇〇—五—二四四
http://www.yoshikawa-k.co.jp/
印刷＝株式会社　三秀舎
製本＝誠製本株式会社
装幀＝清水良洋・宮崎萌美

ISBN978-4-642-06455-2

敗者の日本史

刊行にあたって

現代日本は経済的な格差が大きくなり、勝ち組と負け組がはっきりとした社会になったといわれ、格差是正は政治の喫緊の課題として声高に叫ばれています。

しかし、歴史をみていくと、その尺度は異なるものの、どの時代にも政争や戦乱、個対個などのさまざまな場面で、いずれ勝者と敗者となる者たちがしのぎを削っていました。歴史の結果からは、ややもすると勝者は時代を切り開く力を飛躍的に伸ばし、敗者は旧体制を背負っていたがために必然的に敗れさった、という二項対立的な見方がなされることがあります。はたして歴史の実際は、そのように善悪・明暗・正反というように対置されるのでしょうか。敗者は旧態依然とした体質が問題とされますが、彼らには勝利への展望はなかったのでしょうか。敗者にも時代への適応を図り、質的変換への懸命な努力があったはずです。現在から振り返り導き出された敗因ではなく、多様な選択肢が消去されたための敗北として捉えることはできないでしょうか。最終的には敗者となったにせよ、敗者の教訓からは、歴史の「必然」だけではなく、これまでの歴史の見方とは違う、豊かな歴史像を描き出すことで、歴史の面白さを伝えることができると考えています。

また、敗北を境として勝者の政治や社会に、敗者の果たした意義や価値観などが変化しながらも受け継がれていくことがあったと思われます。それがどのようなものであるのかを明らかにし、勝者の歴史像にはみられない日本史の姿を、本シリーズでは描いていきたいと存じます。

二〇一二年九月

吉川弘文館